괜찮아! 조금 벗어나도

미나 타이헤르트

김완균
옮김

혼돈의 세상에서 ADD 환자가 살아남는 법

괜찮아! 조금 벗어나도

7분의언덕

● **일러두기**

괄호 안의 내용은 옮긴이 주에 해당합니다.

길옆에 있는 동료들에게

이 책은 주의력결핍장애(ADD, Attention Deficit Disorder)를 안고 삶을 살아가는 나의 이야기이다. 하지만 나만의 이야기를 기술한 자서전이라고 생각할 필요는 없다. 책의 90퍼센트에서는 미나가 등장한다. 나머지 10퍼센트는 읽는 즐거움을 위해 적당히 가공된 이야기이다. 사실 나의 기억은 100퍼센트 신뢰할 수 없다.

혹시 모를 부작용이나 거부반응에 대해서는 의사나 약사에게 직접 문의하길 바란다. 아울러 책표지에 실린 안내문을 주의 깊게 읽어보길 권한다.

한마디 덧붙이며 머리말을 마무리하려 한다.

"행운을 빌게요. 길옆에 있어도 실망 말아요. 그곳에서도 멋진 삶을 즐길 수 있거든요."

— 프롤로그 —

ADD 진단을 받다

나는 잔뜩 긴장한 채, 주치의인 벤트 박사의 진료실에 앉아 있다. 나는 몇 시간 전에 일어난 일에 대해 생각하고 또 생각한다.

대체 무슨 일이 일어난 거야?

나는 장을 보러 갔다. 약간 긴장한 상태로 마트에 들어갔고, 얼마 뒤 완전히 정신이 나가서 마트 문을 나섰다. 저녁 찬거리를 사는 단순한 일이 어떻게 나를 그런 상황으로 몰아넣었을까? 식은땀이 나거나 맥박이 빨라지며 바짝 긴장하는 일은 자주 있었다. 하지만 조금 전 일어난 일은 전혀 달랐다. 입안이 바싹 말라붙고, 나는 수치심에 눈물을 삼켜야 했다. 아주 어린 아이나 잔뜩 흥분해 날뛰는 강아지처럼, 나는 오줌을 싸고 말았다. 두 다리 사이가 축축해지더니 따뜻한 느낌이 흘러내렸다.

세상에!

원인? 나는 마트 계산원에게 실수로 신용카드 대신 보험카드를 내밀었고, 뒤이어 신분증을 건넸다. 그러자 깡마른 계산원은 짜증스러운 눈초리로 나를 쳐다보았다. 아니 어쩜 원인 따위는 애당초 없고, 나는 그저 핑계를 대는지도 모른다. 그게 아니면, 화장실 가는 걸 깜박했었나?

등 뒤에서 문이 활짝 열리고 벤트 박사가 진료실로 들어온다. 벤트 박사는 수년 동안 계속된 머리가 깨질 듯한 나의 두통을 치료하고 있다. 벤트 박사 얼굴에는 걱정스러운 기색이 역력하다. 아니, 잔뜩 긴장한 것 같기도 하다. 순간 나는 두 손이 축축해지는 걸 느낀다.

젠장!

벤트 박사가 손을 내밀며 말한다. "빌헬미나 씨, 안녕하세요?" 그는 코에 걸린 안경을 살며시 밀어 올린다. 아주 잠깐, 그가 머뭇거리며 내 기분을 살피는 것처럼 보인다.

화가 났는지, 아니면 겁을 먹었는지, 그도 아니면 그저 아픈 건지 나 자신도 내 감정을 확신할 수 없다. 나는 머리가 가렵거나 따끔거리는 불쾌감을 제대로 인식하지 못한다. 언제부턴가 자주 두통을 느꼈기 때문이다. 대략 하루에 24시간 정도.

나는 의사가 내민 손을 맞잡으며 묻는다. "네에, 박사님. 이제 저는 요실금 판정을 받게 되나요? 스물넷의 나이에요?"

벤트 박사는 내 맞은편에 앉는다. 그러고는 우리 사이에 놓인 묵직한 책상 위에 진료기록부를 펼친다. 벤트 박사가 기도하듯 두 손을 깍지 끼고 느릿느릿 대답한다. "그렇지는 않습니다." 그가 나를 뚫어지게 바라보는 동안, 갈색을 띤 금발머리가 그의 이마 위로 살짝 흘러내린다. 나는 얼굴이 붉게 달아오른다. 누군가가 그렇게 쳐다보는 게 나는 무척이나 싫다. "방광에는 아무 문제도 없습니다. 그것만큼은 확실합니다." 그가 강조한다.

그나마 다행이다.

"그럼 조금 전 제게 일어난 일은 어떻게 된 건가요?" 나는 도무지 이해할 수 없는 일에 대해 설명을 듣고 싶다.

"그건 신체적인 문제가 아닙니다." 벤트 박사가 대답하고는 다시 입을 다문다. 그의 침묵에 나는 미칠 것만 같다.

제기랄, 생각하는 걸 그냥 좀 말해주면 안 되나?

의사의 등 뒤 유리창에 빗방울이 후드득 소리를 내며 듣기 시작한다. 떨어진 빗방울은 꽃가루가 묻어 더러워진 유리창에다 제멋대로 그림을 그려대고 있다. 나는 벌떡 일어나 손가락으로 빗방울이 그린 그림을 따라 그리고 싶은 충동을 애써 억누른다.

잠시 침묵이 흐른 후, 높고 가는 목소리로 내가 묻는다. "머리가 아프다고 찾아왔을 때도 그렇게 말씀하셨어요." 왼 다리 위로 꼬고 있던 내 오른 다리가 안절부절못하고 꼼지락대기 시작한다.

"예, 맞습니다! 그 사이, 빌헬미나 씨의 진료기록을 충분히 살펴보았습니다. 당신이 느끼는 두통은 긴장성 두통으로……." 의사가 말하기 시작하고, 나는 그의 말을 신경질적으로 중단시킨다.

"그 말씀은 지난번에도 하셨어요. 뇌종양도 아니라고 하셨고요." 하지만 나는 의사 말을 곧이곧대로 믿을 수 없다. 뇌종양이 아니라면 그렇게 자주 두통에 시달릴 리 없다.

"빌헬미나 씨의 다른 증상들도 모두 동일한 원인 때문입니다." 벤트 박사는 조금도 동요하지 않고 계속해서 말한다.

"나는 머리가 어떻게 되지 않았어요!" 나는 의사에게 단호하게 말한다. "나는 아픈 척하는 것도 아니고, 경계성 성격장애도 아니에요. 그 점은 분명히 말씀드렸을 거예요. 그건 어릴 적 나를 진료한 정신과 의사의 오진이었거든요." 십대 시절의 달갑지 않은 기억이 절로 떠오른다. "제 말을 믿지 못하면, 의사 선생님은 정말로 세상에서 가장 나쁜 의사예요."

벤트 박사는 이제 팔짱을 끼고 몸을 한껏 뒤로 젖힌 채 의자에 앉아 있다. 그의 눈썹은 약간 치켜 올라가 있다. 그런 그의 모습이 왠지 서투르게 느껴진다.

내가 다시 묻는다. "그럼, 왜 내게 그런 거지 같은 일들이 일어나는 걸까요?"

"그건 당신에게 뚜렷한 근거나 이유 없이 갑자기 심한 불안과 공포를 느끼는 공황발작이 일어나기 때문입니다." 그가 진단 결과를 말한다.

나의 입은 굳게 다물어진다.

"현기증이 나거나 심박수가 1분에 100회 이상으로 빨리 뛰는 것도 공황발작 때문이지요." 벤트 박사는 잠시 말을 멈추고, 내가 반박하기를 기다린다. 하지만 내 머리는 갑자기 솜사탕으로 가득 채워진다. 나의 모든 생각은 내 의식에 도달하기도 전에, 잔뜩 부푼 끈끈한 솜사탕에 옴짝달싹 못 하게 달라붙었다.

"그러나 근본적인 원인은 다른 곳에 있습니다." 벤트 박사는 설명을 계속 이어나간다.

"그러니까 종양이 있는 거지요?" 내가 굼뜬 목소리로 천천히 한 가지 가능성을 제안한다. 바로 종양 때문에 나는 제대로 생각할 수가 없는 것이다. 그것이 분명하다. 그래서 나는 늘 내 자신이 무감각하고 바보 같다고 느끼는 게 분명하다.

"지난번에 한 검사를 기억하세요?" 벤트 박사가 조심스레 묻는다. 그렇지만 나는 대화를 정말로 더 이상 이어나갈 수가 없다.

"에헴!" 내 입에서 묘한 소리가 새어 나온다.

"검사는 ADD(Attention Deficit Disorder), 다시 말해 주의력결핍 장애의 징후 지수를 측정하는 검사였습니다." 그 말을 듣는 순간 갑자기 생각나는 게 있다. 내 남동생도 아주 어려서부터 ADHD (Attention Deficit Hyperactivity Disorder), 즉 주의력결핍 과잉행동장애를 앓았다. "검사 결과 당신은 ADD 양성으로 나타났습니다." 벤트 박사는 진지하게 말하며 상체를 약간 앞으로 숙인다.

"아마도 당신은 어릴 때부터 뚜렷한 자극여과결함 증상에 시달렸을 겁니다. 그래서 학교 다니는 동안 늘 어려운 상황에 부닥쳤고요. 또 당신을 괴롭힌 저체중, 식사장애, 긴장성 두통, 불안장애 등은 ADD와 함께 나타나는 증상입니다. 당신에게는 심리학적 도움과 행동요법이 꼭 필요해요. 지금 당장 말입니다."

"말도 안 돼!" 나도 모르게 그 말이 불쑥 튀어나온다. 나는 내 목소리에서 경악과 공포의 색깔을 지우려 애를 쓴다. 청소년기에 받은 심리치료와 관련해 좋은 기억은 전혀 없다. 오히려 심리치료는 내가 제정신이 아닌 아이라는 사실을 증명했을 뿐이다.

그런 나와 달리, 벤트 박사는 만족스러워하는 것 같다. "어떻게 하면 당신 상황을 가장 잘 설명할 수 있을까요? 당신은 그러니까 때때로 당신만의 세상에서 살고 있어요. 그래서……."

나는 반박한다. "그건 대수로운 일이 아니에요. 사람들도 이미 다 알고 있고요."

벤트 박사가 온화한 미소를 지으며 말한다. "약물치료도 도움이 될 겁니다. 당신과 같은 사람들이 자신을 둘러싸고 있던 짙은 안개를 걷어내고 자신의 능력을 새로이 발휘하게 되었다는 긍정적인 사례가 이미 여러 차례 보고되었어요. 약물치료를 받으면 평범하고 정상적인 삶을 사는 것도 가능하지요."

"정상적이라는 말은 상대적이에요." 나는 조심스레 대꾸하고, 생각으로 넘칠 듯이 채워진 머릿속에서 그나마 쓸 만한 생각을 건져내려고 애를 쓴다.

"엄밀하게 말하면 ADD는 병이 아닙니다. 그보다는 유전자 결함이라고 말할 수 있겠지요."

갈수록 태산이군.

나는 나의 뇌가 집중력을 잃고 완전히 차단되지 않도록 애를 쓴다. "내 남동생은 ADHD를 앓고 있어요……." 나는 어물어물 말을 더듬고, 벤트 박사는 내 말을 자르고 이야기를 계속한다.

"그거 보세요. ADD는 많은 경우 유전됩니다. 아마 당신 부모님도 당신과 비슷한 증상을 보였을 겁니다."

"아니에요. 전혀 그렇지 않아요. 그리고 제 부모님은 저마다 나름 중요한 인물이 되셨어요." 두 분 모두 내세울 만큼 화려한 경력은 아니나, 어쨌거나 아빠는 형사였고 엄마는 교사였다.

"당신도 부모님처럼 될 수 있습니다." 벤트 박사가 용기를 북돋우며 진료기록부 너머로 손을 내민다. 그리고 책상을 움켜쥐고 있는 내 손을 붙잡고 가볍게 쓰다듬어 준다. "당신이 해 보겠다는 의지를 갖고 도움을 청하면, 저는 기꺼이 돕겠습니다."

그 말은 쉽게 말하면, 내게 해 보겠다는 의지가 없다면 이미 여러 차례 계획했듯 목을 매 자살하는 것이 차라리 나을 거라는 뜻일까?

나는 두 눈을 가늘게 뜬다. "제 남동생은 어려서 엉덩이에 듀라셀 건전지가 달린 듯 잠시도 가만히 있지 못했어요. 누군가가 하리보를 한 봉지 주기라도 하면, 마치 토끼 인형처럼 몇 시간이고 붕붕 소리를 내고 빙글빙글 원을 그리며 돌아다녔지요. 1분 1초도 쉬지 않고 말이에요. 그렇지만 나는 그렇지 않아요."

"당신이 그렇지 않다는 것은 나도 알고 있습니다. 당신에게는 과잉행동 증상이 나타나지 않거든요. 바로 그런 이유로 이제껏 아무도 당신에게 ADD라는 진단을 내리지 않은 것 같습니다. 사실, 1980년대만 해도 ADD의 치료법과 조기진단법은 걸음마 단계에 불과했습니다. 그래서 과잉행동 증상이 나타나지 않아 다른 사람의 이목을 끌지 못한 아이들은 ADD라는 진단을 받지 못했지요. 이런 상황이 주변 사람들의 몰이해와 겹쳐지면서 당신을 병들게 만든 것입니다." 그렇게 말하는 벤트 박사의 얼굴은 만세를 부르는 듯하다. 그러나 나는 아무 말도 하지 못 한다.

"당신은 잠시도 가만히 있지 못하는 아이와는 정반대라고 할 수 있습니다. 당신은 몽상에 빠져 가만히 앉아 멍하니 허공만 바라보는 바보 스타일이니까요." 그 말은 마치 "진심으로 축하드립니다. 후보자는 만점을 받으셨습니다!"라는 의미로 들린다.

나는 숨을 몰아쉬며 속삭인다. "그렇군요. 끝내주네요. 그럼 이제는 어떻게 하지요?"

"이제 ADD와 맞서 함께 싸웁시다. 그리고 제거해 버립시다." 벤트 박사는 흔쾌히 대답한다.

네, 좋습니다!

그러나 나는 아무 말도 하지 않는다.

차
례

1장

ADD와 함께하는 지금 여기

벤트 박사의 진단은 나의 삶을 구원했다. 그건 내가 바보가 아니라는 사실을 내게 알려주었기 때문일 것이다. 그 후 10년 이상의 시간이 흘렀고, 나는 주치의를 바꾸지 않았다. 사실 처음에는 주치의를 바꿔야겠다고 생각했다. 마음 같아서는 차들이 가장 많이 다니는 시간에 1번 고속도로 위로 벤트 박사를 밀어 넣고 싶었다.

잠시 후 흥분이 가라앉은 뒤, 나는 벤트 박사와 이야기를 나누었다. 결국 나는 운이 좋다고 고백해야만 했다. 벤트 박사는 나의 상황을 제대로 파악하고 있었고 내가 한 걸음씩 나아갈 때마다 필요한 용기를 북돋워 주었기 때문이다. 그리고 무엇이 문제인지를 깨닫자, 나는 벤트 박사와 함께 문제를 해결하기 시작했고, 나의 삶을 어느 정도나마 정상 궤도에 올려놓을 수 있었다.

나는 도움을 받았다. 그러나 가족이나 친구 같은 내 편에게서 항상 도움을 받은 건 아니었다. 그중에는 내가 가진 결함이나 내가 처한 상황을 전혀 이해하지 못하는 사람이 늘 있었기 때문이다. 슬펐다. 하지만 그게 현실이었다. 진화 과정을 거친 인간이 아무짝에도 쓸모없는 맹장은 기초장비로 갖고 있으면서, 공감능력처럼 정작 중요한 자질을 갖지 못한 사실은 무척이나 신기한 일이다. 내가 마녀의 빗자루를 타고 날 수 있게 이끌어 준 사람은 바로 심리치료사였다. 나와 같은 문제가 있는 사람들도 나에게 도움을 주었다. 그들은 내가 새로운 관점으로 자신을 바라볼 수 있게 진심으로 도와주었다.

현재 나는 행복한 결혼생활을 누리고 있다. 두 번째 결혼이지만, 중요한 점은 혼자가 아니라는 사실이다. 그리고 창의적인 문제해결방법과 일일계획표에도 불구하고, 힘들게 낳아 키운 아주 사랑스런 십대 딸도 있다. 내가 딸을 낳아 키운 이야기는 다음에 하기로 하자. 지금은 'ADD와 함께하는 지금 여기'를 시작해야 할 시간이니까.

나는 농부의 아내이자 작가로서 자연의 품 안에서 살고 있다. 우리집에는 행복한 젖소 여러 마리, 조랑말 아미와 로타 그리고 흥겨운 닭들이 있고, 내 남편을 심심찮게 꼬드기는 자유분방한 시아버지도 있다. 살다보면 이런저런 어려움이 있기 마련 아닌가.

모든 게 아주 정상적으로 들리는가? 그렇다면 나의 하루하루를 주의 깊게 한번 살펴보라! 나의 일상 속으로 들어온 당신, 환영합니다!

자극여과결함

자극여과결함이라는 전문용어는 발음조차 쉽지 않은 단어로, 내 주변에서 일어나는 모든 자극들, 즉 소리내고 울리고 냄새나고 보이는 것 하나하나가 나의 주의력을 자극하고 나를 흥분시킨다는 의미이다. 자극여과결함과 더불어 살아가는 매일매일은 마치 성탄절 전날 아침, 뒤늦게 선물을 준비하기 위해 부리나케 시내로 달려가는 것과 흡사한 느낌이다. 그것도 일주일에 7일, 1년에 열두 달을 내내 말이다. 그런 상황이라면 한시바삐 휴가를 내는 게 무엇보다도 시급할 것이다. 휴가를 진정으로 즐길 수만 있다면 말이다.

나는 여전히 배우고 익히는 중이다. 익숙하지 않은 환경에 처하면, 나는 번번히 ADD에 의해서 유발된 나의 한계와 마주치기 때문이다. 또한 새로운 상황에서는 내게 일어날지 모를 파국을 예방하기 위해 무던히 애쓰는, 사랑하는 남편의 인내심도 한계에 부딪힌다. 남편은 나와 결혼하면서 자신이 어떤 일에 휘말리게 될지 알고 있었다. 나는 있는 그대로 나를 받아들이는 그를 사랑한다.

지난 휴가 때 일어난 일을 한번 이야기해 보자.

나는 불쑥 달려들어 남편과 팔짱을 낀다. 우리는 북대서양에 있는 포르투갈령 마데이라 섬 동남부의 항구도시 푼샬에 도착했고, 끝없이 이어지는 좁은 커브 길을 차로 지나면서 뒤집어진 나의 속은 여전히 울렁거린다. 나는 꽃의 섬 마데이라에서 보내는 휴가를 오랫동안 꿈꿨다. 드디어 나는 여기에 온 것이다. 이제부터는 조심조심! 포르투갈아, 여기 빌헬미나가 찾아왔다!

"괜찮아?" 잔뜩 흥분한 나를 바라보고 남편 요나스가 싱긋 웃으며 물었다. 나는 원래 큰 도시나 사람이 많이 모이는 곳은 꺼린다. 하지만 죽지 않는 이상 삶에서 벗어날 수는 없는 노릇이다.

"그럼요!" 나는 아무렇지도 않은 듯 대답하고 해를 바라본다. 지하 주차장에서 밖으로 나왔을 때처럼 햇살에 눈이 부시다. 요나스는 멈춰 서서 길을 찾는다. 그 사이, 나의 시선은 바다를 모티브로 한 그림들이 그려진 맞은편 건물 입구에 고정된다. 터키석과 금이 조화를 이루고, 바다의 요정 인어아가씨들이 물속에서 이리저리 춤을 추고 있다. 이런저런 생각이 꼬리에 꼬리를 물고, 온갖 기억이 깨어나면서 뒤섞인다. 나는 생각에 빠져 주의력이 흐트러진다.

“잠깐만! 어디로 가려고?” 갑자기 요나스가 물으며, 나의 팔을 움켜잡는다. 비틀비틀 걸어 나가던 나는 그를 쳐다보고, 다시 앞으로 나아가려 한다.

“미나?” 요나스가 진지한 목소리로 묻는다. “어딜 가려는지 알고 있지? 그렇지?” 요나스의 한쪽 눈썹이 찡긋 치켜 올라가 있다. “그럼요.” 나는 가볍게 대답하며, 그의 팔에 안긴다. 요나스의 두 손이 내 등을 어루만지고, 나는 그의 뺨에 살며시 입을 맞춘다.

나는 그제야 비로소 나와 아름다운 인어아가씨 그림 사이에 놓인 차단 띠의 존재를 깨닫는다. 차단 띠로 가로막힌 곳으로 다짜고짜 밀고 들어가다 노란색과 검은색으로 된 띠에 걸려 바닥에 넘어졌다면 얼마나 우스꽝스러운 모습이 연출됐을까?

“자, 이제 시내를 지나 구시가 쪽으로 가 보자.” 요나스의 말이 나를 생각의 늪에서 불러낸다. 갑자기 목이 콱 멘다. 요나스는 나와 세상 사이에 존재하는 완충장치이다. 내가 요나스를 방패로 이용하는 것은 너무나 당연하다.

“미나, 준비됐어?” 나의 방패 요나스가 한 번 더 물으며 내 콧등에 입을 맞춘다. “준비됐어요.” 나는 대답하며 시내 쪽을 바라본다. 그곳에서는 사람들이 개미떼처럼 분주히 몰려다니고 있다. 바람은 속삭이듯 윙윙대며 불어온다. “자, 그럼 출발!” 요나스가 말하며 시내 지도를 바지 주머니 속에 밀어 넣는다. 요나스가 내 손을 잡고 길 위로 나를 잡아끈다.

나는 인도와 차도를 구분 짓는 갓돌에 걸려 넘어지지 않으려고 바짝 정신을 차린다. 나의 주의력이 언뜻 싸우는 것처럼 보이는 어린 여자아이들에게 잠시 머물렀기 때문이다. 아이들 옷은 모두 새하얗거나 크림색이다. 그리고 포르투갈 사람들의 전형적인 머리색인 짙은 갈색 머리는 햇빛을 받아 비단처럼 반짝이고 있다. 아이 두 명이 거친 몸짓을 주고받는다. 그 모습에 언젠가 본 연극 하나가 얼핏 떠오른다. 그때의 장면들이 내 마음의 눈앞에서 생생하게 펼쳐지고, 연극 대사가 내 안에서 크게 메아리친다.

"안 가?" 요나스가 나를 바라보며 재촉한다. 내가 어느새 멈춰 섰기 때문이다. 나는 다시 서둘러 걷기 시작하고, 요나스와 함께 좁은 골목길로 들어선다. 오래된 건물들 사이로 골목길이 꼬불꼬불 나 있고, 푼샬 사람들의 삶을 보여준다. 나는 작은 것 하나하나도 마음속에 기록한다. 늘어선 집들은 군데군데 칠이 벗겨져 있다. 그 모습은 독일과 다르다. 그리고 소금과 군밤 냄새가 난다.

얼마 걷지 않아 우리는 시내에 도착하고, 갑작스레 물결치는 사람들 한가운데에 서 있다. 사람들은 물고기 떼처럼 우리를 휩쓸고 가고, 나는 더욱 힘주어 요나스 손을 붙잡는다. 오른편 광장에는 한 무리의 관광객들이 있다. 관광객은 현지인들과 매우 달라 보인다. 아니, 관광객이 우리 왼쪽에 있나? 나는 아직도 오른쪽과 왼쪽을 구별하지 못한다. 어디에선가 뮤지컬 음악이 연주되고 있다.

그 소리가 나를 헷갈리게 한다. 나는 턱수염을 기른 젊은 남자를 물끄러미 바라본다. 턱수염 남자는 나팔로 뮤지컬《캣츠》에 나오는〈메모리〉를 연주하고 있다.

사람들이 자꾸만 내 시야를 가리면서 스쳐 지나간다. 어느 작은 악단의 관악기들이 합주를 시작하고, 나는 발 앞에 있는 개 한 마리를 미처 보지 못한다. 나는 몸의 중심을 잃고 두 팔을 허우적거리다, 잡고 있던 요나스의 손을 놓치고 만다. 버스 한 대가 너무 큰 소리를 내며 너무 가깝게 지나간다. 차 한 대가 경적을 울린다. 한 여자가 군밤을 사라고 목청껏 외쳐댄다. 남자 둘이 우리 쪽을 향해 다가온다. 한 사람은 가죽옷을 입은 포르투갈 사람이고, 다른 한 사람은 얼굴에 주름이 깊게 잡혀 있다. 두 사람은 결국 나와 요나스를 갈라놓는다.

빨간 목줄을 한 잡종 테리어 한 마리가 비난하는 눈빛으로 나를 쳐다보고 있다. 내가 잘못해서 테리어를 밟았기 때문이다. "미안!" 내가 속삭인다. 그제야 테리어는 뚫어지게 보던 눈길을 거두어들인다. 누군가가 내 몸을 한 번 더 밀친다. 내 눈은 계속해서 자기 길을 걸어가는 개를 뒤쫓고 있다. 개는 신호등 앞에 서서 차들이 멈추기를 기다린다. 포드 자동차 한 대가 속도를 늦추고, 개는 앞발 하나를 큰길 위로 내디디며 자신을 위해 멈춰선 자동차를 지켜본다. 대단하네! 개는 혼돈 속에서 혼자 산책하고 있다. 알아서 척척 사람들을 피해 가고, 주어진 상황에 능수능란하게 대처하며,

가야 할 목적지도 분명히 알고 있다.

아주 멀리에는 바다가 있다. 항구에는 아이다 호와 퀸엘리자베스 호가 정박해 있고, 그 뒤로 푸른 하늘이 둥글게 펼쳐져 있다. 테리어는 그리로 가려는 걸까? 바람이 세차게 불어오고, 바람결에서 생선냄새와 꽃내음이 난다. 큰길 건너편에서는 장이 열리고 있다. 뒤쪽에서 들려오는 관악기 연주는 정점을 향해 달려간다. 크리스마스 캐럴의 피날레 부분에 점점 가까워지고, 음악소리는 끔찍한 소음으로 변하고 있다. 내 옆에서 누군가가 영어로 뭐라고 말을 한다. 그 소리가 마치 고등학교 3학년 때 담임선생님의 목소리처럼 들린다. 담임선생님은 아직 살아 계실까? 당시, 선생님은 몸이 편찮으셨다. 죽음. 죽는 것은 결코 쉽지 않다.

나는 잔뜩 긴장해 주위를 둘러본다. 요나스가 어디 있지? 내 눈에는 주위를 스치고 지나가는 여러 색깔이 들어온다. 점점 의미를 잃어가는 얼굴들. 말다툼 소리에 내 심장은 점점 더 빠르게 고동친다. 그리고 진땀이 나기 시작한다.

"이런 제기랄!" 나는 탄식을 내뱉으며, 동시에 침착할 것을 다짐한다. 내 목소리가 징징거리는 것처럼 들리기 시작할 때가 나는 너무 싫다. 마침내 그리 멀지 않은 곳에서 요나스를 발견한다. 나는 왼쪽으로 몸을 돌린다. 아니 오른쪽인가? 요나스의 두 눈이 깜짝 놀라 휘둥그레진다.

어어! 나는 간신히 걸음을 멈추고, 마주 오던 자전거를 피한다.

휴! 당황한 미소가 입가로 퍼진다. 내 눈에 다시 조금 전의 테리어가 들어온다. 개는 어느새 바닷가 산책로를 따라 걸어가고 있다. 테리어는 다른 개를 만난다. 셰퍼드다. 둘은 꼬리를 흔들며 서로 인사를 나눈다. 그 모습을 보며 나는 빙그레 미소 짓는다. 나는 무거운 봉지를 든 할머니를 피하려다 느닷없이 나타난 장애물을 발견한다. 탁! 소리가 난다. 가로등 기둥에 머리와 코를 부딪친다. 그리고 자리에 털썩 주저앉는다.

아야, 이럴 수는 없어!

"미나!" 요나스가 어쩔 줄 몰라 팔을 드는 게 어렴풋이 느껴진다. 할머니가 나를 일으켜 세우려 한다. 정말 친절한 분이다. 할머니는 양쪽 눈동자 색이 다르다. 한쪽은 거의 검은색이고, 다른 쪽은 탁한 초록색에 가깝다. 그녀가 나를 바라보며 웃는다.

"오브리가다!" 내가 말한다. 고맙습니다. 그 말은 내가 아는 유일한 포르투갈어다.

"무슨 일이야?" 요나스 목소리가 들려온다. 요나스는 웃음을 참느라 애를 쓰고 있다. 내가 당한 사고는 누가 봐도 우스꽝스러울 것이다. 코와 입을 감싼 손가락 사이로 검붉은 피가 흐른다.

"아! 안 돼!" 푸른 초원에서 사람들에게 쫓기는 새끼 돼지처럼, 내 입에서 꽥꽥거리는 소리가 나온다.

"아무 일도 아냐! 금방 괜찮아질 거야!" 요나스가 늘 하는 말을 되풀이하며 나를 일으켜 세운다. 할머니는 손수건을 꺼내 내게 내

민다. 그걸로 그날 나의 산책은 끝이 난다.

이미 말했듯, 휴가란 제대로 누리는 법만 알고 있다면 더없이 멋진 일이다. 나는 요나스와 함께 병원 진료실로 들어서면서 생각한다. 새로운 인상만큼 멋진 것은 없다. 하지만 그 누구도 결국 삶에서 벗어나지 못한다.

조심스레 나는 남편을 바라본다. 요나스는 느긋한 얼굴로 내 옆 의자에 앉는다. 짧은 시내 산책이 갑작스레 중단되어도 요나스는 불평 한마디 않고 그대로 받아들인다. 더 중요한 것은 내 탓을 하지 않는다는 점이다. 그래서 나는 그를 사랑한다. 살아오면서 내게 훈계하는 사람들을 많이 만났다. 하지만 요나스는 그렇지 않다. 휴가 중에도 마찬가지다. 나는 사랑이 듬뿍 담긴 눈으로 남편을 바라본다.

의사가 들어오고 간단히 인사를 나눈 뒤 엑스레이 사진을 보여준다. "다행히 코는 부러지지 않았습니다." 의사가 말하며 나를 유심히 훑어본다. 그러면서 손가락 마디를 꺾어 딱딱 소리를 낸다.

불편하다.

"다행이네요." 나는 그렇게 말하며 기분을 끌어올리려 한다. 그러나 내 몸은 이내 뻣뻣하게 굳어진다. 의사는 포르투갈 사람치곤 키가 크고, 안경을 쓰고 있다. 그는 잠시 엉거주춤 서 있다가, 바퀴가 달린 의자에 앉는다. 그러고는 의자에 앉은 채 내 쪽으로 다가온다.

의사는 여전히 아무 말도 없다. 내가 묻는다. "그럼 제 상태는 괜찮은가요? 아니면?" 그가 손전등을 꺼내서 내 눈에 빛을 비춘다. 나는 눈을 깜박인다.

"눈을 크게 뜨세요." 의사가 내게 청한다. 나는 떠나온 집 생각을 한다.

지금 집에 있다면 얼마나 좋을까.

"1년 전쯤, 집을 수리하다 이런 몰골이 된 적 있어요." 나는 의사에게 괜스레 이야기를 건넨다. "낡은 지붕 기와를 들어내다가 기왓장 하나가 바로 여기에 떨어졌지요." 나는 눈 위쪽의 뼈를 가리킨다.

의사의 두 눈이 가늘게 떠진다. 뭔가를 생각하는 걸까? 아니면 짜증이 난 걸까?

"그전에는 갈퀴를 밟은 적도 있어요. 슬랩스틱 코미디나 그림책에서 보는 것처럼 말이에요. 그리고 그전에는…… 아! 그러고 보니 이런 일을 수없이 겪은 것 같군요. 간단히 말하면 저한테는 사고보험이 꼭 필요해요." 나는 계속해서 수다를 늘어놓는다.

침묵이 찾아든다. 불편한 고요가. 의사는 내 턱을 살짝 치켜들어 보고, 이어서 내 머리를 촘촘히 만져본다.

"혹시 아픈 데가 있습니까?" 의사가 묻는다. 나는 그의 이름표를 읽는다. *M. 코르테스*. 왠지 스페인 이름처럼 느껴진다.

"아니요. 특별히 아픈 데는 없습니다." 나의 말에 코르테스 박사가 중얼거리듯 묻는다.

"어떡하다 다치셨는지 다시 말씀해 주시겠습니까?" 그리고 경고하는 눈빛으로 요나스를 바라본다.

젠장. 빌헬미나, 잘 생각해! 지금 사태가 어떻게 흘러가는지 알고 있지?

"남편은 잠시 밖에서 기다려 주세요." 의사가 갑자기 요나스에게 진료실 밖으로 나가라고 말한다. 나의 위가 깜짝 놀라 잔뜩 오므라든다.

"아니에요. 저는 남편이 함께 있음 좋겠어요." 나는 얼른 말한다. 내 머리가 도미노 게임을 시작한다. 안간힘을 다해 집중하려고 할 때면, 늘 이런 일이 일어나곤 한다. 마치 수백 가지 생각들이 갑자기 내 머릿속에서 시끄러운 소리를 내면서 저마다 자신의 존재를 알리는 것 같은 느낌이 든다. 물론 자칫하면 쓰러져 사라질 생각들이다. 그래서 내 머릿속 도미노 게임은 원하는 생각을 하나씩 차례로 집어낼 수 있는 섬세한 손끝 감각을 요구한다.

"조금 더 부인을 진찰하려고 합니다. 그동안 남편은 밖에서 필요한 절차를 처리해 주세요." 코르테스 박사가 묘한 목소리로 제안한다. 나는 눈을 깜빡이기 시작한다.

"하지만……."

요나스가 곧바로 자리에서 일어나며 내 귀에 대고 속삭인다. "내 생각에는 가로등 기둥에 부딪쳤다는 당신 말을 저 의사가 믿지 못하는 것 같아." 문득 가정폭력이라는 의심의 기운이 진료실 안을 가득 채우고 있다는 사실이 분명하게 느껴진다.

"아! 아니에요! 지금 뭔가 오해하고 계세요." 나는 열심히 뭔가를 메모하는 의사에게 상황을 설명하려 한다. "남편은 시퍼렇게 든 멍과 전혀 상관없어요."

"무슨 말씀이세요?" 코르테스 박사가 이마를 찡그려 주름살을 만들며 내게 묻는다. 나를 쳐다보지도 않으며.

"제게는 신경학적으로 독특한 문제가 있어요." 그렇게 말을 꺼낸 나는 허둥지둥 한마디 덧붙인다. "정확히 말하면 제가 아니라 제 머리에요. 저는 ADD 환자거든요." 나는 바짝 긴장해, 당당해 보이려고 애를 쓴다.

이제 좀 나를 한번 쳐다봐 줄래요?

"저는 심각한 자극여과결함 증상을 앓고 있고, 그로 인해 종종 이런저런 사고를 당하곤 해요." 나는 계속해서 이야기한다.

도미노! 나는 느낄 수 있다. 열, 아홉, 여덟…….

"저는 스물넷이 되어서야 비로소 그것을 알게 되었어요. 스물네 살에 말이지요." 나는 헛기침을 한다. "그전까지 저는 정신병에 걸린 건 아닐까 의심했어요. 그냥 하는 말이 아니라 진심으로 말이에요. 하지만 이제는……." 나는 숨을 한번 깊이 들이마신다. "주의력결핍장애나 주의력결핍 과잉행동장애의 경우 장애라는 말이 썩 마음에 들지는 않지만, 어쨌든 주의력과 자극시스템 사이의 상호작용에 영향을 미치는 신경학적인 특수성이 문제가 돼요." 나는 고개를 떨군 채 말한다. 코르테스 박사가 나를 바라본다. 박사는 뭔가 곰곰이 생각하는 듯하다. "알고 계시지요? Attention Deficit Disorder, 즉 ADD 말이에요." 나는 덧붙여 말한다.

하지만 그는 여전히 아무런 반응도 보이지 않는다. 나는 점점 더 불안해진다. "ADD나 ADHD는 아주 오래전부터 있던 증상이에요. 19세기 이후 널리 알려지게 되었고요. 단지 ADD라는 이름으로 알려져 있지 않았을 뿐이지요. 하인리히 호프만의 아동소설 《더벅머리 아이》에 나오는 '잠시도 가만히 있지 못하는 아이 필립'을 알고 계시나요?"

당연히 모를 것이다. 코르테스 박사는 독일어를 조금 할 줄은 알아도 독일 문학이나 역사에 대해 분명 알지 못할 것이다. 그의 입가에 살며시 주름이 잡힌다.

이건 또 무슨 의미일까?

"저는 멍하니 허공만 바라보는 바보 필립이나 마찬가지예요. 필립은 거의 익사할 뻔했어요. 너무나 자주 정신이 다른 데 팔렸고, 그러다 결국은 뱃도랑에 빠졌거든요. 1845년 하인리히 호프만은 자신의 아이들을 위해 이 이야기를 썼어요. 교훈을 주기 위해서요. 저는 호프만이 두려움을 자극해, 특별한 행동을 보이는 자식들에게 정상적인 행동을 하도록 강요했다고 생각해요. 개인적인 생각으로는 결코 좋은 교육방법이 아니라고 말하고 싶네요."

나는 자리에서 일어섰다. "그런 아이들의 행동거지는 분명 ADD와 연관이 있으니까요."

요나스가 말이 너무 길어진다는 신호를 보낸다. 내가 말을 그칠 기미가 보이지 않으면, 내게 늘 그런 신호를 보내곤 한다. 나는 요나스 옆으로 다가서며 생각을 정리해 보려고 애쓴다. 그리고 입을 다물기로 마음먹는다.

"제 생각에 지금은 저의 신경학적인 특수성에 대해 논의할 상황은 아닌 것 같아요. 그렇지요?" 나는 두 사람을 번갈아 바라보며 조심스레 제안한다. 요나스는 아무 말이 없다. 의사는 메모지에 뭔가를 끼적거린다.

"소견서를 드릴 테니 다른 의사에게 가세요." 의사가 진지한 목소리로 말한다. 나는 놀라 눈이 휘둥그레져 말한다. "세상에! 농담하시는 거지요? 그렇지요?" 나는 질문을 쏟아낸다. 의사가 나를 신경정신과 전문병원에 입원시킬지도 모른다는 생각에 더럭 겁이 난다.

"아닙니다." 의사는 여전히 차분한 목소리로 대답한다.

그는 도대체 내 말을 이해하기나 한 걸까?

"송곳니 때문에 당신을 치과 의사에게 보내 검진 받게 하려는 겁니다."

풋! 나는 실소했다. 치아에도 문제가 생겼을 거라고는 전혀 생각하지 못했다. "아, 예! 알겠습니다." 나는 안도하며 대답한다.

의사는 문 앞까지 따라 나와 우리를 배웅하며 악수를 청한다. 한시라도 빨리 우리를 떨쳐버리려는 것 같다. "모쪼록 편안히 지내다 가세요." 그가 내게 간단한 인사말을 건넨다. 요나스에게도 머리 숙여 인사하고는, 우리 뒤에서 문을 닫는다. "고맙습니다. 박사님도요." 나는 닫힌 문에다 대고 인사한다. 병원 문을 나서자마자, 나는 안도의 한숨을 내쉰다.

"저 의사가 나를 정신병원에 입원시키려 한다고 생각했어요." 나는 기운 없는 목소리로 말하며, 우리 렌터카가 어디 있는지 주위를 둘러본다. "그러면 바닷가 파도소리도, 야자수도, 피자 가게도 모두 안녕이잖아요. 대신 정신병원 환자복을 입어야 하고요." 나는 마음속으로 성호를 긋는다. 생각만 해도 정말 끔찍하다.

정신병원이 어떤 곳인지 나는 어릴 때부터 잘 알고 있다. 그곳은 사람들이 흔히 생각하듯 그리 끔찍한 곳은 아니다. 하지만 포르투갈의 정신병원을 경험하고 싶은 생각은 조금도 없다. 정신병원은 결코 내가 있을 곳이 아니다. 예나 지금이나.

"재미있군. 나라면 한번쯤 편히 쉬다 와도 괜찮을 것 같은데." 요나스가 나를 골린다. 나는 요나스 옆구리를 냅다 쿡 찌른다. "걱정마. 그런 일이 일어나더라도 돌아가는 비행기 시간에 맞춰 내가 당신을 꺼내올 거야." 요나스 말에 나는 입을 삐죽 내민다. 그가 나를 꼭 껴안으며 말한다. "당신도 잘 알잖아? 당신 없인 아무것도 할 수 없다는 걸 말이야."

“나도 사랑해요!” 나는 속삭이며 그에게 입을 맞춘다. 아야! 내 입술! 나는 입술에 상처가 났다는 걸 그새 깜빡 잊고 있었다.

이런! 갑자기 집이 그리워진다. 아늑하고 편안한 집. 집에 있는 건 정말이지 가장 좋다. 미지의 감각적인 인상들이 우글대는 정글보다 훨씬 안전하고 말이다. 물론 집이라는 일상의 세계에도 나의 얼을 빼놓는 자극들은 곳곳에 널려 있다. 그렇지만 나는 그곳에 도사린 다양한 위험 요소들을 잘 알고 있다. 그리고 응급실 의사들도.

혼돈의 세계에서 살아남기

집에 돌아오자마자 나는 곧바로 크리스마스를 감당해야 한다. 그러고 나면 ADD라는 빌어먹을 스트레스를 견디며 12월 31일 밤의 혼돈까지 벼텨 낸다.

"엄마, 그거 살 거예요?" 마트의 과일 코너에 진열된 사과들을 물끄러미 보고 있는 내게 열세 살 된 딸이 묻는다. 콕스 사과 10개, 엘스터탈 사과 24개. 나는 계속해서 숫자를 센다. 해가 바뀌기까지 이제 몇 시간 남지 않았다. 내 머릿속에서는 밤 12시까지의 카운트다운이 벌써 시작되고 있다. 아마도 나는 폭죽놀이가 시작될 때까지 버티지 못하고, 매년 그랬듯 집 안 어딘가에서 잠이 들 것이다. 그러고는 며칠 동안을 피곤함에 절어 졸면서 보낼 것이다. 크리스마스가 사랑의 축일이라고? 크리스마스는 ADHD를 앓고 있는 남동생 헨리와 나에게는 열심히 살아 성공을 이룬 후 찾아오는 허탈감과 소진상태에 시달리는 슈퍼노바 증후군의 축제이다. 우리가 매년 이 축제에서 그리 큰 피해 없이 살아남는 것은 신기한 일이다. 그리고 올해도 우리는 운 좋게 성공했다. 아직도 살아 있으니 말이다.

"엄마!" 루이자가 투덜거리는 소리가 들려온다. 이제 잠시 후면, 루이자는 발을 동동 굴러댈 게 분명하다.

"그래, 잠깐만." 나는 대답하며, 자그마한 녹음기를 찾아 재킷 주머니 속을 뒤적인다.

"엄마에게 내 생일날 애플타르트 구워 달라고 부탁하는 거 잊지 말기." 나는 녹음기에 대고 말한다. 2주 후면 내 생일이다. 시간 맞춰 제때에 부탁하지 않으면 엄마는 나를 위해 애플타르트를 굽지 않을 것이다. 그 점만큼은 엄마는 대단히 완고하다. 이러한 완고함은 흔히 말하는 유전자 결함일 수도 있다. 우리 가족의 경우 완고함은 여자에게만 대를 이어 유전된다. 사실 엄마는 유난히 더 완고한 편이다. 엄마는 내게 문제가 있다는 사실을 끝까지 인정하지 않았다. 내가 ADD를 앓고 있다는 사실 말이다.

"엄마! 이제 그만 가요. 이러다 날 새겠어요." 루이자가 계속 볼멘소리를 하며 쇼핑 카트를 민다. 나는 종종걸음으로 루이자를 따라가며, 쇼핑 목록을 적은 메모지를 잊고 왔음을 기억해낸다. 매번 살 것들을 미리 적지만, 두 번에 한 번꼴로 메모지는 식탁 위에 혼자 덩그러니 놓여 있곤 한다.

"아! 이런!" 내 입에서 안타까움의 탄성이 나온다.

루이자는 멈춰 서서 나를 돌아본다. "엄마, 왜요?"

나는 멋쩍게 웃으며 묻는다. "루이자, 무얼 사야 하는지 적은 거 기억하니?"

루이자가 고개를 젓는다. 일련의 절망감이 나를 엄습하려 한다. 피곤해! 나는 피곤해질 것이다. 그 말은 나의 뇌가 조만간 정상 상태에서 벗어나게 됨을 의미한다. 아니면 나는 기분 나쁜 두통으로 힘들게 될 것이다.

다행히 절망감은 곧 사라졌다. 루이자가 쇼핑 목록을 하나씩 머릿속에서 끄집어내기 시작했기 때문이다. 사야 할 것을 루이자에게 받아 적게 한 것은 정말 잘한 일이다. 스스로 적은 것은 내 기억 속에만 남아 있다.

"우리 딸, 대단하네!" 나는 환호하다, 나이 지긋한 남자와 부딪친다. 그가 묘한 눈빛으로 나를 바라본다. 나는 땅바닥을 바라보며 죄송하다고 사과한다.

나 혼자서는 장도 보러 가지 못하는 건 아니다. 대부분은 혼자서도 문제없이 잘 해내며, 사려고 했던 것들을 빠뜨리지 않고 거의 모두 챙겨 온다. 심지어는 살 생각이 전혀 없던 것까지 몇 가지 더해서 말이다. 물론 이와 같은 즉흥적인 구매는 내 돈과 시간에 적지 않은 위험요소로 작용하기도 한다. 사온 물건을 환불하러 가고, 그로 인해 불필요한 노동을 감수하곤 하기 때문이다.

"루이자! 네가 엄마에게 얼마나 큰 도움이 되는지 말했지?" 나는 딸아이에게 물으며 머리를 숙여, 바닥에 떨어진 단추 하나를 들여다본다. 미세한 점들이 찍혀 있는 파란색 단추다.

"응, 그랬어." 루이자가 대답한다. 그러면서 한쪽 눈을 찡긋하며 나를 바라본다. "그러니까 내 용돈에 대해서 다시 생각해 줘." 루이자가 싱긋 웃으며 제안하고는, 옆쪽 진열대로 향한다.

"요런 깍쟁이!" 나는 루이자 뒤에다 대고 대꾸한다. 나의 시선은 충동구매의 유혹에 빠지기 직전이다. 세일 중인 양말. 솜털처럼 폭신폭신한 보라색 면양말. 아, 마음에 든다! 양말을 집어 들고 싶어 손가락이 근질거린다. 나는 나도 모르게 손을 뻗는다.

"엄마! 그건 사야 할 목록에 없었어!" 나를 찾아 뒤돌아보던 어린 감독관이 나를 일깨운다.

"으응, 엄마도 알아. 그런데 이건 나한테 꼭 필요해. 너한테도 그렇고." 나는 그렇게 대답하며 가격이 얼마인지 들여다본다. 1유로 99센트. 충분히 살 만한 가격이다.

나는 양말 네 켤레를 집어 카트에 담는다. "두 켤레는 네 거야. 어때? 마음에 들어?" 나는 기분 좋게 묻는다. 엔도르핀이 마구 치솟는다.

"당연히 들음에 마지요. 쌩유!" 루이자가 대답한다. 나는 무슨 말인지 얼른 알아듣지 못해 눈만 끔벅거린다.

"당연히 마음에 든다는 말이에요. 첫 글자 바꾸기 놀이예요."

"재밌구나." 나는 대답하며, 루이자와 함께 쇼핑 카트를 민다. 첫 글자 바꾸기는 너무 심한 스트레스에 시달리는 나를 달래기 위해 우리 가족이 만들어낸 최고의 놀이다. 유머감각을 발휘해 자신의 약점을 인정하고 보완하는 일이야말로 진정 기분 좋은 일이 아닐까? 어쨌든 나와 루이자는 이미 오래전부터 그리 해오고 있다. 루이자는 아주 어려서부터 나의 부족함에 침착함과 태연함으로 대처하는 법을 터득했다. 그리고 어느새 나와 비슷해졌다. 물론 루이자가 늘 그런 것은 결코 아니다.

루이자는 어려서부터 단어나 단어의 음절 순서를 뒤바꾸는 놀이에 익숙했다. 유치원에 갔을 때 루이자는 우리 둘만 이해하는, 다른 누구도 알아듣기 힘든 말들을 늘어놓곤 했다. 예를 들어 루이자는 유치원 선생님에게 젖이 발을지도 모르니까 바짓단을 장무고화 속으로 넣어달라고 부탁했다. 하지만 유치원 선생님은 루이자 말을 바로 이해하지 못했다. 루이자가 친구들에게 어제 오후에는 체린이어조에 갔다고 말하면 아주 재미있는 상황이 벌어졌고, 과자체조가 끝나고 어린이를 굽고 싶었다고 말할 때는 분위기가 묘해졌다. 루이자 말에 무섭다면서 한동안 우리 집에 놀러오지 않은 여자아이도 있었다. 정말 안타까운 일이었다. 어린이체조를 끝내고 구운 과자는 아주 맛있었기 때문이다.

쇼핑 카트가 금세 채워진다. 나는 카트를 밀고 계산대로 가려 한다. 루이자가 그런 나를 막아선다. "뭔가 빼먹은 거 없어요?" 루이자가 물으며 눈을 가늘게 뜨고 나를 바라본다.

"아니! 없는 것 같은데." 나는 긴장하며 대답한다. 그런 눈으로 나를 바라볼 때면 루이자에게는 분명 바라는 게 있다. "이제부터는 수업시간에 음악을 들어도 된대요." 그렇게 말하며 루이자는 내가 뭔가를 생각해내길 기다린다. 나는 이마를 잔뜩 찌푸리며 생각에 잠긴다.

"엄마한테 벌써 말했는데, 주제별 학습을 하는 아이들은 MP3 플레이어로 음악을 들어도 되니까 새 노래를 다운받고 싶어요. 그러려면 아이튠즈에 돈을 충전해야 해요." 루이자는 충전카드를 내 코앞에다 대고 흔들어댄다. 나는 우리가 그런 대화를 나눴는지 머릿속 곳곳을 샅샅이 뒤져본다. "학교에서 그런다고?" 나는 어정쩡한 목소리로 묻는다.

"예에!" 루이자가 길게 끌며 대답한다. 그러고는 눈을 크게 뜨고 묻는다. "혹시 제 말을 못 믿는 거예요? 학습 주제 중에는 부모님께 편지쓰기도 있어요." "네 말이야 당연히 믿지." 나는 얼른 대꾸하며 루이자가 들고 있던 충전카드를 받아든다.

"지금 엄마가 무슨 생각하는지 알아? 너하고 미케는 분명 밤 12시에 알코올 없는 샴페인을 마시며 축하하고 싶을 거야, 그렇지?" "물론이지요!" 루이자 두 눈이 활짝 떠지고, 입에서는 재잘거림이 새어나온다. "그럼 얼른 가서 샴페인 한 병 가져올래?" 내 말이 떨어지기가 무섭게 루이자는 번개같이 달려간다.

나는 얼른 녹음기를 꺼낸다. “나에게 메모: MP3 플레이어를 학교에 가져 와도 된다는 가정통신문이 있었는지 확인할 것. 메모 끝.” 조심하는 것이 상책이다. 루이자는 소중한 딸이다. 하지만 바보는 아니다. 그래서 때로는 나의 약점을 이용할 수도 있다.

마트를 빠져나오자 눈이 내리기 시작하고, 내 입에서는 절로 탄식이 나온다. 운전대 잡는 것조차 힘들어하는 나에게 눈 오는 날의 운전은 더더욱 힘들다. 루이자는 카트를 차 트렁크 가까이 밀고, 나는 자동차 열쇠를 찾아 손가방 안을 뒤진다. 그러면서 나는 하얀 눈송이가 루이자 모자에 내려앉아 쌓이는 모습을 바라본다. 나의 두 손은 이제 외투 주머니 속을 뒤지고 있다. 여기도 없다. 입고 있는 울외투가 갑자기 너무 더워지며 갑갑하게만 느껴진다.

“열쇠가 없어요?” 루이자가 물으며, 훅하고 바람을 불어 이마 위로 흘러내린 곱슬머리 한 가닥을 위로 올린다. 긴 눈썹 아래로 루이자 두 눈이 나를 바라보고 있다. “혹시 열쇠를 마트에다 놓고 온 거는 아닐까요?” 나는 곰곰이 생각해 본다. 내가 자동차 열쇠를 손에 들고 있지 않은 것만큼은 분명하다. 적어도 마트 안에서는 말이다. 지난번 가구점에 갔을 때는 두 시간 동안 찾은 끝에 가죽제품 전시장에서 자동차 열쇠를 찾아냈다. 열쇠는 그곳 책꽂이 선반 위의 소라껍데기 사이에 놓여 있었다. 카탈로그를 집어 들고 가격을 비교하느라 나는 잠시 열쇠를 거기 내려놓았던 것이다. 그리고 그곳을 떠났다. 열쇠를 챙기지 않은 채.

"아니야. 절대로 마트 안에 두고 오지는 않았어." 나는 대답하고, 루이자는 내 목소리에 담긴 불확실함의 정도를 확인한다. "그럼 마지막으로 어디서 열쇠를 봤어요?" 루이자가 틀에 박힌 질문을 던진다. 나의 생각이 무너지기 시작한다. 하나씩 차례로 쓰러진다. 도미노! 나는 루이자 위로 내리는 눈을 생각한다. 정확히 말하면, 눈사람과 당근 코. 우리 집 조랑말 로타와 아미가 무척이나 좋아하지만 사지 않은 당근을 생각한다. 루이자는 카트를 한 바퀴 돌리고, 뭔가 중얼거리며 트렁크 뚜껑을 들어올린다.

"어! 트렁크가 열려요!" 루이자가 놀라 소리치는 게 들린다. 그리고 곧이어 눈덩이 하나가 내 어깨 위로 떨어진다. 루이자가 소리친다. "세상에! 우리 차가 열려 있어요!" 정말 신기한 노릇이다. "혹시 열쇠를 차에 꽂아둔 채로 내린 것 아녜요?" 나는 곧바로 차 안으로 머리를 들이밀고, 차 열쇠를 발견한다. 그 순간, 나도 모르게 기쁨의 환호성이 터져 나온다. "여기 있다!" 나는 소리치며 열쇠를 뽑아 든다. 열쇠는 차가운 느낌과 함께 내 손 안에 놓여 있다. 나는 괜스레 짤랑짤랑 소리나게 열쇠를 흔들어 보면서, 열쇠를 찾았다는 사실을 확인한다.

우리 옆에서는 야구 모자를 쓴 남자가 덜커덩 소리를 내면서 맥주상자와 폭죽을 차에 싣고 있다. 그 모습에 우리도 어서 출발해야 한다는 사실을 떠올린다. 점심을 준비해야 한다. 우리는 쇼핑한 물건들을 순식간에 트렁크로 옮겨 싣는다. 차를 빼면서 나는 원하는 노래가 나오는 라디오 채널을 찾는다. 알맞은 음악을 들어야 운전을 할 수 있기 때문이다. 노래는 내 심장박동과 맞아떨어져야 한다. 그게 무엇보다 중요하다. 헬레네 피셔는 절대로 안 된다. 그녀 노래는 나의 맥박과 조화를 이루지 못하고, 그래서 나는 초조해진다. 그건 모든 종류의 가요에도 그대로 적용된다. 가요 다음으로는 헤비메탈과 힙합 음악이 절대 불가능한 음악 목록의 앞자리를 차지한다. 물론 음악 목록을 무조건 일반화할 수는 없다. 여하튼 어떤 음악은 아무런 해결책도 되지 못한다. 그럴 때면 맥이 전혀 뛰지 않는 것 같은 느낌을 받는다.

나는 계속해서 라디오 채널을 돌린다. 뒤쪽에서 경적이 울린다. 나는 뒤를 돌아본다. BMW 운전자가 거친 손짓을 해 보인다.

"엄마, 일단 출발해야 할 거 같아요." 루이자가 말하며, 휴대폰에 뭔가 입력한다. 아마 친구에게 메시지를 보내는 중일 것이다.

나는 성질 급한 운전자에게 손을 들어 미안하단 손짓을 하며 1단 기어를 넣는다. 차를 천천히 전진시키던 나는 가까스로 라디오에서 알맞은 노래를 찾아낸다. 킬러스의 〈미스터 브라이트사이드〉이다. 눈송이는 허공 가득 흩날리며 자동차 앞 유리에 내려앉다 와이퍼에 쓸려 밀려난다. 나의 눈은 눈송이를 뒤쫓는다.

"그나저나 눈은 왜 만날 이렇게 뒤늦게 올까요? 한 번쯤은 화이트 크리스마스를 맞이하기를 간절히 바랐는데." 루이자가 휴대폰을 뚫어지게 쳐다보며 투덜거린다. 나는 뒷골목 작은 길을 빠져

나와, 교통법규를 정확히 지키며 큰길로 합류한다. "글쎄, 그건 엄마도 뭐라 말하기 어렵네." 나는 대답하느라 생각에 빠져 제때 신호등을 건너지 못한다. 빨간불이 너무나 눈부시게 번쩍인다. "하지만 눈 내리는 12월 31일 밤도 아주 낭만적이야." 나는 요나스와 함께 했던 첫 번째 실베스터(12월 31일 밤 12시, 묵은해를 보내고 새해를 맞이하며 즐기는 축하파티)를 떠올린다. 그리고 차가운 눈 속에서 뜨거웠던 키스를 생각한다.

"낭만적이라고요? 저한테는 낭만이 중요하지 않아요. 크리스마스에는 온 세상이 눈으로 하얗게 덮여 있어야 해요. 이야기책에 그렇게 나와 있으니까요." 십대 소녀 루이자는 잘난 척을 해댄다. "아! 정말? 이야기책에는 산타클로스가 탄 썰매가 눈 위로만 달릴 수 있다고 나와 있니?" 그렇게 묻는 순간, 나를 쳐다보는 루이자 시선을 느낀다. 그러나 그 눈빛이 무얼 뜻하는지는 도무지 알 수 없다. "세상에! 성경에도 요셉이 마리아와 함께 베들레헴에 들어섰을 때 눈이 내렸다고 나와 있잖아요." 루이자가 설명한다.

나는 오른쪽 깜빡이를 켠다. "그건 그렇지. 그렇지만 여기는 오터스바흐지 베들레헴이 아니잖아!" 나는 루이자 설명에 이의를 제기하고, 가련한 마리아를 떠올리며 마음 아파한다. 모진 바람이 부는 한겨울 추위 속에서 눈까지 내리는 상황은 진정 힘들고 싫었을 것이다.

이런! 약국에도 들러야 한다. 그거야말로 오늘 내가 운전대에 앉은 중요한 이유 중 하나이다. 신호등이 초록색으로 바뀌고, 나는 액셀을 밟는다. 라디오에서는 그 사이 페테스 브로트의 노래가 흘러나온다. 이건 도저히 못 듣겠다. 차라리 MP3 플레이어를 갖고 나오는 건데. 그랬으면 라디오에 신경 쓰지 않아도 될 텐데.

"엄마!" 루이자가 갑작스레 소리친다. 나의 두 눈은 커지고, 뒤에서 너무 빠른 속도로 달려오다 급브레이크를 밟는 자동차를 피해 왼쪽으로 급히 핸들을 꺾는다. 오른쪽이 아니라 왼쪽으로. "세상에나!" 절로 비명이 튀어나온다. "무슨 차를 저리 빨리 몰아!" 내말에 루이자가 놀라 눈이 휘둥그레져 말한다. "그런데 엄마는 오른쪽 깜빡이를 켰어요!" "괜찮아, 이제는 괜찮아." 나는 루이자를 진정시키며, 땀에 젖어 축축해진 두 손을 나도 모르게 청바지에 쓰윽 닦는다. "엄마 말대로 저 차는 정말로 너무 급하게 달려왔어요." 루이자가 말하면서 과속 운전자의 뻔뻔함에 고개를 저어댄다. 그래, 마지막 순간에는 모두가 조금은 긴장해 서두르기 마련이지.

약국이 눈에 들어온다. 나는 약국 주차장으로 들어선다. 엔진이 멈추자 나는 숨을 한 번 깊이 들이마셨다 내쉰다. 나는 흥분을 가라앉히는 것이 언제나 쉽지 않다. 나는 자동적으로 평소 연습했던 동작 하나를 한다. 두 다리의 근육을 몇 초 동안 긴장시켰다가 천천히 숨을 내뱉으며 긴장을 풀고, 이어서 같은 방법으로 두 팔과 손 근육의 긴장을 푼다.

"저 차가 신경 쓰여요." 루이자가 뜬금없이 중얼거리면서 뒤쪽을 가리킨다. 조금 전 내가 뒷차를 피하면서 앞으로 끼어들었던 자동차가 뒤따라와, 우리 차에서 그리 멀지 않은 곳에 주차하고 있다. 은색 머리에 콧수염을 기른 남자가 차에서 내려 잰걸음으로 우리 쪽을 향해 다가온다. 왜인지는 모르지만, 나는 콧수염을 기른 남자들에겐 왠지 호감을 느낄 수 없다.

나는 뒷거울로 그를 지켜보며 발걸음 수를 센다. 다섯, 여섯, 일곱…… 열네 번째 걸음이면 우리 앞에 다다를 것이다. 일단은 그를 무시한다. 그래서 손가방 속에서 뭘 찾는 척한다. 하지만 유감스럽게도 우리 차 유리창을 두드리는 소리가 들려온다.

"젠장!" 나는 투덜거리며 창을 내린다. 루이자는 재미난 구경거리라도 만난 듯, 어느새 휴대폰을 주머니 속에 집어넣고 있다. 지금 이 장면이 페이스북이나 트위터보다 훨씬 더 재미있어 보이는 것이다. "왜 그러세요?" 나는 상냥한 목소리로 묻는다. 남자는 몸을 낮춰 나를 바라본다. 차가운 바람에 그의 애프터셰이브 로션 향이 코를 찌른다.

"제정신이에요?" 그가 묻는다.

이 정도쯤이야.

나는 계속해서 미소를 잃지 않는다. "당연하지요. 당신은요?" 내가 되묻는다.

그의 목소리는 유난히 나직하다. "당신은 갑자기 내 차 앞으로 끼어들었습니다. 그런 행동은 사고를 유발할 수 있어요." "그렇지만 아무 일도 일어나지 않았잖아요?" 나는 나도 모르게 잘못을 인정한다.

"면허증은 있지요?" 나는 푸르스름한 기가 감도는 그의 얇은 입술을 바라본다.

이 남자는 혈액순환에 문제가 있는 걸까?

"뭐라고 말씀하셨지요?" 나의 목소리가 가늘게 들린다. 그게 나를 화나게 만든다. "면허증은 있냐고 물었습니다." 남자는 머리를 절레절레 흔들며 혀로 쯧쯧 소리를 낸다. 세상에! 그는 내가 외판원이 되려고 지원했던 자동차 대리점에서 만난 냉혹한 교육담당자를 떠올리게 한다. 나의 시도는 성공할 수 없었다. 그처럼 무자비한 상사와 함께라면 더욱더 그러했다.

"그건 왜 물으시는데요? 경찰이신가요?" 아마도 아닐 거라 생각하며 나는 묻는다.

"내가 만일 경찰이었다면, 당신 면허증부터 당장 빼앗았을 거예요. 진심으로 말입니다."

"알겠습니다." 나는 기운 없는 목소리로 대답한다. 두 손이 잔뜩 긴장했다가 풀어진다. 그러나 맥박은 여전히 빠르게 고동친다.

"최소한 미안하다고 사과는 하셔야지요?" 그가 이제는 불편한 기색을 드러내며 집요하게 따지고 든다. 나는 안타까운 목소리로 대꾸한다. "유감이지만, 당신 같은 사람한테 미안하다고 사과하는 법은 이미 오래전에 잊어버렸습니다." 그가 열린 창문 사이로 머리를 들이민다. "갈수록 점점 더 뻔뻔해지시는군요."

그래? 그렇다면 이제 제대로 보여 줘야지.

"당신이 잘난 자동차를 그리 빨리 몰지만 않았다면, 급브레이크를 밟을 필요는 없었겠지요." 나는 그렇게 말하며 힘껏 자동차 문을 밀어 연다. 그는 황급히 뒤로 물러나고, 그 바람에 몸의 균형을 잃고 비틀거린다. "이게 무슨 짓입니까? 정신 나간 기 아니에요?" "지금 유도심문 합니까?" 순간, 나는 몸 안의 피가 점점 더 빠르게 흐르는 것을 느낀다.

침착하자. 침착해야 해. 나는 머릿속으로 열까지 센다. 분노한 남자의 얇은 입술에서 터져 나오는 말들이 둔탁하고 몽롱해지면서 나의 귓속에서 희미하게 사라져간다. **여덟, 아홉, 열. 심호흡!**

"아가씨! 내 말 잘 들어요. 얼른 정신을 수습하고 지금이라도 내게……."

그 남자의 차가 시동이 켜진 채 장애인용 주차장에 서 있는 게 눈에 들어온다. "그러는 당신은 주차도 아주 멋지게 하셨군요." 치미는 화를 참지 못하고 나는 폭발한다. "당신은 규정 속도를 준수하기에는 너무 어리석고, 장애인 주차장과 일반 주차장을 구분하기에는 눈이 너무 안 좋군요. 그래요. 나는 오른쪽과 왼쪽을 구분하지 못하는 장애가 있어요. 그러면 당신은 어떻게 변명하실 건가요?" 나는 고래고래 소리를 지른다. 온몸이 부들부들 떨리고, 두 손은 옆구리에서 불끈 주먹이 쥐어진다. 남자가 한 발짝 뒤로 물러선다. 그러고는 가늘게 뜬 눈으로 나를 바라본다. "내가 묻고 있잖아요!" 나는 그를 향해 계속해서 소리친다. 뜨거운 열기가 머리로 치밀어 오르는 것이 느껴진다.

"당신은 정말이지 제정신이 아니군요." 그가 한마디 내뱉는다. "그건 전혀 중요하지 않아요. 당신이야말로 부당한 원칙에 연연하는 옹졸한 소인배예요." 나의 말에 그는 숨을 한 번 들이쉬더니 더 이상 아무 말도 하지 못한다. 그의 얼굴색은 어느새 창백해졌다.

그래, 일이 더 커지기 전에 얼른 집으로 돌아가야 해. 약국은 나중에 들르더라도 말이야. 아쉽네. 두통약을 사 가면 좋으련만. 어쨌든 이제 출발하자.

나는 다시 차에 타고, 루이자는 손으로 입을 막고 터져 나오는 웃음을 참으려고 애쓴다. 남자는 벌어진 입을 다물지 못한 채 서서, 내가 차를 몰고 주차장을 빠져나가는 모습을 지켜보고 있다. "엄마, 필요하면 다른 약국에라도 들러요." 루이자가 제안한다. 나는 어깨를 으쓱해 보이며 큰길로 들어선다. "어떤 노래가 나오는지 들어보고 결정하자꾸나." 나는 말하며 라디오를 켠다.

사흘 후인 1월 3일, 나는 단편소설을 읽으며 문법에 대해 골똘히 생각하고 있다. 그때, 현관에서 초인종이 울린다. 나는 반가운 마음에 자리에서 벌떡 일어나 문 쪽으로 달려간다. 나는 주문한

책이 오기를 기다리고 있다. 하지만 요나스가 나보다 한 걸음 먼저 문을 열고, 우편배달부에게서 등기우편을 받아든다.

"소포는 안 왔어요?" 나는 시무룩하니 물으며, 요나스 표정이 밝지 않음을 느낀다. 우편배달부가 선사한 기쁨은 순식간에 사라진다. 요나스가 들고 있던 등기우편을 내게 내민다. 나는 긴장해 묻는다. "무슨 편지예요?" "뺑소니 사고라는데, 대체 무슨 소리인지 설명해 줄래?" 요나스 목소리가 거칠게 느껴진다. 내 머릿속으로 12월 31일의 다툼이 퍼뜩 스친다.

"이런 나쁜 자식 같으니! 그 자식이 나를 신고했나?" 나는 헛웃음을 지으며, 그 날 비호감 씨와 있었던 일을 꼼꼼히 재구성해 들려준다. "사고 같은 건 전혀 없었어요. 신호등 앞에서 실수로 어떤 사람의 차 앞에 끼어들었을 뿐, 아무 일도 일어나지 않았거든요. 정말이에요." 나는 열을 내며, 등기우편을 해독하려 한다. 빌어먹을 글자들은 한데 뒤섞여 춤을 추고, 의미 있는 배열로 얼른 눈에 들어오지 않는다.

"아무 일도 일어나지 않았다고? 그건 말이 안 되는데." 요나스가 느릿느릿 말한다. "여기 등기우편은 작년 12월 2일에 발생한 추돌사고에 대한 거야." 나는 귀가 번쩍 뜨인다. 31일이 아니라 2일이라고? "그런 말이 어디 있어요?" 나는 숨넘어가는 소리로 묻고, 요나스는 손가락으로 어느 한 줄을 가리킨다. "여기, 당신이 사고 상대방에게 인적 사항을 밝히지 않고 사고현장을 떠났다고 적혀 있잖아."

당시 기억이 떠오르면서 두 다리가 후들거린다. 문제는 12월 31일의 그 남자가 아니었다. 등기우편에서 말하는 추돌사고는 사실 언급할 가치조차 없는 것이다. 내 차는 정체되어 밀리는 차들 사이에 있었고, 클러치를 밟고 있던 발이 잠시 미끄러졌다. 그 바람에 차가 움찔하며 아주 조금 앞으로 나아갔고, 바로 앞에 서 있던 아우디의 범퍼를 약간 건드렸다. 아우디를 운전하던 여자가 가리킨 미세하게 긁힌 자국을 제외하면, 나는 아무런 손상도 확인할 수 없었다.

그렇지만 트위드 원피스에 외투를 입은 키 큰 금발머리 여자는 몹시 흥분해 미친 고양이처럼 날뛰었다. 그녀는 격하게 말을 쏟아냈고, 나는 그저 그녀의 수다스러운 입을 바라볼 뿐 한마디도 이해하지 못했다. 소방차가 내는 사이렌과 맞은편 차선에서 들려오는 소음이 내 귀를 가득 메우고 있었다. 이윽고 나의 뇌는 슬그머니 다른 곳으로 눈길을 돌렸고, 나를 집으로 가게 했다. 그래서 나는 차에 올라탔고, 아무 생각 없이 차를 돌렸다.

솔직히 내 행동이 경솔하고 분별없는 짓이라는 사실은 인정한다. 그게 바로 나의 문제다. 분별없는 행동. 하지만 그와 같은 상황에서는 그게 최선의 선택이었다. 왜냐하면 내 앞에 있는 멍청한 여자가 내게 욕을 해대기 시작했고, 나는 울음을 터뜨리기 일보 직전이었기 때문이다. 다른 사람들 앞에서, 특히 나를 저능아로

보는 낯선 사람들 앞에서 우는 모습을 보이는 것은 무조건 피하고 싶은 상황이다.

한마디 덧붙이면, 사실 나는 멍청하지 않다. 지능지수가 평균치를 웃도는 115에 이른다. 나는 나의 신경학적인 특수성 때문에 IQ 검사를 여러 차례 받았다. 마음먹은 대로 집중할 수만 있으면 심지어 나는 수학도 공부할 수 있다. 그러나 그 날, 나는 견딜 수 없을 것 같은 상황에서 벗어나는 데에만 급급했다. 그 결과 가장 멍청한 선택을 했고, 지금까지도 그런 짓이 뺑소니에 해당된다는 생각은 전혀 하지 못했다.

"이제 어떡하죠?" 나는 당황해 요나스에게 묻는다. "어쨌든 일단 경찰서에 가 봐야지. 어쩌면 크게 벌금을 물어야 할지도 몰라."

나는 부엌으로 들어가, 삐거덕거리는 식탁의자에 털썩 주저앉는다. 요나스는 걱정스런 눈으로 그런 나를 지켜본다.

"모두 다 내가 그날 일을 체계적으로 요령 있게 처리하지 못했기 때문이에요." 나는 그날 일을 떠올린다. 내가 덜렁대지만 않았다면, 그래서 중요한 약속을 잊지 않았다면, 그날은 아주 편안하고 매끄럽게 흘러갔을 것이다. 그러면 늦은 시간에 집으로 돌아오다 러시아워에 걸리지도 않고, 지속되는 스트레스에 휘둘리는 일도 벌어지지 않았을 것이다.

하지만 안타깝게도, 나는 약속을 착각해 뒤죽박죽으로 만들거나 아예 까맣게 잊어먹는 일이 자주 일어난다. 그 결과는 이번 사례가 보여주듯 간단하지도 않고, 쉽사리 예측할 수도 없다. 나는 만만치 않은 액수의 벌금을 내야 했고, 사고현장을 무단으로 벗어났다는 이유로 교통법규위반 벌점 3점을 받았다.

● 일상의 실수를 줄일 수 있는 전략은 p. 411 「일상생활에서 겪는 문제와 해결책」을 참고하자.

스포츠 종목에 '성질 긁고 달아나기'도 있을까?

실베스터의 흔적이 채 사라지기 전, 새해가 시동을 걸며 나를 사정없이 낚아챘다. 나와 남편 요나스는 마을에서 가장 중요한 연중행사인 축산농가 무도회에 가는 중이다.

나는 파티를 좋아한다. 어려서 도시에 살았던 때문일까? 나는 드라이아이스가 만들어내는 안개와 약물에 취한 사람들을 단숨에 훅 사로잡는 꽝꽝 울려대는 비트 음악이 언제나 그립다. 그러나 오늘 참가하는 파티에서는 너무 많은 말이 오간다. 시골 밴드가 쏟아내는 시끄러운 음량을 고려할 때, 그런 상황은 내게 만만하지 않다. 그래도 오늘은 상관없다. 중요한 것은 춤을 춘다는 사실. 오늘은 마음껏 즐기는 날. 30대 중반의 나이에 어디에서 또 이런 기회를 얻겠는가!

"미나, 오늘은 내가 복권을 살 거야. 알았지?" 요나스가 내게 상기시킨다. 입장권을 사기 위해 길게 늘어선 줄에 합류해 기다리는 동안, 나는 레이스로 장식된 상아색 원피스의 매무새를 가다듬는다. "왜요?" 나는 별 생각 없이 묻는다. 그러면서도 나는 계속해서 주위를 돌아보면서, 가까이 있는 사람들을 분석한다.

"당신은 늘 꽝만 뽑잖아." 요나스가 대답하며 나를 골린다. "그렇게 말하면 서운하지요." 나는 활짝 웃으며 대답한다. 그리고 연회장의 출입문이 열리고 닫힐 때마다 들려오는 소음을 무시하기 위해 애를 쓴다. "당신이 지금 무슨 말을 하고 있는지 한번 잘 생각해 봐요. 내가 뽑은 꽝 중에 제일 나이 많은 건 바로 당신이거든요." 나는 요나스를 약 올리고, 그는 내 엉덩이를 살짝 꼬집는다. "그건 아니지. 당신은 사랑에서는 행운을 잡고, 게임에서는 꽝을 뽑은 거야." 요나스가 나의 말을 바꿔 준다.

구두 아래에 뭔가 달라붙어서 딱딱거리는 소리가 난다. 나는 달라붙은 방해물이 떨어질 때까지 매끈한 바닥에다 구두 밑창을 문질러댄다.

"아하! 그럼 당신은 아니고?" 나는 그렇게 물으며 입을 삐죽거린다. 한 여자가 깔깔대며 웃고, 나는 날카로운 웃음소리의 주인공이 누구인지 둘러본다. "좋았어, 그럼 이따가 잉가를 만나면 한번 물어보자." 요나스가 제안한다. 그러는 사이 우리 차례가 되고, 나는 요나스 사촌여동생 잉가에 대해 더는 생각하지 않는다.

표 파는 남자는 우리가 내민 돈을 받아 챙기면서 고개조차 들지 않는다. 우리는 조명이 너무 환하게 밝은 시골풍의 실내공간으로 들어선다. 시끌벅적한 웅성거림과 음악소리가 한바탕 나를 휩쓸고 지나가자, 나는 테이블 위에 피라미드 모양으로 층층이 쌓아올린 샴페인 잔 쪽으로 무심코 손을 뻗는다. "다른 사람들이 어디 있나 찾아보러 갈까?" 요나스가 묻는다. 나는 잠깐 숨을 참는다. 샴페인 잔 피라미드에서 다른 잔을 건드리지 않고 하나를 꺼내려면 긴장해야 하기 때문이다.

갑자기 누군가 내 어깨를 툭 친다. 나는 얼른 돌아본다. "여기들 계셨군요." 요나스 직장 동료의 아내인 한나가 반갑게 인사한다. 한나는 그녀의 남편과 양돈업에 종사하고 있다. 그녀는 나 같은 여자 다섯 명 몫은 해낼 만큼 힘도 세고 덩치도 크다. 마치 〈왕좌의 게임〉에 나오는 브리엔 폰 타르트 같은 여성이다. 심지어는 머리 스타일까지 똑같다. 정확한 이유는 모르지만, 한나는 매번 나를 조금 주눅 들게 한다. 그녀야말로 내가 알고 지내는 이들 중에 가장 친절하고 상냥한 사람인데도 말이다.

바로 그때, 일이 벌어진다. 샴페인 잔을 꺼내려던 내 손이 다른 잔들을 건드린다. 그 바람에 샴페인 잔 10개가 쨍그랑 소리를 내며 테이블 바닥으로 떨어지고, 샴페인이 사방으로 튀어 오른다. 먼저 한나 원피스 위로 그리고 내 옷 위로도.

"맙소사!" 한나가 깜짝 놀라며 뒤로 주춤 물러선다. 나도 그녀를 따라 급히 뒷걸음친다. 옷에 샴페인이 튈까 봐 그런 건 아니다.

그녀가 갑자기 나를 한 대 치기라도 할까 봐 겁이 나서다. 이는 아마도 툭하면 얻어맞은 어린 시절의 경험에서 비롯된 조건반사일 것이다.

"죄송해요!" 나는 중얼거리며 옆에 있는 테이블에서 냅킨 하나를 얼른 집어 든다. 한나는 여전히 미소를 띠며, 내게서 냅킨을 받아 굵직한 허리 주변에 생긴 큼지막한 얼룩을 툭툭 찍어가면서 닦아낸다. "아무래도 오늘 저녁은 얼큰하게 취하는 즐거운 시간이 되려나 봐요." 그녀는 심지어 농담까지 던진다.

나는 안도의 한숨을 내쉰다. 순간 한쪽에서 나를 바라보는 싸늘한 시선을 느낀다. 요나스의 사촌여동생 잉가다. 이런! 저 여자도 왔군! 그녀가 우리 쪽으로 오려고 하는 걸 보자 내 입에서 나직한 신음소리가 나온다. 나는 얼른 고개를 돌려 사랑스런 한나를 바라본다.

"누가 왔나요?" 한나가 물으며 주위를 둘러본다. 어디선가 껄껄 웃는 소리가 들려온다. "아니에요." 나는 얼른 대답하고, 한나의 관심을 내게 돌리기 위해 술잔을 부딪친다. "건배!"

요나스는 친절하게도 잉가에게 어서 오라고 손짓을 한다. 마음 같아서는 요나스 정강이를 한번 걷어차고 싶다. 유행 지난 원피스를 입은 잉가가 저만치서부터 반갑게 손을 흔들며 우리 쪽으로 뒤뚱뒤뚱 걸어온다.

"오늘 우리는 스물세 번째 축산농가 무도회를 즐기고 있습니다." 스피커에서 오프닝 멘트가 흘러나오고, 그 소리는 커다란 환호성에 묻혀 사라진다. "그럼 우리는 조금 있다 다시 만날까요?" 한나가 축축해진 냅킨을 내려놓으며 묻는다. 그녀는 아마도 갑작스레 달라진 내 얼굴색을 보고 엉뚱한 오해를 한 듯싶다. "오케이, 좋아요!" 어느새 다가온 잉가가 내 남편을 껴안는 모습을 보고 나는 호기롭게 웃으며 대답한다. 잉가는 볼품없고 깡마른 체구에 머리가 반쯤 벗겨진 남자친구와 함께다. 잉가 남자친구가 내 손을 잡아 흔들며 인사한다. 하지만 너무 세게 잡는다.

나는 아쉬운 듯 한나 뒷모습을 바라본다. 그러다 잉가가 내 옷차림을 훑어보며 은근슬쩍 인상을 찌푸리는 모습을 보고 만다. 자칭 선한 가톨릭 신자가 나에 대해 지금 무슨 생각을 하고 있는지 그리고 그동안 나를 어떻게 생각해 왔는지 나는 잘 알고 있다. 잉가와 처음 만나 인사를 나누던 날, 잉가가 나에 대해 느낀 첫인상은 지금까지도 달라지지 않았다. 너무 이혼녀 티가 나고, 너무 튀며, 너무 도회적이고, 너무 천박하다. 나의 시선은 내 몸을 미끄러져 내려간다. 목까지 올라온 레이스 원피스는 가슴이 깊숙이 파인 데콜테 스타일로 애매한 느낌이며, 길이는 엉덩이 아래로 두 뼘이 될 정도로 짧다. 너무 대담한가?

"빌헬미나, 잘 지냈어요?" 잉가가 상냥하게 인사하며 앙겔라 메르켈 총리 스타일의 머리를 비스듬히 기울인다. 밴드는 디페쉬 모드의 〈여전히 만족할 수 없어요〉를 끔찍하리만큼 엉터리로 연주하고 있다. 이미 나는 나의 문제만으로도 머리가 충분히 지끈거린다. 나는 샴페인 잔을 입술에 갖다 대고 단숨에 마셔버린다. 그리고 대답한다.

"저야 잘 지내지요. 아가씨도 잘 지내지요?" "그럼요, 여전하지요. 그런데 언니도 여전한가 봐요?" 잉가는 비아냥대며 내 발아래 흩어져 있는 유리 조각을 넌지시 쳐다본다. 잠시 내 머릿속은 나를 엄습하는 일련의 잡생각들로 뒤덮인다. "어쩌겠어요. 삶이 온통 지뢰밭인걸요." 나는 대꾸하며 샴페인 잔 피라미드에서 잔을 다시 집어 든다. 이번에는 아무 일도 없이.

"미나! 조랑말용 마구세트가 경품으로 나왔어!" 요나스가 갑자기 소리친다. 뭐라고? 그럴 리가? 나는 못 믿겠다는 듯 실눈을 뜨고 그를 바라본다. "정말이야! 셰틀랜드 산 조랑말을 위한 거라고. 당신 아미와 로타에게 하나 마련해 주고 싶어 했잖아?" 요나스가 재차 묻는다.

잉가 얼굴에 간절함이 드리운다. 그녀도 요나스 말에 귀가 솔깃해진 것이다. 나와 그녀 사이에 조랑말 사랑이라는 공통의 관심사가 한 가지 있다는 사실이 신기하기만 하다. 물론 그녀는 수익을 얻기 위해 조랑말을 키운다. 나야 그저 재미삼아 두 마리를 키우고 있다. "축협에서 경품을 후원했대요." 잉가가 알려준다. 그러고는 눈썹을 치켜 올리며 묻는다. "그런데 정말 궁금한 게 있어요. 지난번 마을바자회 때는 왜 안 왔어요?"

아, 잉가!

나는 시골생활을 좋아한다. 진심이다. 사람들은 친절하고 사려 깊다. 감시국가와 유사한 무엇인가를 제외하면, 시골에서는 편안하고 아늑한 마을공동체를 이루며 살아갈 수 있다. 시골에서는 마을 사람들과 모든 것을 공유한다. 그런 삶의 방식은 도시에서는 결코 상상도 할 수 없다. 그러나 나는 커피를 마시며 다 함께 수다를 떠는 '우리 마을을 더욱 아름답게' 바자회에는 전혀 관심이 없다. 좀 더 정확하게 말하면, 내게는 그럴 만한 정신적인 여유가 없다. 다른 마을 여자들과 함께 어울리다 보면, 내가 할 수 있는 것보다 더 많은 것이 요구되는 순간이 찾아온다. 예를 들면 정확성이나 신뢰성 같은 것 말이다. 또한 나는 여자들 사이의 서열 구조를 좀처럼 이해하지 못하기 때문에 그들과 함께하는 것이 불편하다. 모임에서는 매번 그 날 참석하지 않은 누군가에 대해 뒷담화가 오간다.

내가 빠지면 저들은 나를 두고 무슨 험담을 늘어놓을까?

나는 핑계를 둘러댄다. "마감일에 맞춰 보낼 게 있었어요." "뭘 보내는데요?" 잉가가 묻는다.

"원고요." "아! 이번에 또 책을 내는 거예요?" 잉가의 드러난 이가 《이상한 나라의 앨리스》에 나오는 히죽히죽 웃는 고양이를 떠올리게 한다. 나는 나만의 느낌에 미소 짓는다.

"왜 웃는데요?" 그녀가 다시 묻는다. "아가씨 질문이 재미있어서요." 나의 말에 그녀가 대꾸한다.

"그러니까 언니가 글을 쓰는 건 일종의 취미생활이잖아요. 그래서 저는 언니가 마을 일에 전혀 관심 없는 것이 의아해요." 그녀는 얼굴 가득 미소를 짓는다. 그 미소는 나를 짓밟는다. 가슴 한가운데를.

"취미로 글을 쓰는 건 아니에요. 엄연한 직업이거든요. 그리고 아무리 애를 써도 정말로 시간을 내기가 쉽지 않아요." 나는 거짓말을 둘러대며, 도움을 청하듯 옆에 있는 남자와 한창 이야기 중인 남편을 돌아본다.

"듣고 보니 그렇기도 하겠네요." 잉가는 잠시 뜸을 들이더니 세련된 몸짓으로 샴페인 잔을 집어 든다. 우리 주위로 사람들이 점점 더 많아진다. 누군가가 내 등을 밀치고 지나간다. "요즘 들어 좀 팔린 게 있나요?" 잉가가 묻는다.

응, 내 자동차.

"그럼요. 제 밥벌이는 해야지요."

"저는 그건 요나스 오빠 몫인 줄만 알았네요." 그녀가 뼈 있는 말을 던진다. 그러자 내 입가 근육이 실룩거린다.

오, 세상에! 정말 마음에 들지 않아.

요나스가 우리에게로 다가온다. "둘이서 무슨 얘기를 그리 재미있게 하고 있어? 그런데 복권 추첨은 언제 시작하지?" 그가 물으며 내 허리를 감싸 안는다.

땀이 난다. 실내가 너무 덥다!

"어쨌든 다른 사람들에게 말했어요. 놀이터를 새로 꾸미는 다음 모임에는 언니도 틀림없이 참석할 거라고요. 그러니 그때는 꼭 오세요. 언니가 그런 일을 싫어한다고 마을 사람들이 헛소리를 늘어놓지 않도록 말이에요." 잉가는 순진해 보이는 눈으로 나를 쳐다보며 수다를 늘어놓는다.

"그래, 잉가 말이 맞아. 시골 마을에서의 삶은 대도시의 정글 속에서 사는 것과는 다르거든." 요나스가 고지식하게 끼어든다. "잉가가 당신을 대신해서 그렇게 말했다니 정말 고마운 일이네."

"그럼요, 그렇고말고요." 나는 요나스 말에 맞장구치지만 미소는 얼어붙는다.

"그럼 이만 저는 예쁘게 꾸미러 갈게요. 그래야 두 분도……." 잉가가 내게 잠시 눈길을 주고는 이내 돌아선다. 요나스는 무리 속 누군가에게 손짓하지만, 받아주는 사람은 아무도 없다.

"어느 병원으로요?" 내 입에서 불쑥 한마디가 튀어나온다. 나는 얼른 입술을 깨문다. 잉가는 그 자리에 멈춰 선다.

내가 정말 그 말을 큰 소리로 물은 걸까?

능숙하게 훈련된 재기발랄한 입담이 늘 도움이 되지는 않는다. "뭐라고요?" 잉가가 돌아서며 묻는다. 그녀 목소리가 퉁명스레 들린다. 누군가가 다시 내 등을 밀치고 나는 떠밀려진다. 잉가 가까이로. 내 팔뚝의 솜털마저도 곧추선다.

"농담이에요." 요나스의 떨떠름한 표정을 보며 나는 얼른 사과한다. 잉가는 고개를 빳빳이 세우고 그곳을 떠난다. 나는 빈 술잔을 테이블 위에 내려놓고, 나를 버려두고 먼저 걸어가는 남편을 뒤쫓아간다. 요나스 팔을 잡아 팔짱을 끼려 하자, 그가 고개를 돌려 어깨 너머로 나를 바라본다.

"꼭 그래야만 했어?" 요나스가 조금 언짢은 목소리로 묻는다.

"내가 뭘요."

"어느 병원으로요?" 그가 조금 전 내가 한 질문을 따라 한다.

"그게 뭐 어때서요?" 나는 쟁반을 들고 가는 웨이터를 능숙하게 피한다.

"당신도 알잖아. 잉가가 사고로 코가 약간 휜 거 말이야."

제기랄. 그 문제에 대해서만큼은 양해를 얻을 수 없다. 신중을 기하기 위해 나는 더 이상 아무 말도 하지 않는다. 그러고는 내 양심의 가책이 커지도록 내버려둔다. 수많은 치료를 받으면서 배운 것이 하나 있다. 감정이입 능력이 없는 자의 타깃이 되지 마라!

환하게 불이 밝혀진 댄스플로어에서 몇 차례 춤을 추고 나자 기분이 나아진다. 더는 절망스럽거나 서글프지도 않다. 남자들은 바에서 소맥을 마시고 있다. 나는 오렌지주스를 주문한다. 나는 수많은 사람들이 내는 시끌벅적한 소음 한가운데에서 혼자만의 시간을 즐기다가 오랜 친구를 발견한다.

"헤이, 클라라! 정말 오랜만이다!" 나는 인사를 건네며 반갑게 그녀를 껴안는다.

"그러게. 너도 와 있었구나." 그녀가 인사하며 내 볼에 가볍게 입을 맞춘다. "그래, 하는 일은 어때? 경쟁자들하고는 어찌어찌 겨뤄볼 만해?"

"무슨 경쟁자?" 나는 바짝 긴장해 되묻는다. 그러면서 요나스 주변에 있는 젊은 여자들을 생각한다. 세상에는 요나스에게 반하는 젊은 여자들이 많을지도 모른다는 사실을 떠올리면 나는 두렵고 겁이 난다.

"젖소들 말이야. 네 남편은 아주 뛰어난 우유 짜기 전문가잖아." 클라라가 농을 던지며 은근슬쩍 빗대어 말한다.

"그래에에에!" 나는 멍청하게 대답한다. 급작스러운 질투의 감정을 어서 떨쳐버려야 한다.

"젖 짜는 남편을 둔 우리한테는 절대 쉬운 일이 아니지, 그렇지 않아?" 클라라가 물으며 깔깔대고 웃는다. 그녀의 스스럼없는 태도는 언제나 그렇듯 전염성이 강하다. 그래서 그녀와 함께 있을 때면 나도 기분이 좋아진다. 우리는 따끈따끈한 새 소식을 주고받는다. 그러다가 비로소 클라라 곁에 같이 온 다른 여자가 있음을 발견한다.

"파울라야. 너도 기억하지?" 클라라가 묻는다. 나는 선뜻 대답하지 못하고 머뭇거린다. 얼굴이나 이름은 관련된 일이나 경험을 함께 떠올려야 나는 그 둘을 연결할 수 있다.

"2년 전 추수감사절." 클라라가 힌트를 주며 기억을 돕는다. 그제야 머릿속이 환해진다. 그녀는 당시 임신 중이었고, 술에 취해 고래고래 소리 지르며 노래 부르던 마차 안의 여자들 가운데 유일하게 정신이 말짱한 인물이었다.

"당연하지. 잘 지냈어요?" 나는 상냥하게 묻는다.

뱃속 아기는 지금쯤 얼마나 컸을까? 한 살 반쯤?

"네에, 잘 지내요." 파울라가 대답하며 클라라 옆으로 다가선다.

어! 저 배는? "우아! 축하해요! 이번에는 얼마나 되셨어요?" 나는 그렇게 물으며, 파울라의 불룩 나온 둥그런 배를 살핀다. 나의 뇌가 나직하게 경고한다. '조심! 저 모습은 왠지 네 상상과 맞지 않아.'

"그게 무슨 소리예요?" 그녀가 당황해 물으며 두툼한 손에 든 와인 잔을 빙글빙글 돌린다.

"몇 달째냐고요?" 나는 계속해서 아무 생각 없이 말을 늘어놓는다. 클라라가 내 옆에서 헛기침을 한다.

"제 아들은 이제 곧 두 살이 돼요." 파울라가 대답하고는 포도주를 한 모금 꿀꺽 들이킨다. 내 안에서는 불편한 심기가 점점 퍼져나간다.

"아, 그렇군요. 임신하신 게 아닌가 봐요." 내 입에서 나도 모르게 말이 나온다.

"아니에요." 파울라가 언짢은 기분을 애써 감춘 채 대답하며, 아름다운 머리카락을 어깨 너머로 쓸어 넘긴다.

"네에, 아무렴 어때요." 나는 대꾸한다. 출산 후 늘어난 체중을 줄이는 건 나도 어려웠다. 아직도 호리호리한 모습은 아니다. 그래도 파울라는 기껏해야 스물세 살 정도로 아직 젊다. 젊으면 지방을 태워 분해시키는 게 수월하다.

"저는 살을 빼기 위해 운동을 하고 싶은 생각은 없어요." 파울라가 내 생각을 읽은 듯 한마디 던지더니 다시 입을 다문다. 무대 위의 드러머는 이제 독주를 시작한다. 둥둥 두둥둥 둥둥.

"저도 그 마음 알아요. 제가 엉뚱한 몸속에 들어와 있더라고요. 제 몸은 슈퍼모델 지젤 번천이 가져가 버렸고요." 나는 분위기를 끌어올리려고 우스갯소리를 이어 간다. 그렇지만 파울라는 내 유머를 이해하지 못한다. 아니면 지난번 만남 이후로 유머감각을 잃어버렸나…….

"세상일이 살찌는 것처럼 간단하고 쉬우면 더 바랄 게 없을 거예요. 그렇지 않아요?" 나는 한마디 덧붙인다. 하지만 파울라가 여전히 아무 말도 하지 않자 나는 클라라 눈을 바라본다. 한동안 우리 셋은 멍하니 서로의 얼굴만 쳐다보고 있다. 그저 되새김질만 하지 않을 뿐이다. 젊어서 클럽에 다닐 때는 춤을 추었다. 그리고 말은 별로 하지 않았다.

젠장, 꼭 필요한 순간 이놈의 드라이아이스 안개는 어디로 숨어버렸을까?

"우리 와인 한 잔씩 더 할까?" 클라라가 어색해진 우리에게 묻는다. 나는 그저 고마워 고개를 끄덕인다.

경품 복권을 뽑을 시간이 되고, 나는 앞자리로 가서 다양한 색깔의 복권 냄비를 든 젊은 아가씨들이 나타나기를 기다린다. 마침내 댄스플로어의 저쪽 편에 있는 그들을 발견한다. 댄스플로어에서는 춤에 빠진 남자들이 그의 아내들을 마치 팽이처럼 빙빙 돌려대고 있다. 그들 한가운데로 지나가다간, 붕붕 날아다니는 몸뚱이에 맞아죽을지도 모른다. 그래서 나는 무대로 이어지는 층계를 올라간다. 그리고 요나스가 어디 있는지 둘러본다.

나는 요나스가 다른 농부들 몇 사람과 함께 복권 냄비에서 그리 멀지 않은 곳에 있음을 발견한다. 나는 손짓을 한다. 그러면서 나는 약간 왼쪽으로 방향을 잡는다. 요나스가 손을 높이 치켜든다. 그의 입술이 움직인다. 입술의 움직임을 읽어낼 수 없어 유감이다. 나는 무대 위를 가로질러 걸어간다. 정확히 악단 연주자들 사이를 통과한다. 타악기 연주자가 박자를 놓친다. 노래 부르던 가수는 당황해 나를 빤히 쳐다보다 음이 이탈한다. 몇몇 사람들은 무대 위를 쳐다보느라 춤추기를 멈춘다. 나는 머뭇거리다 손을 들어 흔들어 준다.

복권 냄비가 이제 가까워졌다. 나를 위한 좋은 기회다! 잉가도 복권 냄비를 발견한 게 분명하다. 왼쪽에 있던 그녀가 사람들 사이를 헤치며 다가오고 있다. 나도 앞으로 잽싸게 달려 나가다 케이블에 걸려 넘어질듯 비틀거린다. 이제 곧 복권 냄비 앞이다! 잉가 눈이 내 눈과 마주친다. 그녀 얼굴 표정이 굳어지고, 그녀는 좀 더 힘을 내어 전진한다. 나의 손가락은 어느새 숄더백 안에 들어 있는 지갑을 찾아 든다. 그러다 동전들을 흘리고 만다. 지갑이 제대로 닫혀 있지 않았기 때문이다. 나는 그 자리에 멈춰 서서 동전을 줍는다. 그 순간, 내 원피스 자락이 조금 많이 치켜 올라간다. 무리 속의 한 남자가 횡재라도 한 듯 눈을 크게 뜨며 휘파람을 분다. 나는 얼굴이 붉어지며 눈을 들지 못한다. 어느새 사람들이 복권을 사고 있다. 나도 어서 가야지!

나는 층계참에서 한 번에 계단 세 개를 뛰어내리다 발목을 삐끗한다. 아프다. 이번에는 옆에 있던 칸막이벽에 몸을 기대다 그만 칸막이벽을 확 밀고 만다. 칸막이벽이 한쪽으로 기울고, 그 바람에 그 앞에 있던 사람들 몇이 칸막이벽에 부딪친다. 아야! 잉가는 웃음을 간신히 참고 있는 그녀 남자친구와 함께 당황하는 내 모습을 지켜보고 있다. 사람들이 기울어진 칸막이벽을 다시 세우는 동안, 나는 뒤로 물러나 어정쩡한 모습으로 서 있다. 내게는 진정 고통스러운 순간이다.

눈을 두리번거리는 잉가 뒤편에서 요나스가 모습을 나타내며 박수갈채를 보낸다. "미나, 아주 잘했어!" 나의 정신이 손가락 사이를 빠져나가는 미꾸라지처럼 내게서 빠져나가려 한다. 나는 긴장을 풀어주는 동작을 한다. 숨을 들이마시고, 내뱉고, 열까지 센다. 후우.

“여보, 복권!” 내가 말하는 소리가 들린다. 나는 복권을 사려고 줄 선 사람들의 행렬에 합류한다.

잉가가 내 앞에서 먼저 복권을 한 움큼 집어 든다.

나도 50유로어치의 복권을 사서, 놀랄 만한 속도로 모두 확인한다. 요나스는 내 뒤에 서서 꽝으로 판명된 복권을 하나씩 차례로 받아든다.

“빌어먹을! 하지만 다음번에는 반드시 당첨 복권이 들어 있을 거야.” 그렇게 중얼거리면서 나는 잉가 쪽을 은근슬쩍 살핀다. 잉가가 복권을 하나 손에 들고 있다.

당첨인가 보다. 하지만 조랑말용 마구세트는 아니다. 흐흐흐.

“복권 50유로어치 더 주세요.” 나는 머리를 땋아 올린 복권 파는 젊은 아가씨에게 돈을 건넨다. 나는 복권 냄비 속에 손을 넣는다. 그렇지만 선뜻 복권을 잡지 못하고 계속 손을 젓고 또 젓는다.

“꼭 그래야만 하겠어?” 요나스가 내 뒤에 서서 살짝 이마를 찡그린다. 나는 계속해서 나의 행운을 찾는다. 어느 것을 뽑을지 결정하는 데는 제법 오랜 시간이 걸린다.

“젠장!” 이번 복권들도 모두 꽝인 것을 확인하자 나도 모르게 욕이 튀어나온다.

잉가도 나만큼이나 잔뜩 긴장한 것 같다. 윤기 없는 머리카락은 땀에 젖은 채 관자놀이 언저리에서 동글게 말려 있다. 적어도 지금까지는 그녀 역시 행운의 복권을 뽑지 못한 게 분명하다.

"한 번 더요!" 나는 그렇게 말하며 지갑을 연다.

"미나, 그건 안 돼. 절대로!" 요나스가 남편으로서 거부권을 사용한다.

"그래도 여보……." 나는 말하면서 힘없이 한숨을 내쉰다. 요나스가 내 어깨를 잡아 자기 쪽으로 돌려세운다.

"미나, 이런 일로 그리 긴장할 필요 없잖아?" 그가 묻는다. 내 어깨를 감싸고 있는 그의 손에 힘이 더해진다.

"여봐, 요나스! 조금 전 자네 부인이 무대 위에 올라가지 않았나?" 누군가가 혀 꼬부라진 소리로 말을 건넨다. "왜? 멋진 노래라도 한 곡 선사하려고?"

"글쎄." 요나스가 한숨을 쉬며 대꾸한다. 그런 그의 반응이 내 피를 솟구치게 만든다.

"디터! 사람한테는 저마다 명예라는 가치가 있어요. 그런데 당신은 설마 그것을 유치원 다닐 때 모두 팔아먹은 건 아니겠지요?" 나는 비틀거리는 40대 중반의 남자를 향해 쏘아붙인다.

"뭐라고요? 그게 대체 무슨 소리요?" 디터가 짙은 눈썹 아래 눈을 부라리며 되묻는다.

"제가 말한 그대로지요." 나는 태연스레 대답한다. 사실 나는 예전처럼 다른 사람들 앞에서 기가 죽어 고분고분 순종하는 대신, 입을 열어 당당하게 맞서는 내 모습이 대견스럽다. 부분적이나마 이렇게 되기까지는 아주 고된 연습이 필요했다. 하지만 요나스는 그런 내가 마음에 들지 않는 눈치다.

"미나, 그만해!" 요나스가 불만 가득한 목소리로 나를 말린다.

"야호! 내가 1등 복권을 뽑았어요!" 우리에게서 그리 멀지 않은 곳에서 돼지 키우는 농부가 환호성을 지른다.

"네네, 참 잘하셨네요." 내가 부루퉁해서 말한다.

"뭐가 또?" 요나스가 어리둥절해하며 묻는다.

"당신이 나를 막지 않았으면, 내가 저 복권을 샀을지도 몰라요."

"바보 같은 소리 좀 제발 그만해!" 그가 굳은 목소리로 말을 하곤 혼자 어디론가 사라진다. 잉가는 눈앞의 광경이 즐거운지, 미련해 보이는 웃음을 감추지 못한다.

포도주 두 잔과 함께한 한 시간 뒤, 요나스는 로비에 앉아 파란색 옷을 세고 있는 나를 찾아낸다. 얼마나 많은 여성들이 똑같은 의상을 입고 이곳에 놀러왔는지 정말 놀랍기만 하다.

"당신, 여기 있었군. 우린 이제 그만 돌아가려는데." 그가 말하며 내 앞에 쪼그리고 앉는다.

"우리라고요? 그게 무슨 말이에요?" 그렇게 묻던 나는 남자친구와 함께 외투를 찾고 있는 잉가를 발견한다.

"잉가가 우리를 집에까지 데려다 준대." 요나스가 조심스레, 하지만 단호하게 말한다.

"뭐라고요?" 나는 날카로운 소리로 묻는다. "집에 갈 때는 택시 타고 가기로 했잖아요?" 나는 파티에 오면서 한 말을 상기시키며, 뭔가 바라는 눈빛으로 그를 빤히 쳐다본다.

"당신이 복권을 사느라 100유로를 써버렸잖아." 그가 잉가에게서 자신의 외투와 내 옷을 받아들며 한마디 덧붙인다. "약간 돌아가지만, 고맙게도 기꺼이 데려다 주겠대." 너무 고마워 토할 것만 같다. 잉가의 이웃사랑은 끝을 모른다. 나는 그녀의 희생정신에 아주 예의 바르게 감사하며 자리에서 일어선다.

요나스가 외투 입는 걸 도와준다. 그리고 자동차를 타러 가는 길에 내게 묻는다. "오늘 저녁 당신에게 무슨 일이 있었는지 말해줄 수 있어?" 내 하이힐이 찰싹 소리를 내며 물웅덩이를 밟고, 그 바람에 발이 흙탕물에 흠뻑 젖는다.

"이런!" 나는 놀라 소리를 지른다.

"마치 당신과는 전혀 상관없는 일인 것처럼 행동하지 말라고. 알았지?" 요나스가 속삭인다. 나는 당황해 요나스 쪽을 돌아본다. 잉가는 어느새 그녀의 볼보 자동차 문을 열고 있다. 자동차에 대해서만큼은 그녀도 보는 눈이 있는가 보다.

"그러니까 그게, 뭐라고 말을 해야 하나." 나는 중얼거리면서 자동차에 탄다. 그러자 잉가 남자친구가 정강이뼈로 힘차게 문을 밀어 닫는다. "주의력과 동기유발 시스템 사이의 상호작용이 제대로 작동하지 않았나 봐요." 나는 말하며 안전벨트를 맨다. 요나스가 나를 도와주고, 나는 그의 손가락을 톡톡 친다. 잉가는 자동차 시동을 건다. "내게는 서둘러 복권을 사야겠다는 동기가 있었어요. 그것도 다른 누군가보다 먼저……."

"미나." 요나스가 나무라듯 말을 하고, 잉가는 깜빡이를 켠다.

"그러느라 아마도 주의력이 흐트러지고, 그래서 그만……." 나는 적당한 말을 찾는다. "그처럼 풀어지고 말았네요."

"당신 행동의 원인이 동기부여와 주의력 간의 일시적인 장애가 아니라는 건 당신이 더 잘 알거야. 그렇지?" 요나스가 나를 바라보며 묻는다. 잉가가 차를 출발시킨다.

"당연히 잘 알고 있지요." 사실 정확히 말하면, 나는 나의 특수한 상황을 지금도 완전히 이해하지 못한다. 나의 문제는 회백질 사이의 의사소통을 담당하는 신경전달물질, 즉 노르아드레날린이나 도파민과 관련이 높다. ADD나 ADHD를 앓고 있는 사람들의 경우, 신경전달물질이 어떻게 기능장애를 일으키는지는 전문가들 사이에서도 여전히 논란의 대상이 되고 있다. 분명한 것은 나의 뇌에서는 행복호르몬인 도파민이 너무 빨리 재흡수되고, 그 결과 만성적인 도파민 결핍이 나타난다는 사실이다. 실제로 다양한 실험을 통해, AD(H)D 환자의 뇌에는 과도한 양의 도파민 수용체가 존재하고, 도파민 수용체와 관련된 유전자에 변이가 일어났다는 사실이 밝혀졌다.

바로 그와 같은 문제는 나와 내 남동생에게서 나타나는 특이행동을 일으키는 원인이 된다. 즉, 만성적인 도파민 결핍은 나와 내 남동생이 그럴 만한 가치도 없고 지루하며 재미없는 과제에 계속 해서 매달리는 이유를 설명해 준다.

뇌의 보상시스템 및 동기유발 시스템뿐만 아니라, 시상하부와 같은 뇌 영역 또한 도파민-신호장애의 영향을 받는다는 사실을 책에서 읽은 적이 있다. 그 때, 나는 도파민-신호장애가 대체 무엇이길래 모든 것을 엉망진창으로 만들어놓는지 궁금했다. 왜냐하면 내가 알고 있는 한, 뇌간 바로 위에 있는 시상하부라는 뇌 속의 작은 영역은 체온, 혈압, 수면리듬, 배고픔, 갈증 그리고 심지어 일찍이 엄마 아빠가 그토록 걱정했던 성적 욕구 등 일상적인 기능의 조절에 관여하고 있기 때문이다.

주의력결핍이라는 괴물은 실로 뇌의 아주 다양한 영역과 관계가 있는 것 같다. 그와 같은 사실들을 제대로 이해하기 위해서는 꽤나 많은 것들을 꿰뚫고 있어야만 한다. 하지만 내 소박한 생각으로는 아직 인간의 지식이 충분하지 못한 것 같다.

"괜찮아?" 한동안 아무 말도 없이 차창 밖만 멍하니 바라보고 있자, 요나스가 묻는다.

"그럼요." 나는 짤막히 대답한다.

"당신 얼굴은 아니라는데?" 그가 다시 묻는다.

내 두 손은 무릎 위에 가지런히 놓여 있다. 얼굴에 드러나는 만큼이라도 제대로 알고 있다면 나는 지금보다 훨씬 똑똑할 텐데.

"머리가 아파요." 나는 느릿느릿 대답한다. 오늘 저녁이 뜻한 대로 흘러가지 않았고, 그래서 어쩌면 나는 단지 화가 나거나 슬픈지도 모른다. 나는 부정적인 감정을 쉽사리 구별하지 못한다. 아무리 애를 써도 마찬가지다. 감정은 죽처럼 한데 뒤섞인다. 불쾌한 느낌은 다른 감정과 혼합된다. 나는 배가 고픈 걸까, 목이 마른 걸까? 나는 생선이 먹고 싶은 걸까, 고기가 먹고 싶은 걸까? 아니면 나는 이제 곧 죽는 걸까?

"또 그런 거야?" 요나스가 말을 하며 내 어깨를 감싸 안는다. 그는 그 말의 의미를 알고 있다. 앞으로 며칠 동안 섹스는 없다. 어쩌면 일주일이거나 더 오랫동안일지도 모른다. 그건 오로지, 격한 두통을 불러오는 스트레스에서 내가 얼마나 빨리 벗어나느냐에 달려 있다.

2장

어린 시절의 생존 전략

알에서 깨어나 몇 년 동안 머물렀던 알 껍데기에서 빠져나오면, 껍데기는 못쓰게 망가지고 만다. 껍데기를 다시 짜 맞추려는 시도는 아무리 노력해도 부질없다. 길든 짧든 얼마간 시간이 지나면, 결국 새로운 세상으로 나아가 온갖 자극과 부딪치고 다른 인간 동료들과 마주해야 한다. 굽이굽이 이어지는 삶 속에서 가능한 한 요리조리 빠져나가면서 이런저런 어려움을 피하는 것 말고는 달리 선택의 여지가 없다.

독일어 동사 '움파렌 umfahren'은 '피하다'와 '쳐서 넘어뜨리다'라는 전혀 다른 두 가지 의미로 사용된다. '움파렌'의 아이러니한 두 가지 의미는 난관에 부딪힐 때마다 내가 선택한 전략과 묘하게 맞아떨어진다. 그것도 유치원에 다니던 시절부터 말이다. 다행히 사람들은 넘어졌다가도, 때가 되면 꿋꿋이 일어설 수 있는 저마다의 전략을 찾는다. 그래서 추월선을 달려가는 차들을 보며 갓길에서 잠시 쉬어가는 것 또한 때로는 괜찮은 일이다.

소돔과 고모라 유치원

어떤 사람은 “세상에! 빌헬미나에게 딸이 있다고? 아이고, 딱하기도 해라!”라고 말하며 안타까워할지도 모르겠다. 하지만 장담하건대 그리 걱정하지 않아도 된다. 피임약을 먹었지만 내 딸 루이자는 세상에 태어났다. 나의 덜렁대는 성격을 물려받을 가능성이 농후했지만, 다행히 루이자는 아무 문제가 없다. 오히려 그 반대다. 루이자는 아주 건강하고 독립심 강하며 정도 많고, 위기관리에도 재능이 있는 아이다. 무엇보다도 루이자는 내게 주어진 가장 큰 선물이다. 그 아이를 위해 나는 수많은 어려움을 극복했고, 침대 아래 숨은 괴물들을 해치웠으며, 기진맥진해 더는 어찌할 수 없을 것만 같던 순간에도 한껏 기운 내는 법을 배웠다.

무엇보다도 놀라운 사실은 루이자는 ADD나 ADHD의 징후가 전혀 없다는 것이다. 루이자는 아주 오랜 시간 동안 원하는 만큼

일에 집중하고, 정신 차려 숙제를 하는 데에도 아무 어려움이 없다. 이는 주의력결핍장애가 유전된다는 일반적인 이론과 다르다. 첫 번째 남편과 결혼하기 전 만났던 루이자 아빠는 나처럼 심하지는 않으나 나와 비슷한 증상에 시달렸다. 그렇지만 루이자는 분명 ADD나 ADHD 증상과 관계없다.

루이자가 세 살이 되자, 그동안 나와 루이자 사이의 관계가 느슨해지면서 새로운 국면으로 접어드는 시기가 찾아왔다. 루이자가 유치원에 다녀야 했기 때문이다.

유치원에 간 첫날, 루이자는 무척 좋아했다. 그러나 루이자와 첫 번째 이별을 맞이하는 나의 심정은 매우 착잡했다. 유치원을 생각하면 내게는 좋지 않은 기억만 떠오르기 때문이었다.

엄마는 내가 혼자서는 유치원에 있으려 하지 않았고, 엄마가 나를 유치원에 데려다 놓고 떠나려 할 때면 매번 난리를 쳐댔다고 이야기하곤 했다. 나의 그런 모습은 의외였다. 왜냐하면 나는 평소 단순하고 착하게 행동했기 때문이다. 나는 담요 자락을 갖고도 몇 시간이고 놀 수 있었다. 아주 가끔 떼를 쓸 필요성을 느꼈고, 대부분은 그저 주어진 상황을 있는 그대로 받아들였다.

그랬다! 어렸을 때 나는 유모차 타는 걸 무척이나 싫어했다. 그래서 엄마가 나를 유모차에 앉히고, 덮개를 씌워 나를 바깥세상과 차단할 때까지 나는 투정을 부렸다. 나는 세상을 바라볼 수 있는 작은 창문 하나면 족했다.

나는 유치원에서 보냈던 악몽같은 나날들을 아직도 기억한다. 엄마가 들려준 이야기 그리고 부분적으로나마 내 머릿속에 남아 있는 이미지에 따르면, 다음과 같은 일이 일어났던 게 틀림없다.

"안녕, 빌헬미나!" 엄마 곁에 바짝 붙어서 커다란 꿀벌 반 교실 안으로 들어서자, 갈색 작업복을 입은 갈색 머리 유치원 선생님이 나를 보며 반갑게 인사를 건넸다. 나는 벌어진 입을 다물지 못한 채, 교실 안 모든 것을 하나하나 다 내 안으로 빨아들였다.

내 왼쪽으로는, 아니 어쩌면 오른쪽으로는 커다랗고 폭신한 주사위들이 교실 천장에 닿을 만큼 높다랗게 쌓여 있었다. 주사위들은 하나같이 때가 타거나 빛바랜 초록색이었다. 아이들은 주사위 위로 기어올랐다가 파란색 놀이용 매트리스 위로 뛰어내리며 정신없이 뛰어놀고 있었다.

"미나, 너도 '안녕하세요?'라고 인사해야지." 엄마가 내 손을 잡아끌며 재촉했다.

나의 시선은 조립하거나 그림을 그릴 때 사용하는 테이블로 옮겨갔다. 조립과 그리기 모두 나는 좋아하지 않았다. 내 손가락의 미세운동능력이 그런 놀이에 부족하다는 사실을 잘 알고 있었기 때문이다. 유치원 선생님은 내 손을 잡았다.

"빌헬미나, 우리 유치원에 온 것을 환영해." 그녀가 하는 말을 들으며, 나는 마른침을 꿀꺽 삼켰다. 놀고 있는 아이들이 내는 수

많은 목소리에 숨이 막힐 것만 같았다. 나는 정신을 잃지 않기 위해 숨을 곳을 찾아 엄마 다리에 찰싹 달라붙었다.

"몇 살이야?" 유치원 선생님이 내 앞에 쪼그리고 앉으며 물었다. 나는 손가락 네 개를 펼쳐보였다. 그리고 다섯 번째 손가락은 살짝 오므렸다. 정확히 말해 내 나이는 네 살 반이었기 때문이다.

"그래? 그럼 이제 다 큰 거나 마찬가지네. 대단하구나!" 그 날 처음 나를 만난 그녀가 말했다. 그때, 여자아이 둘이 내 앞을 스치듯 지나 인형 있는 곳으로 달려갔다. 나는 고개를 길게 빼고는 그 아이들이 사라진 쪽을 바라보았다.

"그래, 빌헬미나도 이제 유치원에서 다른 친구들과 같이 놀고 싶구나. 그렇지?" 엄마는 그렇게 물으며, 엄마 바지를 꽉 움켜쥐고 있는 내 손가락을 슬며시 풀어냈다.

"제게 남동생이 생겼어요." 느닷없이 내가 유치원 선생님에게 말했다. 물론 속삭이듯 조용한 목소리였다. 그 말에 엄마는 못내 미안한 표정을 지어 보였다. 내가 떠밀리듯 유치원에 온 건 남동생 헨리의 탄생과 밀접한 관련이 있기 때문이었다.

"그래? 기쁜 소식이구나." 유치원 선생님이 반갑게 대꾸했다. 나는 어깨를 으쓱해 보였다. 사실, 그 소식은 전혀 기쁘지 않았다. 나는 언니가 있었으면 했고, 그게 왜 불가능한지 도무지 이해할 수가 없었다. 걸핏하면 울어대는 남동생은 끔찍할 만큼 시끄럽고 성가셨다. 엄마는 이제 내게 책을 읽어줄 시간이 거의 없었고, 아빠는 전보다 더 오래 일을 하고 왔다. 적어도 내 생각에는 그랬다.

"남동생 이름은 뭐야?" 유치원 선생님이 물었다.

"말썽꾸러기요." 나는 대답하며 수줍게 웃었다.

"와아! 빌헬미나는 말을 재미나게 하는구나." 유치원 선생님은 맞장구를 치며 환하게 웃었다.

사내아이 하나가 의자에 부딪혔고, 의자는 쾅! 소리를 내며 바닥으로 넘어졌다. 나는 그 소리에 깜짝 놀라 다시 몸을 움츠렸다.

유치원 선생님이 물었다. "선생님이랑 같이 저기 가서 친구들이랑 놀까?"

나는 고개를 저으며 말했다. "아니요, 싫어요." 나는 이제껏 지나칠 정도로 예의 바른 아이였고, 세 단어로 말하는 단계는 벗어난 지 이미 오래였다. 하지만 유치원에 머물수록 나는 퇴보하는 느낌이 들었다.

엄마가 겉옷을 벗겨 주었다. 나는 인형처럼 엄마에게 가만히 몸을 내맡기고 있었다. 그러는 사이, 내 시선은 초점을 잃은 채 점점 더 불안하게 이리저리 움직였다. 문득, 페퍼민트 향과 뒤섞여 시큼한 냄새가 코를 파고들었다. 유치원 안의 미적지근하고 건조한 공기가 내 코의 점막을 자극하고 있었다.

거북이가 그려진 실내화를 신고, 선생님 손에 이끌려 놀이용 테이블로 갔을 때까지는 그런대로 괜찮았다. 나는 의자에 앉아, 만들기 반죽을 가지고 놀기 시작했다. 반죽놀이는 내가 좋아하는 놀이 중 하나였고, 한동안은 아무 문제도 없었다. 그동안 엄마는 유치원 선생님과 이야기를 나누고 있었다.

"빌헬미나는 유난히 수줍음 많은 아이예요. 빌헬미나가 다른 아이들과 조금씩 가까워지도록 선생님께서 신경을 써 주시면 좋겠습니다. 그렇지 않으면 저 아이는 금세 자기만의 달팽이집으로 숨어버리고 말 거예요." 엄마는 유치원 선생님에게 신신당부했다.

"어머니, 걱정하지 마세요. 빌헬미나는 아무 문제 없이 잘 지낼 거예요. 이따가 데리러 오시면 빌헬미나가 집에 안 가겠다고 땡깡 부리는 걸 보시게 될지도 몰라요. 아이들이란 원래 다 그렇거든요." 젊은 유치원 선생님은 엄마를 안심시켰다.

그때만 해도 그녀는 나에 대해 미처 알지 못했다.

처음 얼마 동안은 반죽놀이에 몰두해 엄마가 나를 유치원에 남겨두고 가버렸다는 사실을 눈치채지 못했다. 나는 책상다리를 하고 앉아 찰흙 반죽으로 꽃이나 동물 모양을 만들면서 계속 들려오는 소음이 내 안에서 불러일으키는 불안을 견디고 있었다.

갑자기 한 남자아이의 얼굴이 내 시야에 불쑥 들어왔다. 내 판단으로는 너무 빠르게.

"빨강 좀 줘!" 그 아이가 다짜고짜 내게 요구했다. 그러면서 내 손등에 침을 튀겼다. 나는 진저리를 치며 손등에 묻은 침을 얼른 바지춤에 닦았다. 그리고 이가 빠져서 생긴 구멍 때문에 바보 같아 보이는 검은색 머리 사내아이를 멍하니 바라보았다. 그 아이가 무얼 원하는지 이해하지 못했기 때문이다. 나의 뇌는 주변의 소음을 핑계 삼아, 들려온 단어들을 의미 있는 문장으로 조합하는 걸 거부했다. 우악스러운 그 아이는 망설임 없이, 내게서 빨간색 찰흙을 휙 빼앗아갔다. 그리고 내게 뭐라고 말을 했다. 그러나 너무 놀란 내게는 그저 그 아이의 움직이는 입술만 보였다.

나는 벌떡 일어섰다. 앉았던 의자가 미끄러지면서 바닥에서 끼익하고 날카로운 소리가 났다. 나는 도망치듯 그곳을 빠져나왔다. 나는 잔뜩 긴장해 사방을 둘러보며 엄마를 찾았다. 어찌 된 일인지 엄마 모습은 보이지 않았다. 아까 보았던 유치원 선생님이 막 화장실에 다녀온 아이가 바지 지퍼 올리는 걸 도와주고 있었다. 심장이 터질 듯 고동치기 시작했다.

"너, 나랑 소꿉장난할래?" 갈색 곱슬머리 여자아이가 내 소매를 잡아당기며 물었다.

이 아이는 대체 어디서 갑자기 나타난 거지?

"나는 엄마고, 너는 딸이야. 그리고 갓난아기도 있어. 알았지?" 여자아이가 설명하며 아기인형을 배 앞에 갖다 대고 살살 흔들었다. 그 아이는 너무 큰 앞치마를 두르고, 머리에는 우스꽝스러운 모자를 쓰고 있었다.

"내가 시키는 대로 해. 너는 내 딸이거든." 그 아이가 한 번 더 다짐하며, 내 팔을 살며시 잡고는 인형놀이 코너로 데려갔다. "나는 마이케야. 너는?"

나는 인형 침대 옆 구석에 앉았다.

"어휴! 거기 앉으면 어떡해? 거긴 기저귀 갈아주는 데잖아." 마이케가 잔소리를 하며 나를 다시 일으켜 세웠다. 바로 그때, 정글짐 가까이에 앉아 있던 여자아이가 갑자기 소리를 질렀다. 깜짝 놀란 내 눈에, 남자아이가 여자아이의 머리카락을 사정없이 잡아당겨 여자아이 목이 홱 젖혀지면서 바닥에 쓰러지는 모습이 들어왔다. 나는 더럭 겁이 났다. 여자아이는 소리 내어 엉엉 울었다. 나도 울기 시작했다. 새로운 얼굴의 여자 선생님이 나타나 우는 여자아이를 달랬다. 그러면서 머리카락을 잡아당긴 남자아이를 혼냈다. 그러자 남자아이도 울기 시작했다.

나는 숨을 한번 들이마시고는, 마치 유치원 안의 다른 모든 소리를 압도할 듯 있는 힘껏 소리를 내질렀다. 마이케는 깜짝 놀라 들고 있던 인형을 떨어뜨리고, 나를 멍하니 바라보았다.

"빌헬미나, 무슨 일이니?" 조금 전 나를 반갑게 맞아주었던 유치원 선생님이 내게 물었다.

"엄마!" 나는 울부짖었다. 마이케의 눈은 더욱 휘둥그레졌다.

"엄마는 곧 오실 거야. 어디 아프니?" 선생님은 깜짝 놀라 물으며 나를 찬찬히 살펴보았다.

그랬다! 유치원의 모든 것들이 내게 육체적인 고통을 불러일으키고 있었다. 선생님이 쳐다보자, 마이케는 아무 말 없이 어깨만 으쓱해 보였다.

유치원 선생님은 나를 품에 안고, 마치 아기를 어르듯이 한동안 달래주었다. 그래도 나는 쉽사리 흥분을 가라앉힐 수 없었다. 어느 순간, 선생님은 나를 달래는 걸 포기했다. 나는 놀이용 테이블 아래에서 몇 시간 동안 계속 울었다. 마침내 엄마가 나타나자, 비로소 나는 지옥에서 빠져나온 것 같은 느낌이 들었다. 하지만 곧 말도 안 되는 일이 벌어졌다. 엄마는 내가 외투를 입는 걸 도와주면서, 유치원 선생님께 내일 다시 오겠노라고 약속했다.

그 후로도 몇 주 동안 같은 상황이 반복되었다. 아침이면 엄마는 나를 유치원에 데려다주었다. 그리고 다른 아이들과 잘 어울리도록 좀 더 노력하겠다는 약속을 내게 강요했다. 엄마가 나를 두고 돌아설 때마다 나는 씩씩하게 손을 흔들었다. 그러나 유치원이 끝날 무렵 엄마가 나를 데리러 올 때면 나는 매번 고래고래 소리를 지르거나 엉엉 울고 있었다.

진심으로 말하건대 유치원에서의 시간은 끔찍함 그 자체였다.

나의 거부반응은 그 어떤 방법으로도 꺾을 수 없었다. 결국 엄마는 완전히 지쳐 나를 유치원에 보내려는 시도를 포기하고 말았다. 그로 인해 나는 최초의 사회화 과정, 다시 말해 다른 아이들과의 경쟁과정을 충분히 경험할 수 없었다. 그것은 결코 좋은 선택이 아니었다.

루이자와 처음으로 유치원을 찾아간 날, 어릴 적 유치원에서의 기억이 떠올랐다. 불현듯 일말의 공포감이 느껴졌다. 나는 루이자에게서 빨간색 물방울무늬 가방을 받아 들면서 힘껏 루이자를 안아 주었다.

루이자 담당인 마누 선생님은 정말 좋은 분이었다. 그녀는 내가 긴장하고 있다는 사실을 눈치채고, 루이자랑 묻고 답하기 놀이를 하면서 아주 간단히 긴장감을 없앴다. 그리고 몇 분 뒤, 루이자는 나와 작별인사를 나눈 뒤 아주 씩씩한 모습으로 마누 선생님을 따라 자기 반으로 들어갔다.

나는 밖으로 나와 시원한 공기를 들이마셨다. 자동차 앞에서야 루이자 가방이 손에 들려 있는 걸 알아차렸다. 나는 다시 유치원으로 들어가 가방을 놓고 나왔다.

집에 돌아오자마자 나는 알람을 세 개나 맞췄다. 혹시라도 루이자를 데리러 가는 시간을 깜빡할까 봐 걱정되었기 때문이다. 하나는 옷 갈아입을 시간을, 다른 하나는 출발해야 할 시간을 알려주는 것이었다. 마지막 하나는 그러는 사이 내가 다른 뭔가에 정신을 빼앗겨 일정을 망가뜨리는 상황을 방지하기 위한 것이었다.

그날, 나의 머릿속은 마치 바람에 날리는 깃털과도 같았다. 자꾸만 나의 어린 시절이 생각나고, 내가 다른 아이들과는 무척이나 달랐다는 사실이 떠올랐다. 아니면, 그저 나 스스로가 그리 느꼈을 뿐인지도 모른다.

1년쯤 지나자, 나는 유치원에서의 악몽 같은 기억을 어느 정도 극복할 수 있었다. 그리고 두 살 된 성가신 남동생 헨리 말고 다른 또래 친구들에게 관심을 갖게 되었다. 평범하지 않은 헨리에 대해서는 나중에 좀 더 상세하게 이야기할 기회가 있을 것이다.

어느 화창한 날이었다. 막 문을 열고 밖으로 나가려던 내게 엄마가 소리쳐 물었다. "미나! 헨리 좀 데리고 정원에 나가서 놀래?" 나는 그 소리를 못 들은 척하며, 슬그머니 밖으로 나와 살며시 문을 닫았다.

어서 사라지자. 나는 생각했다. 그러지 않으면 하루종일 정원에서 벗어나지 못하고, 끊임없이 웅얼대는 어린 동생의 혼잣말에 시달릴 것이다. 헨리는 여전히 세 단어로 된 문장조차 구사하지 못했고, 그저 시끄러운 소리만을 내뱉었다. 헨리의 혼잣말은 나를 상당히 힘들게 했다. 나는 내 생각에 제대로 귀를 기울일 수 없었다. 그리고 헨리가 좀처럼 알아들을 수 없는 말로 사람들에게 말을 걸 때면, 나는 끊임없이 헨리 말을 통역해야만 했다. 더구나 지금은 엄마를 도와 아주 힘들게 방 청소를 마치고 난 직후였고, 누나의 의무 따위에 신경 쓸 여유는 없었다.

나는 살그머니 집을 나와 자갈길로 갔다. 늘 그랬듯 먼저 자갈 속에서 예쁜 돌멩이나 다채로운 색깔의 유리조각을 찾았다. 나는 그것을 우표 수집하듯 모으고 있었다. 그동안 모은 예쁜 보물들은 벌써 내 책꽂이의 절반이나 차지했다. 그로부터 몇 년 뒤, 그 길 전체가 각종 중금속으로 오염되었다는 사실이 밝혀졌다. 내게 머리가 하나 더 돋아나지 않은 것은 정말 놀라운 일이다.

빨간색 곱슬머리에 들창코인 상상 속의 친구 케시가 불쑥 나타나 나를 툭 치며 물었다. "파란색 돌멩이를 봤어. 너도 파란색 좋아하지?" 우리는 아주 오래 전부터 알고지내는 친구였다. 내가 잠을 이루지 못하고 힘들어하던 어느 날, 그녀는 홀연히 나타나 나와 친구가 되었다. 나는 케시에게 금세 빠져들었다. 케시는 유치원에서 만난 아이들처럼 소란스럽지 않았다.

"파란색 돌멩이를 어디서 봤어?" 나는 케시에게 물으며, 좀 더 몸을 숙였다. 이렇게 잔뜩 집중해 자갈을 찾을 때면 셜록 홈스의 돋보기가 절실했다. 파랑은 내가 가장 좋아하는 색이었다. 하늘은 파랗고 드넓으며, 바다는 내 두 눈처럼 파랗고 깊다.

"저기서 봤지. 이 바보야!" 토끼 세자르가 참견하면서, 깡충 뛰어 일부러 내 앞길을 가로막았다. 심술궂은 세자르는 툭하면 나를 도발적으로 자극하곤 했다. 세자르는 할머니 집에서 늘 읽던 만화 캐릭터 벅스 버니와 무척 닮았다. 단지 벅스 버니보다 조금 더 통통했을 뿐이다. 세자르는 원래 할머니 집 정원에서 살고 있었다. 우리는 거기서 처음 만났고, 오래된 도랑 속에 호박 숨기기처럼 엉뚱한 짓을 같이 꾸미곤 했다. 할머니 집을 떠나기 전, 세자르는 실수로 짐과 함께 차에 실렸다. 그 사실을 알아차렸을 땐 너무 늦고 말았다. 자동차가 이미 출발한 뒤였기 때문이다. 차 안에서 내내 세자르는 큰 소리로 집에 돌아가고 싶다며 내게 하소연했다. 하지만 엄마 아빠는 단호하게 거절했다. 눈에 보이지도 않는 토끼 한 마리 때문에 차를 되돌릴 수는 없다는 이유였다. 그렇게 해서 세자르는 어쩔 수 없이 나와 더불어 지내게 되었다.

"헛소리하지 마!" 나는 살찐 토끼 세자르에게 경고하며 그 주위를 한 바퀴 빙 돌았다. 케시는 그 옆에 팔짱을 끼고 서 있었다.

"세자르에게 끌려다니다가는 오늘 아무것도 찾지 못할 거야." 케시는 세자르를 무시하듯 말하며 주위를 두리번거렸다. 케시는 소란스럽게 나의 관심을 뺏어가는 뻔뻔한 토끼 친구 세자르를 늘 시샘하고 있었다. "그리고 너도 알지? 세자르가 소란을 떨어 땅속에서 검은손을 불러내기라도 하면 어떤 일이 벌어지는지 말이야." 케시는 주의를 환기시켰고, 나는 불안해져 고개를 끄덕였다. 검은손은 우리가 만들어낸 무서운 존재였다.

문득 나는 루비처럼 반짝이는 빨간색 돌 하나를 발견했다. 나는 그 돌을 챙겨 바지 주머니 속에 넣었다. 케시는 내게 엄마가 한 말을 상기시켰다. "보물들은 반드시 외투 주머니에 넣으라고 한 거 잊지 마. 그렇지 않으면 세탁기가 또 고장 나거든." 내가 미처 챙기지 못한 보물 하나를 세탁기 드럼통 안에서 발견한 엄마는 무척 화를 냈다. 그에 비하면 땅속에서 솟아 나와 모든 것을 움켜잡아 휩쓸어 가는 검은손은 사실 아무것도 아니었다.

"여기 좀 봐봐! 이건 마법사 오즈가 사는 에메랄드 시에서 온 보석이 틀림없어." 나는 환호하며 유난히 예쁜 돌멩이 하나를 높이 들어 햇빛에 비추어 보았다.

"빌헬미나, 안녕?" 갑자기 나이든 노이만 부인의 거친 목소리가 들렸다. 나는 깜짝 놀라 들고 있던 초록색 돌을 놓쳐버렸다.

"바보 같기는." 케시가 투덜거렸다. "그 돌은 분명 여러 가지로 쓸모 있었을 거야. 예를 들어 검은손이 우리 중 한 명을 붙잡아 갔을 때, 그 돌과 교환하자고 제안할 수도 있단 말이야."

"그런데 누구랑 이야기하고 있는 거니?" 스카프로 흰머리를 고쳐 묶던 노이만 부인이 궁금한 듯 물었다. 스카프는 빨간색에 꽃무늬가 그려져 있었다. 나는 꽃 핀 덩굴이 만든 소용돌이 모양의 곡선을 눈으로 따라가고 있었다. 그러다가 노이만 부인이 이마를 찡그린 채 나를 바라보고 있다는 사실을 깨달았다.

"제 친구들요." 나는 얼른 대답했다. 갑자기 불안감이 엄습했다.

"하지만 여기에는 너밖에 없는걸?" 그렇게 말하는 노이만 부인 얼굴이 왠지 흉겨워보였다.

"노이만 부인은 늙기만 한 게 아니야. 돋보기안경도 필요하다고." 세자르가 끼어들며 기다란 귀를 흔들어댔다. 그러고는 노이만 부인의 뾰족뾰족한 나무울타리에 몸을 기대고, 재킷주머니에서 마술로 불러낸 당근을 꺼내 한입 맛있게 깨물었다.

"애야, 이웃집 친구들과 같이 노는 건 어떨까? 이를테면 니콜이랑 말이다." 노이만 부인이 아인리거 슈트라세의 끝자락에 있는 집 하나를 가리키며 물었다.

그래, 그러면 정말 재미있을 거야. 하지만 나는 문에 달린 초인종을 눌러야 하고, 어쩌면 니콜 어머니에게 니콜에 대해 물어야 할지도 몰라. 그리고 미션을 수행하는 동안 몸이 부들부들 떨리고 이가 덜덜거리는 것을 참아내야 할 거야. 나는 내가 두려워하는 것이 니콜 집에서 키우는 코커스패니얼 개인지, 아니면 변덕스러운 니콜 어머니인지 좀처럼 확신이 서지 않았다. 어쨌거나 니콜 어머니의 갑작스런 기분 변화는 감당하기 힘들었다.

"니콜이 나올 때까지 그냥 기다릴래요." 나는 노이만 부인에게 대답하고 계속해서 손가락으로 자갈 사이를 헤쳐 보았다. 에메랄드는 그곳 어딘가에 숨어 있는 게 분명했다.

"아하! 그럼 만나서 놀기로 약속했니?" 노이만 부인이 계속해서 물었다.

"예." 나는 짧게 대답하고는 노란색 유리조각 하나를 외투 주머니에 쑤셔 넣었다.

"뭐야? 왜 거짓말을 해?" 케시는 곧바로 따져 물으며 나무라는 눈으로 나를 쳐다보았다.

"제발 좀 가만히 있어." 나는 내 거짓말을 고자질하지 못하게 단호한 목소리로 케시에게 말했다. 땅바닥이 살짝 흔들렸다. 그래서 내 몸이 약간 비틀거렸다. 케시는 깜짝 놀라 벌어진 입을 다물지 못했다.

"지금 나한테 말한 거니?" 노이만 부인이 언짢은 듯 내게 물으며 눈을 치켜떴다.

"저는 돌멩이를 몇 개 더 찾아야 해요." 나는 계속해서 노이만 부인에게 설명했다.

"내가 어떻게 가만히 있을 수 있겠니?" 노이만 부인은 가느다란 허리에 두 손을 짚고 섰다. 나는 두 귀가 벌겋게 달아오르기 시작했다. "아가야! 그렇게 자갈 사이를 뒤적거리면 안 돼. 잘못하면 손가락을 다칠 수도 있어." 노이만 부인 목소리는 어느새 걱정으로 가득 차 있었다.

"저는 늘 이렇게 해요." 나는 마음씨 착한 노이만 부인이 나를 제발 가만 놔두기를 바라며 대답했다.

"맞아요! 미나는 늘 저러고 놀아요. 그러다가 벌써 두 번이나 손가락을 베였고요." 세자르가 내 말을 받아 말하면서 계속 당근을 오물오물 씹어 먹었다. 나는 세자르가 끼어드는 게 못마땅했다. 하지만 다행히도 노이만 부인은 내 친구들을 보지도, 듣지도 못하고 있었다.

"빌헬미나, 우리 집 아저씨는 네가 자갈더미를 그렇게 파헤쳐 놓는 걸 원치 않는단다." 노이만 부인이 내게 차근차근 설명했다. "그러니 거기서 그러지 말고, 차라리 자전거를 타고 놀렴."

"그래, 그거 좋은 생각이다!" 케시가 손뼉을 치며 환호했다. "그러면 검은손이 우리를 잡으러 나타날 때도 훨씬 빨리 도망칠 수 있을 거야."

"정말 그럴까?" 나는 머뭇거리며 대꾸하고는, 새로 산 내 자전거를 쳐다보았다. 빨간색 자전거는 우리 집 차고 문 앞에 세워져 있었다. 몇 달 전부터 나는 보조바퀴 없는 자전거를 타고 있었다.

그랬다. 비록 신발 끈을 묶지는 못했지만, 나는 더 이상 베이비가 아니었다. 나는 신발 끈을 매려고 할 때마다 실패한 기억이 떠올라 긴장했다. 그래서 나는 끈 묶는 법을 연습하는 데 단 1초라도 허비하기 싫어 신발 끈을 묶지 않고 다녔다. 찍찍이 신발도 있는데 뭐 하려고 굳이 신발 끈 묶는 법을 배운단 말인가.

그때 일이 벌어졌다. 뻔뻔한 토끼 세자르 바로 앞에서 땅이 쩍 갈라졌고, 길고 시커멓고 굳은살이 군데군데 박인 손가락이 솟아나와 세자르 발을 꽉 움켜잡았다. 세자르는 겁에 질려 몸을 버둥댔다. 그러다 순식간에 자갈더미 속으로 끌려 들어갔다. 돌멩이와 유리 조각이 뒤범벅된 잿빛 덩어리가 파도처럼 내 친구 위를 덮쳤다. 나는 돌연 비명을 질렀고, 노이만 부인은 그 소리에 깜짝 놀라 뒤로 주춤 물러서다 하마터면 삐딱하게 놓여 있던 화분에 부딪쳐 넘어질 뻔했다.

"얘야! 대체 무슨 일이니?" 노이만 부인이 가슴을 부여잡으며 높고 날카로운 목소리로 물었다.

"검은손이에요! 검은손이 나타났다고요! 어서 피하세요!" 나는 있는 힘껏 소리쳤다. 그러고는 케시 손을 잡고 도망치기 시작했다. 아드레날린이 온몸으로 마구 분출되었다. 나는 케시가 안전하다고 말할 때까지 꽥꽥거리며 이리저리 뛰어다녔다.

몇 분 뒤, 나는 유리구슬을 갖고 검은손과 멋진 협상을 벌였고 납치된 세자르를 구했다. 그런 다음, 나는 자전거를 타고 놀았다.

자전거를 타고 길을 오르내리면서 나는 스스로 용감하며 자유롭다고 느꼈다. 나는 커브 길을 따라 아주 멋지게 자전거를 모는 자신이 대견했다. 그래서 니콜 집 앞을 지날 때면 혹시나 니콜이 놀러 나오지 않을까 기대하면서 가능한 한 요란한 소리를 냈다. 이른 봄날의 날씨는 아주 상쾌했고, 시원한 바람은 달아오른 내 얼굴을 식혀 주었다. 그리고 나는 그해 들어 처음으로 나비가 날아다니는 모습을 발견했다. 나는 넋이 나간 채, 팔랑팔랑 날갯짓하는 나비를 바라보았다. 노랑나비는 내 눈앞에서 푸른 하늘로 사라져갔다. 목을 한껏 뒤로 젖힌 채, 점점 멀어져가는 나비를 눈으로 따라가던 나는 달리는 속도 그대로 노이만 부인의 나무울타리에 부딪치고 말았다. 한쪽 옆에서 나를 지켜보던 세자르와 케시는 어이가 없다는 듯 손으로 이마를 탁 쳤다. 그때 생긴 흉터는 지금까지도 윗입술에 그대로 남아 있다.

포효와도 같은 울음이 한바탕 몰아친 뒤, 나는 입술에 반창고를 붙이고 우리 집 정원에 앉아 어린 동생을 보고 있었다. 정말이지 끔찍한 날이었다.

“저기!” 헨리는 그렇게 말하며 내가 제일 아끼는 에나멜 가죽구두에다 모래를 뿌려댔다.

“어휴! 제발 그러지 좀 마!” 나는 잔뜩 인상을 쓰고 말하면서 테라스 위에 있는 내 보석들을 꼼꼼히 정돈했다.

“저기!” 헨리는 계속 재잘대며 삽으로 내 바지를 툭툭 쳤다. 그리고 하필이면 내가 가장 예뻐하는 보석을 발로 밟았다. 나는 헨리 발을 얼른 한쪽으로 밀쳤다. 물론 그러면서도 헨리가 넘어지지 않도록 조심했다. 헨리도 나만큼이나 운동신경이 둔했기 때문이다. 나는 헨리 손이 닿지 않는 곳으로 내 보물들을 서둘러 옮겼다. 하지만 손이 다섯 개가 아닌 이상 그러기는 쉽지 않았다. 헨리는 마침내 내 보석 하나를 움켜쥔 채, 기저귀 찬 엉덩이로 쿵 엉덩방아를 찧고 말았다. 나는 보석을 빼앗으려고 애쓰다가 갑자기 목이 콱 메는 걸 느꼈다.

저 멀리서 우편배달부 아저씨가 집 앞 골목길로 접어드는 소리가 들렸다. 우리 집 개도 그 사실을 눈치채고 시끄럽게 짖어대기 시작했다.

“혹시 우표 있니?” 갑자기 내 옆에 나타난 세자르가 멜빵바지를 추켜올리면서 물었다. 뭔가 일을 꾸밀 때면, 세자르는 늘 그런 동작을 했다.

“아니. 왜?” 나는 되물으며 눈가에 살짝 맺힌 눈물을 훔쳤다. 그러고는 정신없이 주위를 왔다 갔다 하는 헨리를 지켜봤다. 헨리는 지난주 엄마가 받은 커다란 택배상자 안에다가 자신의 보드라운 담요를 밀어 넣고 있었다. 택배상자는 금잔화 덤불 아래 옆으로 쓰러져 있었고, 헨리는 그 안으로 기어 들어갔다.

"우편배달부 아저씨가 오고 있어." 세자르가 말하며 묘한 표정을 지었다.

"그래! 정말 죽여주는 생각이다! 네 동생을 아프리카에 있는 팀북투로 보내 버리자. 아주 멀리!" 케시가 키득거리며 말했다. "사람들 말에 따르면 그곳에는 코끼리 자동세척장도 있대."

나는 그곳이 어떤 모습일지 생각했다. 거대한 코끼리들이 귀를 펄럭거리며 자동세척장 안으로 천천히 걸어 들어가 온몸에 비누 거품을 뒤집어쓰고 있었다.

"괜찮을까? 헨리는 아직 아기나 마찬가지인데 팀북투까지 가는 여행은 너무 힘들 거야." 나는 조심스레 물으며, 남아 있는 나의 보석들을 삼베주머니에 담아 헨리 손이 닿지 않는 화분 선반 위에 올려놓았다.

"바보 같은 소리 좀 하지 마! 황새를 타고 엄마 뱃속으로 날아왔던 여행보다는 훨씬 더 편안할 거야." 케시는 자신 있게 대답하고는, 자기를 따라오라고 나를 잡아끌었다.

잠시 후 우리는 우표 한 줄과 접착테이프를 가지고 택배상자가 있는 곳으로 돌아왔다. 상자 가장자리에 앉아 있던 헨리는 내가 자기랑 놀아주려는 줄 알고 신이 나 작은 손으로 박수를 쳤다. 나는 잠시 망설였다.

“겁이 나서 물러서거나 도망치기 없기!” 케시가 윽박지르며 내게 접착테이프를 던졌다.

“무슨 소리야? 하나도 겁 안 나!” 나는 아무렇지도 않은 듯 대답했다. 그러면서 입술을 잘근잘근 깨물었다. 정말 이래도 될까? 엄마 허락 없이 소포를 부치는 것은 이번이 처음이었다.

“헨리, 움직이지 말고 가만히 있어야 해. 알았지?” 나는 굳게 결심하고 동생에게 말했다. 헨리는 기저귀에서 고약한 냄새를 풍기며 쪼그리고 앉아, 몸을 좌우로 흔들어대고 있었다. 헨리는 그게 가만히 있는 거라고 말하곤 했다. 헨리는 더 가만히 있는 것이 불가능했다. 헨리의 투명한 파란색 두 눈이 나를 말똥말똥 쳐다보고 있었다. 가끔은 지금처럼 헨리가 말을 잘 듣기도 했다.

“나나, 노는 거야?” 헨리가 물었다. 나나는 나였다. 헨리에게 내 이름은 발음하기 너무 어려웠다. 그래서 ‘마마’를 변형시켜, 그처럼 이상한 이름으로 나를 부르곤 했다.

“그럼, 노는 거지.” 나는 대답하며 헨리가 들어 있는 상자 뚜껑에다 갖고 온 우표를 몽땅 붙였다.

“이제 말썽꾸러기 동생에게 잘 가라고 작별인사를 해야지.” 케시가 미소 띤 얼굴로 내게 말했다. 세자르는 감동받았다는 제스처를 해 보였다. 아마도 세자르는 내가 정말로 이번 일을 해낼 거라고는 생각하지 못했나 보다.

"헨리, 이제 상자 속으로 머리를 집어넣어." 나는 명령한 뒤 상자를 똑바로 세웠다. 그 바람에 헨리는 상자 안에서 발라당 뒤로 넘어졌다. 헨리가 투덜대며 다시 몸을 일으켜 앉았다. 깜짝 놀란 헨리의 금발 머리는 바짝 곤두서 있었다.

"누나가 하는 일을 나쁘게 생각하지 마! 지금은 네가 사라질 시간이야." 나는 헨리에게 수다 떨듯 설명했다. 그건 헨리가 좋아하는 말투였다. 우편배달차의 덜덜거리는 엔진소리가 점점 가까이에서 들려왔다. 서둘러야 했다. 우리 집 개는 점점 더 크게 짖어댔고, 헨리는 상자 안에서 성가시게 꽥꽥거리고 있었다. 나는 그 소리를 견디며, 택배상자를 원래 모양대로 만들려면 어떻게 접어야 할지 머리를 굴렸다.

"서둘러!" 세자르가 말하며, 기대에 찬 얼굴로 상자 옆 풀밭에 앉았다.

"재촉하지 좀 마." 나는 대답하면서도 절로 마음이 급해졌다.

"나나, 저기!" 상자를 닫기 위해 머리를 내리누르자 헨리가 투덜대며 말했다. 헨리가 말하는 '저기'는 아주 많은 것을 뜻했고, 그 의미는 톤의 높낮이에 따라 달라졌다. 지금 헨리가 내뱉은 '저기'에는 분명 약간의 비난과 내가 하는 행동에 대한 불만이 담겨 있었다.

"누나가 너를 얼마나 좋아하는지 알지? 헨리 너는 정말 착한 동생이야. 잠자는 네 모습은 얼마나 사랑스러운지 몰라. 하지만 네가 우리 곁에 온 뒤로 많은 것들이 삐걱거리게 된 걸 너도 알아야만 해." 나는 헨리를 항공우편으로 멀리 보내려는 나의 계획을 정당화했다.

"엄마는 늘 시간에 쫓기고, 잠자기 전에 읽어주던 동화책도 이제는 읽어주지 않아. 그뿐 아니야. 엄마가 병원에 입원한 것도 다 너 때문이야." 나는 헨리가 한밤중에 일어나 칭얼대는 바람에 엄마가 잠이 덜 깬 채 계단을 내려오다 넘어져 다쳤던 3주 전 일을 상기시켰다. 아직 어렸던 헨리는 걸핏하면 온 집안을 뒤집어놓기 일쑤였다. 나는 헨리와 달리 어려서부터 잠을 푹 잤고, 그래서 키우기가 얼마나 편했는지 모른다고 엄마는 늘 말했다. 그런저런 이유로 나는 헨리가 엄마 아빠의 모든 에너지를 빼앗았다고 생각하게 되었다. 아울러 더 이상 엄마 아빠가 내게 신경을 쓰지 않는다는 느낌마저 들었다.

헨리가 인상을 찌푸리며 칭얼대기 시작했다.

"울지 마. 누가 창피하게 울고 그래?" 나는 속삭였다. "누나가 너를 달나라로 보내는 것도 아니잖아." 나는 그렇게 달래며 헨리 뺨에 뽀뽀를 해 주었다. "네가 어른이 되면 다시 우리한테로 돌아올 수 있어. 알았지?"

헨리가 대답했다. "저기?"

나는 상자 뚜껑을 힘껏 눌러 닫았다. 접착테이프가 멀리 있었다. 케시와 세자르는 한쪽 옆에 가만히 서서, 접착테이프를 잡기 위해 손을 뻗는 내 모습을 그저 지켜보고 있었다.

"우리가 생각을 바꿔 헨리를 여기 계속 있게 하면 어떨까? 헨리가 갑자기 착한 아이가 될지도 모르잖아." 나는 내 생각을 소리 내어 말하고는 답을 기다리듯 친구들을 차례로 돌아보았다. 케시와 세자르는 잠시 눈빛을 교환했다.

"그게 무슨 소리야? 너는 지금 잘하고 있어. 이번이 진짜 좋은 기회라고!" 케시가 한번 더 나를 격려했다. 그 말에 나는 있는 힘을 다해 상자 뚜껑을 눌러 덮었다.

"내 생각에 문제가 하나 있어." 세자르가 말하며 대문 쪽을 가리켰다. 우편배달부는 미친 듯이 날뛰며 짖어대는 우리 집 개를 피하면서 우체통에 신문을 밀어 넣고 있었다. 그 바람에 주위는 어수선하고 너무 시끄러웠다.

나는 낯선 사람에게 말 거는 걸 무척 싫어했다. 우편배달부 아저씨는 여전히 낯선 사람이었다. 그래도 나는 한껏 용기를 내어 큰 소리로 말했다. "아직 가지 마세요. 여기 소포가 하나 있어요."

일이 잘못되어서는 절대 안 되었다. 그런데 상자 속에서 소동이 벌어졌다. 헨리가 소리를 질러대며 상자 안에서 마구 발을 굴러댄 것이다. 그 소리에 엄마가 깜짝 놀라 밖으로 뛰어나왔다.

"빌헬미나!" 엄마가 벼락같이 호통을 쳤다. 나는 깜짝 놀라 움찔했다. 헨리가 상자 뚜껑을 힘껏 밀어 올리면서 밖으로 고개를 불쑥 내밀었다. 그 기세에 밀려 나는 뒤로 엉덩방아를 찧고 말았다. 내 옆에는 잔뜩 흥분한 케시가 알아들을 수 없는 말을 연신 중얼거리며 서 있었다.

“너 지금 거기서 뭐 하니?” 엄마는 순식간에 내 옆으로 와서, 대성통곡하는 동생을 얼른 안아 올렸다.

“헨리를 울리려던 게 아니에요.” 나도 울먹이며 대답했다.

“어쨌든 이따가 엄마한테 혼날 줄 알아!” 엄마는 나를 호되게 나무랐고, 나는 더럭 겁이 났다.

“죄송해요.” 나는 얼른 용서를 구했다. 그 말은 진심이었다. 비로소 나는 어린 동생이 얼마나 겁이 났을지 이해할 수 있었다. “이번 일은 제 생각이 아니었어요. 절대로요!” 나는 한마디 덧붙이며 잔뜩 화난 얼굴로 케시와 세자르 쪽을 노려보았다. 그러나 두 친구는 어느새 감쪽같이 사라져 보이지 않았다. 이런 비겁한 놈들!

그 대신, 우편배달부 아저씨가 담장에 붙어 서서 아주 재미있다는 듯 내 쪽을 바라보고 있었다. “이따가 집사람한테 이야기해 줘야겠어요.” 아저씨가 싱글벙글 웃으며 내게 물었다. “꼬마아가씨, 그럼 이제는 부칠 게 없는 건가?” 아저씨는 내게 한쪽 눈을 찡긋해 보였다.

나는 당황스러웠다. 엄마는 헨리를 갓난아기처럼 품에 안아 흔들면서 달래주고 있었다. 그리고 헨리는 알아들을 수 없는 말을 연거푸 쏟아내고 있었다.

“예, 없어요. 그러니 이제 그만 가보셔도 돼요.” 엄마가 나를 흘겨보며 대답했다. 계획은 고약하게 꼬였고, 일은 엉망진창이 되고 말았다. 하기야 엄마가 신경이 날카로운 것은 너무나 당연한 일이었다. 헨리 때문에 거의 잠을 자지 못했으니 말이다.

엄마는 헨리를 한쪽 팔로 안은 채 접착테이프며 장난감들을 치우기 시작했고, 나는 다소곳이 물었다. "엄마, 도와드릴까요?"

"됐어. 너 때문에 네 동생이 겁먹었잖아!" 엄마는 헨리 유모차를 가져오면서 나를 살짝 밀쳤다. 내가 누군가에게 큰 실망을 안겨줄 때면 늘 그러듯, 발아래 땅이 흔들렸다. 적어도 내게는 그런 것처럼 느껴졌다.

헨리는 서서히 안정을 되찾았고, 엄마 품 안에서 몸을 버둥거리기 시작했다. 헨리는 오랜 시간 꼼짝 않고 있는 것을 견디지 못했고, 쉬지 않고 몸을 움직여야 했다. 엄마는 한숨만 내쉬며, 헨리를 유모차에 앉히려 하지 않았다.

"엄마에게 좋은 생각이 있어!" 엄마가 명령했다. "너희 둘 다 안으로 들어가자. 지금 당장."

나는 잠자코 엄마 말을 따랐다. 그렇지만 헨리는 정원에 나가 놀 생각만 했다. 엄마는 그런 헨리를 붙잡아 앉혔다.

한 시간쯤, 텅 빈 욕조에서 낮잠을 잤다. 그곳은 스트레스를 받거나 죄책감에 사로잡힐 때면 즐겨 찾아가는 나만의 장소였다. 그런 다음, 나는 니콜 집으로 갔다. 나는 용기를 내어 초인종을 누르자고 몇 번이고 다짐했다. 상상 속 친구 케시와 세자르가 하루에 두 번이나 나를 곤경에 빠뜨렸기 때문에 나는 잔뜩 화가 나 있었다. 나는 아주 세게 초인종을 눌렀다. 몇 초만 지나도 모처럼 불러낸 용기가 사라질까 봐 두려웠기 때문이다.

잠시 후 내가 그냥 돌아갈까 말까 망설이며 뒤로 몇 걸음 물러나는 중에 문이 열렸다.

"아! 빌헬미나구나." 니콜 어머니가 이를 덜덜 떨고 있는 내게 인사했다. 아주머니는 머리를 뒤로 말끔하게 묶고 있었다. 그 모습을 보자《하이디》에 나오는 깐깐한 노처녀 로텐마이어가 떠올랐다. 나는 대답하는 대신, 이가 자꾸만 이가 떨리는 걸 멈춰보려고 애를 썼다.

"안으로 들어올래?" 아주머니가 짐짓 상냥한 목소리로 물었다. 나는 고개를 끄덕였다. 하지만 가만히 서 있었다. 아주머니는 이상하단 듯 나를 쳐다보며 계속 물었다. "니콜하고 놀려고 찾아왔니?" 아주머니는 문을 더 활짝 열었다. 나는 다시 고개를 끄덕였다. 나의 시선은 용 모양의 현관 초인종에 착 달라붙어 있었다. 도자기로 만들어진 용의 비늘 하나가 비죽 삐져나와, 당장이라도 떨어질 것처럼 보였다.

"왜? 춥니?" 니콜 어머니가 물었다. 추운가? 나는 전혀 알지 못했다. "원하는 게 있으면 말을 해야지." 니콜 어머니가 약간 짜증 섞인 목소리로 말했다. 내가 여전히 현관문 앞에 멍하니 서 있었기 때문이다. 결국은 니콜 어머니가 돌아서더니 혀를 내밀고 헉헉대는 코커스패니얼을 발로 슬쩍 밀치고는 계단 위쪽을 향해 소리쳤다. "니콜! 말 없는 네 친구가 찾아왔다. 엄마가 보기에 네 친구는 아마도 네가 나오기를 기다리는 것 같구나." 갑자기 쿵쾅거리는 소리가 들리더니, 니콜이 계단을 달려 내려왔다.

나는 마비상태에서 깨어났다. "우리 자전거 탈까?" 나는 수줍게 물으며, 잔뜩 긴장하면 늘 그러듯 눈을 깜빡거렸다.

"오케이!" 나보다 한 살 많은 친구 니콜은 대답과 함께 아주 능숙하게 계단 난간을 훌쩍 뛰어넘었다.

"빌헬미나, 안으로 들어올래? 아니면 바깥에서 기다리고 있을래?" 니콜 어머니가 한 번 더 물었다. "문을 열어놓으니 집안이 점점 추워지는구나."

나는 아무 말 없이 문지방 너머로 한 걸음 내디뎠다. 그리고 니콜이 재빠르게 신발 끈을 리본 모양으로 묶는 것을 지켜보았다. 놀랍군! 정말 능숙해.

"입술은 어쩌다 그랬어?" 외투를 입으면서 니콜이 물었다.

"자전거를 타다 잘못해서 넘어졌어." 나는 솔직히 자백했다. 내가 다칠 때면 늘 그러듯, 니콜은 내 말을 듣자마자 지나칠 정도로 환하게 미소 지었다. 그런 니콜의 모습이 마음에 걸렸다. 누군가가 나를 무심하고 냉정하게 대하는 게 나는 마음 아팠다.

"어서 가서 놀자!" 니콜이 소리치며 나를 끌고 밖으로 나섰다.

니콜은 몇 걸음만에 자기 자전거 앞에 다다랐고, 곧바로 자전거에 올라타 출발했다. 그와 달리 나는 조금 더 중력과 맞서 싸워야만 했다. 내가 니콜을 따라잡고 온 마을을 불안에 떨게 만들기까지는 한참이 더 걸렸다.

혼자라면 나는 절대로 우리 동네 앞 안전한 길을 벗어나지 못했을 것이다. 따라서 이웃집 친구 니콜과 같이 놀 때면, 나는 매번 아주 멋진 모험을 경험할 수 있었다.

얼마 후 니콜이 이사 가자, 종종 차갑고 매정했던 그녀였음에도 나는 무척이나 외로워졌다. 심지어 학교에 다니게 된 것을 기뻐하기도 했다. 물론 그와 같은 마음은 이내 급변하고 말았다.

● ADD를 겪고 있는 아이들을 알아볼 수 있는 방법은 p.414 「AD(H)D를 암시하는 행동」에서 확인할 수 있다.

타인의 관심을 독차지하면
스타가 된다

학교에 입학하려면 아직 한참을 기다려야 했다. 그때까지는 헨리만이 내 놀이상대가 되었다. ADHD 환자와 같이 지내는 ADD 환자의 삶, 그리고 그 반대의 삶은 그리 쉽지 않았다.

기본적으로 나와 헨리는 동일한 대사장애를 앓고 있었다. 단지 과잉행동 증상이 나타나느냐 그렇지 않느냐가 우리 두 사람을 구분 지었을 뿐이다. 나는 늘 수면제를 먹은 것 같은 정서 상태였기 때문에 안식에 대한 강한 욕구가 있었고, 내 동생 헨리는 나를 흥분시키고 초조하게 하면서 모든 것을 엉망진창으로 만드는 것이 살아 있음의 근거였다.

갓난아기 때부터 헨리는 믿을 수 없을 만큼 시끄러웠다. 헨리는 엄마를 잠 못 들게 했고, 무척이나 예민한 나의 얕은 수면 또한 방해했다. 기어 다니기 시작하자 우리 일상은 한층 더 위험천만해졌다. 움직이려는 충동이 결핍된 내가 미처 인식하지 못했던 위험요소를 헨리는 모두 끌어당겼다. 헨리 머리는 탁자 모서리와 유리문과 라디에이터를 피하지 않았고, 그의 왕성한 탐구심은 콘센트와 벽난로를 가만 놔두지 않았다.

모든 면에서 내 동생은 엄마가 그때까지 알고 있던 것들을 뛰어넘었다. 귀엽고 예쁜 헨리를 돌보는 것은 벼룩이 가득 든 자루를 지키는 것이나 마찬가지였다. 그래서 헨리는 아주 많은 시간을 새장, 그러니까 울타리가 있는 유아용 놀이공간에서 보냈다.

어느 날 나는 난생처음으로 알파벳 몇 개를 썼다. 훗날 내가 어떤 일을 하게 될지를 생각하면 이는 아주 의미 있는 순간임이 분명했다. 나는 내가 처음으로 쓴 글자를 엄마에게 보여주고 싶었다. 하지만 엄마 가까이 가는 것조차 쉽지 않았다. 엄마는 하루종일 헨리 뒤를 쫓아다니며 보살펴야 했고, 하루에도 수백 번은 기저귀를 갈아주어야 했으며, 집안일 또한 책임져야 했기 때문이다.

헨리는 울타리 안에 앉아 원숭이처럼 울타리를 마구 흔들어대고 있었다. 엄마 뒤를 졸졸 따라다니는 나를 빤히 쳐다보면서 노래를 흥얼거리고 깡충깡충 뛰는 동생의 모습은 무척이나 사랑스러웠다. 목이 말랐는지 헨리가 흥얼대던 노래가 순식간에 거의 악을 쓰는 수준으로 바뀌었다. 엄마는 바짝 긴장해 마실 것을 가지러 부엌으로 달려가기 위해 몸을 돌렸다. 그 바람에 나는 엄마와 부딪히며 비틀거렸다.

"엄마, 여기 좀 봐요." 그 와중에도 나는 엄마에게 내가 쓴 글씨를 보여주려 했다. 그러나 헨리의 발작적 괴성은 이내 작은 집안의 모든 것을 덮어 버렸고, 나는 두 손으로 귀를 꽉 틀어막았다.

"그래, 금방 갈게." 엄마가 뒤쪽에다 대고 소리쳤다. 그러고는 다크서클이 짙어진 눈을 비볐다. 나는 할 말을 잃었다. 엄마가 어느새 부엌으로 들어갔기 때문이다.

"엄마! 여기 좀 보세요. 제가 글씨를 썼어요." 나는 부엌으로 따라 들어가서 헨리 젖병에 달콤한 회향차를 붓고 있는 엄마 뒤에 대고 큰 소리로 말했다. 엄마는 회향차가 든 젖병을 들고 거실로 다시 튀어나왔다. 지금 생각해 보면, 엄마가 헨리를 낳고 어찌 그리 빨리 55사이즈의 몸매를 되찾았는지 충분히 이해할 수 있다. 그건 바로 엄마가 날마다 잰걸음으로 다녔기 때문이었다.

나는 멋쩍은 모습으로 부엌에 혼자 남았다. 감자 삶는 냄비의 뚜껑은 거의 열려 있고, 물이 부글부글 끓어 넘치면서 지지직거리는 소리를 내고 있었다. 내 눈은 내가 크레용으로 쓴 알파벳에 고정되어 있었다. 나는 슬펐다.

이윽고 나는 다시 용기를 냈고, 좀 더 적극적으로 시도하기로 마음먹었다. 나는 엄마 코앞에 글씨를 쓴 종이를 바짝 들이대 엄마가 어쩔 수 없이 그것을 보게 되는 모습을 상상했다. 부엌 모퉁이를 돌아나가던 나는 또 엄마와 부딪혔다. 그건 결코 내가 계획한 상황이 아니었다. 나는 엄마의 불안한 긴장감이 내게로 흘러넘치는 것을 느꼈다.

"미나야, 지금은 엄마가 너무너무 바쁘구나!" 엄마는 투덜댔고, 나는 하려던 말을 도로 삼켰다. 엄마는 감자가 너무 삶아졌다는 사실을 확인한 뒤 나를 한쪽 옆으로 밀쳤다.

나는 풀이 죽어 부엌에서 나왔고, 얼마 동안 어린 동생에게 은근슬쩍 나무블록을 집어 던졌다. 물론 잘한 일은 아니다. 그렇지만 화를 삭여야만 했고, 천진난만한 얼굴로 바라보고 있는 사랑스러운 증오의 대상에게 메시지를 전달하기에는 더없이 효과적인 방법이었다.

꼬맹아, 싫어! 나는 네가 싫다고!

1년 가까이 그와 같은 상황이 계속되었다. 보통은 동생이 생기는 순간부터 부모의 사랑을 나누어 가진다지만, 나는 엄마 아빠를 잃은 느낌이 들곤 했다. 헨리는 엄마 아빠를 말 그대로 잠시도 편히 쉬게 두지 않았기 때문이다.

그러나 여러 결점에도 불구하고 헨리는 그냥 사랑스러웠다. 기본적으로 금발 곱슬머리에 발그스레한 두 뺨을 가진 어린 천사처럼 보였다. 마약에 취한 아기천사.

가족으로서 우리가 함께한 시간은 이런저런 오해로 가득 차 있었다. 고양이와 개를 훈련시켜 한데 어울려 살게 하려는 사람들은 이와 같은 사실을 잘 알고 있다. 개가 꼬리를 흔들면 고양이는 위협을 느낀다. 고양이가 꼬리를 흔들면 개는 고양이가 자기를 할퀴려는 게 아닌지 의심한다. 나와 헨리 사이도 마찬가지였다. 헨리의 사랑은 나를 아프게 했다.

우리가 같이 욕조에 들어갈 때면, 헨리는 끊임없이 손발을 흔들어댔다. 그래서 비눗물이 내 눈에 들어왔고, 나는 몇 시간이 지나도 벌겋게 충혈된 눈을 문질러야 했다. 헨리는 나를 달래기 위해 내 발을 밟거나, 아니면 시퍼런 멍이 들 정도로 나를 꽉 껴안곤 했다. 같이 이를 닦을 때에는 쉬지 않고 데이빗 해셀호프의 노래를 불러댔다. 그 노래는 정말이지 들어주기 힘들 만큼 끔찍했다.

헨리가 어쩌다 가만히 앉아 있으면 나는 왠지 꼭 안아주고 싶어졌다. 하지만 내가 안아주면 헨리는 기겁해서 뒤로 주춤주춤 물러나며 내 머리에 꿀밤을 먹였다. 사람이 완전히 기진맥진하면 눈을 뜨고 잘 수도 있다는 사실을 나는 알지 못했다. 그래서 내가 갑자기 헨리를 건드려 꿈에서 불러낼 때면, 헨리는 소스라치게 놀라곤 했다.

엄마가 계단에서 굴러떨어지고, 헨리가 두 번이나 물에 빠져 죽을 뻔한 다음, 헨리가 발달장애일 가능성이 크다는 주치의 진단이 있고 나서야 엄마 아빠는 마침내 도움을 청하기로 마음먹었다. 그때는 헨리가 네 살 때였다.

과잉행동장애 치료 전문가에게 진찰을 받기 위해 우리는 헨리를 데리고 수킬로미터 떨어진 곳까지 찾아갔다. 당시만 해도

ADHD라는 개념은 널리 알려지지 않았다. 헨리는 차를 타고 가는 내내 카시트에 앉아 안절부절못하고 몸을 비비 꼬거나 좌우로 흔들어대며 잠시도 가만히 있지 못했다. 이렇게 안전벨트를 맨 채 한참을 가만히 있어야 한다는 건 헨리에게 고문과 같았다. 나도 그 정도는 이미 알고 있었다. 마침내 목적지에 도착해 차에서 내릴 때가 되자 헨리의 금발 곱슬머리는 땀에 젖어 목에 찰싹 달라붙어 있었다.

의사는 엄마 아빠와 한참 이야기했고, 헨리를 아주 세심하게 관찰했다. 내게는 포도당과자 하나를 주었을 뿐, 그다지 신경 쓰지 않았다. 몇 시간 뒤 의사가 진찰결과를 말했다. 과잉행동증후군이었다.

헨리에게는 가능한 한 인산염이 적게 든 귀리 위주의 식단을 섭취하라는 처방을 내렸다. 그러려면 우유, 감귤류의 과일, 콜라, 베이킹파우더, 푸딩파우더, 레시틴 등 자연산이든 인공적으로 첨가된 것이든 인산염이 함유된 음식물은 모두 포기해야만 했다. 그밖에도 설탕, 색소, 향 따위의 첨가물 또한 삼가야 했다. 결국 다른 가족 모두에게도 총체적인 변화가 요구되었다. 헨리에게만 식이요법을 강요할 수는 없는 노릇이었기 때문이다.

"미나야. 네 동생은 아직 어려서 지금 상황을 제대로 이해하지 못해." 엄마는 말했다. 결국 헨리에게 금지된 음식은 집안 전체에서 사라지고 말았다.

1980년대에는 위에서 허용한 범주에 알맞은 것으로 오직 한 종류의 케첩만 있었다는 사실을 알고 있는가? 장을 볼 때면, 상표에 붙어 있는 'E 번호'와 글루타민산염에 유의해야 했다. E 번호는 유럽연합 내에서 식품첨가물로 사용이 허용된 물질을 표시하는 코드 번호였는데, E 번호 첨가물 가운데 상당수는 오늘날 사용이 금지되었다. 헨리에게 금지된 첨가물을 가려 먹이는 것은 정말 번거로운 일이었다. 무엇보다 당시만 해도 식품첨가물에 대해 오늘날만큼 알지 못했기 때문이다.

엄마 아빠는 헨리 체내에 축적된 인산염과 해로운 첨가물의 양을 확인하기 위해 헨리의 머리카락 샘플을 스위스에 있는 연구소로 보냈다. 검사 결과, 헨리는 축적된 인산염을 좀 더 빨리 분해하기 위해 약을 먹게 되었다.

다섯 살이 되면서 헨리는 상태가 호전되었다. 헨리에게 하리보 과자를 주지 않은 조치는 실제로 효과가 있었다. 식이요법뿐 아니라 헨리는 언어치료도 받았다. 그때까지도 정확한 발음을 하는 데 어려움을 겪었기 때문이다. 또 에너지를 적절히 발산시키기 위해 작업치료를 받기도 했다.

시간이 지나면서 헨리는 좀 더 집중할 수 있게 되었고, 두세 단어의 극히 간단한 문장만을 사용하던 베이비토크 단계도 극복하게 되었다. 그는 어느새 자신만만하다 못해 잘난 체하는 아이로 변해 있었다. 그래도 헨리는 자기 이름만은 제대로 발음하지 못했다. 마치 'H'를 묵음 처리해 발음하지 않는 프랑스인처럼 그는 자신의 이름을 '앙리'라고 발음했고, 누군가 이를 고쳐주기라도 하면 매우 싫은 표정을 짓곤 했다.

헨리는 내가 걱정했듯 멍청하지는 않았다. 단지 필요한 말을 하는 걸 유난히 힘들어했을 뿐이다. 올바른 순서에 따라 정확한 악센트로 말하기란 결코 쉽지 않다. 나는 요즘도 단어 철자 를서순며꾸바뒤 놀곤 한다.

무척 좋아지긴 했지만, 헨리는 학교 다닐 나이가 되어서도 여전히 엄마 아빠의 관심을 자신에게 집중시켰다. 여섯 살부터 예비학교에 다니면서 헨리는 엄청난 진전을 보였다. 정신적인 면뿐만 아니라 신체 발달도 향상되어 얼마 지나지 않아 나를 능가하기에 이르렀다. 그때부터는 차에 타면 누가 좋은 자리에 앉을지, 워크맨이나 닌텐도는 누가 차지할지, 또 누가 엄마 뒷자리에 앉을지를 놓고 늘 다툼을 벌이곤 했다. 특히 4주 동안의 휴가를 떠나는 차 안에서 세 사람이 벌인 싸움은 지금도 머릿속에 생생하다.

나는 가장 좋아하는 인형을 뒷좌석으로 밀어 넣고 있었다. 그때, 헨리가 느닷없이 내 배낭을 나한테 집어 던졌다. "누나 때문에 내가 앉을 자리가 없단 말이야." 헨리가 투정을 부렸다.

"헛소리 좀 그만해!" 나는 씩씩대며 불룩한 배낭을 헨리 얼굴에다 도로 힘껏 집어 던졌다. 명중! 나는 자동차에 올라탔다.

“미나! 또 왜 그래?” 쉐보레 자동차의 운전석에 앉은 아빠는 헨리의 표정 변화를 읽고는 나를 야단쳤다. 기적이 일어나지 않는다면, 헨리는 이제 곧 사이렌 같은 울음을 터뜨릴 게 분명했기 때문이다. 헨리의 사이렌 울음은 빨라야 20분 뒤에나 그칠 것이다. 그럴 때마다 나는 시간을 재곤 했다. 목이 터지도록 울부짖는 걸 얼마나 오랫동안 지속할 수 있는지 궁금했기 때문이다.

아빠는 최악의 경우를 피하기 원했다. “빌헬미나, 네가 내려라. 얼른! 먼저 헨리가 자리에 앉아 안전벨트를 매게 말이다.” 아빠는 단호한 목소리로 내게 요구했고, 나는 조금 전 했던 동작을 거꾸로 되풀이했다. 짐으로 가득 찬 차에서 기어내려 내 억울함을 털어놓으려 엄마를 두리번거리며 찾는 동안, 내 가슴속은 분노로 부글부글 끓어올랐다. 하지만 엄마는 우리 집 개와 아이스박스를 들고 막 집에서 나오고 있었고, 그 모습으로 봐서는 도무지 내 하소연을 들어줄 만한 상황이 아닌 것 같았다.

헨리는 신이 나서 힘차게 자신의 쿠션을 정리하고 안전벨트를 맸다. “스트레스 받지 마. 절대로.” 헨리는 약을 올리듯 노래까지 흥얼거렸다. 그 순간, 나는 차라리 헨리가 말을 할 줄 몰랐다면 더 좋았을 걸 하고 생각했다.

“헨리! 내 자리에 있는 네 물건 좀 치워 줘. 누나도 이제 타야 하거든.” 내가 말했다.

“재촉하지 마. 조르지 좀 말라고!” 헨리가 투덜댔다.

"그래, 헨리가 알아서 할 테니까 서두르지 말고 기다리렴." 아빠가 헨리를 편들고 나서며 엄한 눈으로 나를 쳐다보았다. 나는 화를 참으려고 심호흡을 하며 내 물건들을 가슴에 꼭 껴안았다. 자동차 엔진이 부르릉 소리를 냈다. 엄마는 푸들을 헨리 옆자리에 내려놓고는 문을 닫았다.

헨리가 혼잣말하듯 웅얼거렸다. "여기 앉아! 나는 네가 좋아. 누나보다 훨씬 더."

나는 눈을 부라렸다. 설상가상으로 아빠가 그러지 말라는 듯 나를 노려보는 순간, 나는 속으로 소리쳤다. 멍청한 저 개마저도 나보다 먼저 차에 탔다고요!

엄마는 트렁크 덮개를 열었다. 그런데 아이스박스가 들어갈 공간이 없자, 차 안의 내가 앉을 자리 발밑에 아이스박스를 밀어 넣었다. 최고군, 최고야!

"우리 공주님도 이제 차에 타야지." 엄마가 따뜻한 목소리로 말했다. 나는 머뭇거렸다.

"싫어요. 저 박스 발밑에 두기 싫어요. 헨리는 다리가 짧으니까, 헨리 발아래 놓으면 어때요?" 나는 최대한 분명하게 내 의사를 밝혔다.

엄마는 그사이 자동차 주위를 한 바퀴 돌았다. 그리고 바로 그때, 자동차가 별안간 후진하더니 바로 내 발 위에서 멈춰 섰다. 해도 해도 진짜 너무하네!

나는 비명을 내질렀다. 아빠는 짜증 난다는 듯 고개를 저었고, 엄마는 허리를 펴다 말고 어정쩡한 모습으로 멈춰 섰다. 그리고 헨리는 마침내 입을 다물었다. 푸들은 미친 듯이 짖어댔다. 이제부터 내가 평발로 고생하게 되리란 사실을 제대로 이해한 것은 오직 푸들 하나뿐이었던 같다.

"그놈의 끔찍한 비명소리 좀 제발 그만! 당장 멈추지 않으면 아빠한테 혼날 줄 알아!" 아빠가 내 비명소리에 맞서 고래고래 고함을 질렀다. 그러고 나서야 비로소 엄마가 끼어들었다.

"여보! 자동차 바퀴! 미나 발요!" 엄마가 숨넘어가는 소리로 부르짖었다. 아빠는 즉시 기어를 넣고 차를 앞으로 뺐다. 결코 우아해 보이지는 않았지만, 최소한 내 발은 다시 자유를 되찾았다.

당시 상황을 고려하면 발아래 아이스박스를 두고 가는 것이 그리 나쁘지는 않았다. 차를 타고 가는 내내 자동차 바퀴에 깔린 발을 얼음주머니로 냉찜질할 수 있었기 때문이다. 내 발뼈가 수천 조각으로 부서지지 않았다는 말을 들으면 사람들은 놀랄 것이다. 어린아이 뼈가 그런 상황을 견뎌내다니! 미안하다는 사과는 받았냐고? 그건 아니었다! 내가 동생과 엄마 아빠에게 스트레스를 주지 않았다면, 아빠도 내 발을 밟을 만큼 정신줄을 놓지는 않았을 테니까 말이다.

내 동생은 내게서 엄마 아빠의 사랑과 관심을 빼앗아갔다. 하지만 사춘기로 접어들면서는 상황이 반전되었다는 사실을 기꺼이 고백하고자 한다.

헨리 얼굴에 여드름이 피기 시작할 무렵, 나는 심각한 하강국면으로 빠져들었다. 드디어 나는 부모님의 관심을 내게로 되돌릴 수 있었다. 그런 상황은 그 후로도 오랫동안 바뀌지 않았고, 내 주변 사람들에게 상당한 에너지와 이해심을 요구했다. 헨리도 마찬가지였다. 그래서 헨리는 지금도 내가 자신의 사춘기를 완전히 망쳐버렸다고 말하곤 한다. 불쌍한 녀석!

금붕어의 기억력

나의 몰락은 서서히 진행되었다. 유치원에서 경험한 충격에서 벗어나자, 초등학교가 나를 기다리고 있었다. 초등학교 입학은 아주 매끄럽게 흘러갔다. 꽤 흥분되는 경험이었지만, 나는 긴장감을 거의 완벽하게 견딜 수 있었다. 다른 아이들이 무척이나 궁금했기 때문이다.

예를 들어 빨간색 곱슬머리를 제멋대로 기른 베레나는 나의 관심을 사로잡았다. 그 아이는 1980년대 아이들이라면 분명 기억하고 있을 어린 마녀 클라비-클락(독일 작가 요아힘 폰 울만의 동화)을 떠올리게 했다. 그래서 베레나는 분명 마법을 부릴 수 있을 것 같았다. 나는 맨 먼저 그 아이와 사귀어 보려고 시도했다. 나는 그런 결정을 상당히 현명한 판단이라고 생각했다. 특별한 능력을 지닌 친구는 언제 어디서든 도움이 될 것이라 믿었기 때문이다.

다른 아이들과 마찬가지로 처음 며칠 동안은 말을 걸지 않고 미소만 지어 보이다가 나는 마침내 용기를 냈다.

"쉬는 시간에 나랑 같이 놀래?" 나는 베레나에게 물었고, 자연스럽게 베레나가 책가방 속 교과서를 정리하는 걸 도와주었다. 정확히 말하면 그 아이의 허락도 받지 않고.

"벌써 지나랑 놀기로 약속했는데." 베레나는 머뭇거리면서 대답했다. 나는 베레나의 색연필을 모아 필통에다 색깔별로 정리해 주었다. 나는 많은 아이들이 유치원에서부터 서로 알고 있다는 사실을 금세 알아차렸다. 그 점에서 나는 분명 다른 아이들보다 불리했다.

"하지만 너만 좋다면 같이 놀아도 좋아." 잠시 생각하던 베레나가 내게 제안했다. 그러면서 내가 자기 물건에 함부로 손대는 걸 막으려 했다. 나는 내심 기뻐하며 필통의 지퍼를 닫았다.

"그럼 당연히 좋지!" 나는 나직이 환호했다. 바로 그 순간, 산드라의 불편한 시선을 느꼈다. 짧은 갈색 머리 산드라는 양쪽 눈이 약간 사시처럼 보였다. 산드라는 입학하자마자 학생 20명 가량이 모인 작은 반의 우두머리처럼 행동했고, 그닥 나를 좋아하는 것 같지 않았다. 사실 나는 너무 자주 뭔가에 걸려 비틀거렸고, 너무 빠르게 말했으며, 혼자만의 세계에 빠져 있을 때면 누구도 말을 붙일 수가 없었다.

독일어 시간과 정말로 짜증 나는 알파벳 쓰기 시간이 끝나고, 쉬는 시간을 알리는 종이 울렸다. 아이들 모두 교실에서 뛰어나와 탁 트인 운동장으로 달려갔다. 지난 며칠 동안 그랬듯, 내 심장은 유난히 빠르게 고동치기 시작했다. 마치 무시무시한 무언가가 뒤에서 쫓아오기라도 하듯 모든 아이가 날카로운 소리를 내지르며 동시에 밖으로 나갔기 때문이다. 그럴 때마다 나는 소란의 근원이라 추측되는 고질라나 그와 유사한 괴물을 찾아 주위를 두리번거렸다.

잠시 후, 나는 비틀거리며 여자아이들 몇몇을 쫓아갔다. 아이들은 구슬치기를 할 수 있도록 구멍을 파 놓은 축구장 귀퉁이 모래밭으로 향했다. 정말로 나는 그 아이들과 같이 놀 수 있었다. 그리고 내가 가장 아끼는 진주색 유리구슬을 산드라에게 잃고 말았다. 하필이면 산드라에게.

"오케이, 나 한 번 더 할래." 나는 아이들에게 요구했다.

"안 돼! 이번엔 지나 차례야." 산드라가 설명했다. "게임 규칙도 아직 모르니?"

정확히 말하면 나는 게임 규칙 따위에는 관심이 없었다.

"나는 내 진주구슬을 다시 따고 말 거야." 나는 또다시 우겼고, 그런 내가 꽤 용감하다고 생각했다. 내 손가락은 가장 소중한 진주구슬이 사라진 구슬주머니를 꽉 움켜쥐고 있었다. 나는 대체 무슨 생각으로 그 구슬을 걸었을까?

"지금은 안 돼!" 산드라가 화난 목소리로 톡 쏘아붙였다. 나는 깜짝 놀라 뒤로 주춤 물러섰다. 분위기가 싸늘해졌다. 나도 그 사실을 눈치채고 초조해졌다. 나는 갑작스레 머릿속이 광장처럼 소란스러워지는 것을 느꼈다. 곳곳에서 경고등이 네온사인처럼 번쩍거렸다. 예전에 경험한 불편했던 상황에 대한 기억이 우지끈 무너지는 소리와 뒤섞여 머릿속을 가득 메웠다. 그리고 회전목마에 올라탄 듯 현기증이 났다.

"네 구슬은 정말 예뻐!" 산드라가 한마디 덧붙였다. 산드라는 내 진주구슬을 엄지와 검지로 잡고 눈앞으로 들어 올려 햇빛에 비쳐 보았다.

"나도 알아." 나는 자신 없는 목소리로 대답했다. 두 손에서는 진땀이 났다.

갑자기 산드라가 내 진주구슬을 자기 주머니에 넣고는, 대신 밋밋한 빨간색 유리구슬을 꺼내 놓았다.

잠깐만!

"지금 뭐하는 거야?" 그렇게 묻는 내 목소리는 바르르 떨리고 있었다.

"내기에 걸 구슬을 바꾸는 거야. 예쁜 진주구슬을 잃고 싶지 않거든." 산드라는 약을 올리듯 천연덕스러운 목소리로 대꾸했다. 게임을 계속하더라도 내 구슬을 되찾을 수는 없을 거라는 생각이 들어 머릿속이 차가운 얼음처럼 얼어붙었다. 내 머릿속은 더더욱 소란스러워졌다.

"베레나에게 마법을 써서 예쁜 구슬을 하나 만들어 달라 하고, 내 구슬은 그냥 돌려줄래?" 나는 어처구니없는 제안을 했다. 베레나가 나를 묘한 눈으로 쳐다보았다.

"그게 대체 무슨 소리야?" 산드라가 신기하단 듯 물으며, 머리부터 발끝까지 나를 훑어보았다.

"그건 베레나에게 직접 물어 봐. 베레나는 할 수 있거든." 나는 자신 있게 대답하며, 베레나를 힐끔 쳐다보았다. "베레나, 네가 마녀라는 사실을 이제 아이들에게 말해 줘!"

"무슨 헛소리야?" 베레나가 어이없다는 듯 물으며 이마를 톡톡 쳤다. 자신의 정체를 부인하다니, 그건 있을 수 없는 일이었다.

나는 당황해서 대답했다. "헛소리 아니야. 내가 왜 정신 나간 소리를 하겠어?"

"너, 지금 내 친구를 마녀라고 부른 거야?" 산드라가 말조심하라는 손짓을 하면서 따지고 들었다.

"응!" 내가 대답하는 순간, 두 다리가 경련을 일으키며 실룩거리기 시작했다. 머릿속의 모든 놀이기구는 갑자기 동작을 멈췄다.

베레나는 놀라 벌어진 입을 다물지 못했다. 그리고 잔뜩 화난 얼굴로 성큼성큼 내게로 걸어왔다. 베레나의 가느다란 집게손가락이 내 코앞에서 춤을 췄다. "네가 한 말 얼른 취소해!" 베레나가 소리치며 나를 향해 위협하듯 주먹을 불끈 쥐고 흔들었다. 그 모습을 보면서 나는 베레나의 콧등뿐만 아니라 손등에도 주근깨가 잔뜩 있다는 사실을 발견했다.

"싫어!" 나는 고집스레 대답했다. 그때까지도 나는 베레나가 '마녀'를 《헨젤과 그레텔》에 나오는 이미지와 혼동하고 있다는 사실을 전혀 눈치채지 못했다. 물론 《헨젤과 그레텔》의 마녀는 아름답지 않다. 하지만 나는 마녀라면 〈비비 블록스베르크(독일의 애니메이션)〉에 나오는 사랑스러운 마녀가 떠오른다. "내가 왜 그래야 하는데?" 나는 그 이유가 정말로 궁금해 물었다.

"나쁜 말이니까!" 베레나가 천천히 설명했다. 베레나의 길고 붉은 머리카락이 바람에 뜯기듯 휘날렸다. 그 모습이 너무 멋있어서 나는 넋을 잃고 바라보았다. 그러느라 산드라가 내 옆으로 가까이 다가와 뭔가 기회를 엿보고 있다는 걸 눈치채지 못했다.

"베레나, 그 말은 절대 나쁜 말이 아니야." 나는 얼른 대답하고는 한마디 덧붙였다. "예를 들어 내가 너 보고 빨강머리 요정 푸무클의 딸이라고 한다면 그건 진짜 나쁜 말이지."

그 말은 정말이지 도가 지나쳤나 보다. 아이들이 나를 빙 둘러싸고는 점점 가까이 다가왔다. 아이들 중 적어도 두 명은 주먹을 꽉 쥐고 있었다. 그런데도 나는 그 모습을 결코 나쁜 의미로 받아들이지 않았다.

"마녀라는 건 좋은 거 아니야?" 나는 당황해서 물었다. 산드라, 베레나 그리고 지나는 잠시 묘한 눈빛을 교환했다.

"마녀가 실제로 존재하지 않는 건 너도 알고 있지?" 지나가 나서서 물으며, 예쁜 코를 살짝 찌푸렸다. 불현듯 나는 지나가《피터 팬》의 팅커벨과 친척은 아닌지 궁금해졌다.

"우리 아빠는 경찰인데, 〈우주의 영웅들〉에 나오는 히맨과는 먼 친척 사이야." 나는 자신만만하게 밝혔다. 아빠는 게임을 하면서 실제로 여러 번 그렇게 말했었다. "그리고 그곳에는 정말로 마녀가 살고 있어."

베레나가 풋! 하고 웃음을 터뜨렸다. 산드라는 내 손에 진주구슬을 쥐어주고는 돌아서서 가버렸다. 다른 아이들도 산드라를 뒤쫓아 따라갔다. 혼자 남은 나는 계속해서 구슬놀이를 했다. 물론 어떤 규칙에도 구애받지 않고서.

며칠이 지났다. 어찌하다 나는 말 없는 아이 티나와 가까워지게 되었다. 티나도 베레나처럼 주근깨가 많았다. 그리고 머리는 늘 조랑말 꼬리처럼 묶어 목 뒤로 길게 늘어뜨리고 다녔다. 티나는 일상적이고 틀에 박힌 행동을 했는데, 그런 모습이 내게는 편안하게 느껴졌다. 티나는 매일 같은 빵을 싸오고, 기분도 한결같으며, 쉬는 시간이면 늘 커다란 떡갈나무 아래에 앉아 있었다. 나는 그런 티나가 너무너무 마음에 들었다.

하루는 우리 반 여자아이들 몇 명이 나와 티나가 앉아 있는 곳으로 다가왔다. 가장 앞에는 산드라가 있었다. 잠시 후 나는 그 아이들에게 둘러싸였고, 산드라는 나를 툭툭 밀치며 물었다.

“야, 미나! 너 아직도 베레나에게 사과하지 않았다며?” 산드라가 며칠 전 일을 상기시켰다. 베레나는 팔짱을 낀 채 한쪽 옆으로 살짝 비켜 있었다. 베레나가 화가 났다는 건 누구든 금세 눈치챌 수 있었다.

“나는 사과할 만한 짓을 한 적이 없어.” 나는 지지 않고 대들었다. 나는 무엇이 베레나를 저토록 화나게 했는지 전혀 감이 오지 않았다. 순식간에 나는 지난 며칠 동안의 일을 되짚어보았다.

하마터면 버스를 놓칠 뻔했다. 차에서 내리다가 가방에 걸려 넘어질 뻔했다. 신발 끈이 풀려 누군가에게 다시 묶어달라고 부탁해야 했다. 독일어 시간에 처음으로 스마일 도장을 받았다. 줄 맞춰 알파벳 쓰는 숙제를 제대로 해냈기 때문이다. 심지어 오늘 아침에는 내 사과를 베레나에게 양보했다. 한쪽은 새빨갛고 다른 쪽은 초록색인 그 사과를 베레나가 유난히 마음에 들어 했기 때문이다.

“네가 베레나더러 마녀라고 했잖아!” 산드라의 앙칼진 목소리가 나를 몽상에서 불러냈다. 산드라가 나를 거칠게 밀쳤다. 나는 비틀거리며 뒤로 밀려났다. 그와 동시에 눈꺼풀 안쪽으로 아픔이 몰려들었고, 금방이라도 눈물이 날 것만 같았다.

“너는 네가 누군지 알아?” 산드라가 표독스럽게 물으며 내 팔뚝을 툭 쳤다. 다른 아이들은 모두 입을 꾹 다문 채, 나와 산드라를 에워싸고 있었다. 나는 왜 아무도 말을 하지 않는지, 왜 아무도 나를 도와주지 않는지 의아했다. 심지어는 내 친구인 티나조차 마찬가지였다.

그러나 이제는 안다. 언젠가 그들 자신이 내 자리에 서게 될까 봐 두려웠던 거다. 물론 모두가 다 그런 것은 아니었다. 몇몇 아이들은 우아하게 자신만의 삶을 살던 한 소녀가 궁지에 몰리는 장면이 그저 흥미로웠을 것이다.

“넌 바보야!” 산드라가 소리쳤다. 나는 땅바닥을 내려다보았다. 작고 하얀 돌멩이들이 발아래 깔려 있었다. 나는 돌멩이들을 세기 시작했다. “우리는 너 같은 바보와는 함께 있기 싫어!”

산드라 말에 나는 머릿속이 하얘졌다. 또 한 번의 충격에 내가 땅바닥으로 쓰러졌던 그때, 열다섯이라는 돌멩이 개수 말고는 아무것도 존재하지 않았다. 찌를 듯한 고통이 내 손바닥과 무릎을 질주했다. 나는 울고 싶지 않았다. 그렇지만 울 수밖에 없었다. 나를 둘러싼 아이들이 점점 더 가깝게 다가왔다. 나는 땅바닥에 쪼그리고 앉아 그 아이들의 얼굴을 하나하나 쳐다보았다. 베레나 얼굴에는 연민이 떠올라 있었다. 산드라 표정에는 분노가 담겨 있었다. 지나는 당황한 얼굴이었다. 다른 아이들의 얼굴에는 단지 자극적인 것에 대한 열망만이 느껴졌다.

산드라가 손바닥으로 내 머리를 쳤다. 나는 두 팔을 치켜들었다. “정말 미안해.” 나는 반사적으로 소리치며 몸을 움츠렸다. 발길질이 내 옆구리를 가격했다. 나는 계속해서 잘못했다고, 후회한다고 소리 질렀다. 그런 내 모습은 나를 아프게 했다. 나는 수업 종이 울리는 소리조차 듣지 못했다. 모든 아이가 운동장에서 사라질 때까지 한동안 이리저리 몸을 흔들어댔다.

티나가 그런 내 곁을 지키고 있었다. 티나는 내게 손수건을 건네주며 위로했다. 그래도 끔찍하기만 했던 1학년 동안 티나는 나를 공격하는 산드라 앞에서 내 편이 되지 못했다.

학교가 끝나면 나는 매일 녹초가 되어 집으로 돌아왔다. 점심식사를 채 마치기도 전에 잠이 들었다. 언제부턴가 한밤중의 위통과 더불어 식욕부진과 두통이 찾아왔다. 결국 나는 엄마 아빠에게 학교에서 겪고 있는 집단따돌림과 폭력에 대해 이야기했다.

산드라는 아마도 집에서 부모님한테 엄청 혼났던 것 같다. 어쨌든 그 후로는 나를 때리지 않았고, 그저 말로만 나를 괴롭혔다. 그 또한 달가운 일은 아니었다. 하지만 적어도 시퍼런 멍이 드는 것만큼은 피할 수 있었다.

2학년이 되자 배우는 것만큼 해야 할 것도 덩달아 많아졌다. 나는 바보는 아니었다. 단지 새로운 정보들을 모두 받아들이기까지 어느 정도 시간이 필요했고, 그것들을 내 것으로 만들기 위해서는 더 많은 시간이 걸렸다.

"빌헬미나?" 담임인 브릴 선생님이 내게 물었다. "선생님 말 듣고 있니?"

내 이름이 불리는 걸 들은 것 같기는 했지만, 나는 선뜻 알아차리지 못했다. 티나가 내 옆구리를 쿡 찔렀다. 책상 세 개 너머에 앉아 있던 산드라는 고소하다는 듯 미소를 지었다.

"너는 또 멍하니 허공만 쳐다보고 있구나." 브릴 선생님은 그렇게 말하며 이마를 찌푸렸다. 그 순간, 내 연필심이 뚝 부러졌다. 너무 힘주어 눌렀기 때문이다. 나는 막 'Laus'의 대문자 'L'의 윗부분을 쓰는 중이었다.

얼마나 기다리던 시간인가. 오후에는 처음으로 말을 타러 가기로 했고, 그래서 어서 그 시간이 오기만을 애타게 기다리고 있었다. 그런 내가 혼자만의 세계에 빠져 그림 같은 멋진 오후를 상상하는 것은 너무나 당연한 일이었다. 그래서 그날만큼은 산드라와 베레나의 비웃음조차 전혀 신경에 거슬리지 않았다.

"아니에요." 나는 씩씩하게 대답하곤 연필깎이를 만지작댔다.

브릴 선생님이 진지한 얼굴로 내게 다가왔다. "그렇게 수업시간 내내 다른 생각만 하고 있으면 어떡하니? 학교는 놀면서 게으름을 피우는 곳이 아니야. 더구나 다른 아이들은 너보다 훨씬 앞서 나가고 있는데 말이다."

브릴 선생님이 나를 좋아한다는 걸 나는 잘 알고 있었다. 나도 브릴 선생님을 좋아했다.

"자, 한번 보자." 내 뒤에서 브릴 선생님이 하는 말이 들렸다. "너는 또 소문자 b의 둥그런 부분을 d와 헷갈려 쓰고 있어." 브릴 선생님이 안타까운 목소리로 말했다. 선생님 목소리에는 나의 좌우-방향감각 인지장애와 더딤에 대한 실망감이 담겨 있었다.

"그리고 여기 좀 봐. 또 줄 위로 벗어나서 쓰고 있잖아. 무슨 말인지 알겠어?"

나는 의자에 앉은 채, 불안하게 몸을 흔들어댔다.

"수업 시작하면서 선생님이 설명했지? 뭐라고 말했는지 네가 다시 한번 얘기해 볼래?" 선생님이 내게 요구했다.

맙소사! 금붕어는 단지 3초간 무언가를 기억할 수 있다고 사람들은 말하곤 한다. 그런데 그 말은 사실이 아니다. 설사 그 말이 사실이라 해도, 금붕어만 그런 게 아니라는 걸 나는 장담할 수 있다. 사람들이 설명해 주는 것들 대부분이 내 머릿속에서는 순식간에 지워져 사라지는 것만 같았기 때문이다. 예를 들면 영화 〈니모를 찾아서〉의 도리와 흡사하다. 나는 누구보다도 도리의 심정을 잘 이해할 수 있다. 사람들은 〈니모를 찾아서〉를 보면서 재미있다며 웃어댄다. 그렇지만 기억상실증이라는 나만의 증상에 시달리는 나를 보면, 누구도 즐거워하지 않는다. 정말 불공평하다.

"빌헬미나, 다시 해 보자. 그렇게 어렵지 않아." 브릴 선생님은 내 어깨를 토닥이며 격려했다. 그러나 나의 머릿속은 이미 텅 비어 있었다. 다른 아이들의 시선이 나를 무겁게 짓눌렀고, 나는 갑자기 죽고 싶을 만큼 슬퍼졌다. 조금 전까지만 해도 하늘을 찌를 듯 환호하고 있었는데 말이다.

2학년 내내 수업시간은 그렇게 흘러갔다. 나는 보잘것없는 집중력과 기억력을 밑천 삼아 수업시간을 근근이 버텨냈다. 그런 나의 기본전략은 단 하나였다. "예, 이해했어요. 그런데 곰곰이 생각해보지는 못했어요."

브릴 선생님은 걱정이 되어 엄마 아빠에게 전화했고, 나는 아빠와 같이 숙제를 해야 했다. 아빠는 나를 무척이나 답답하게 느꼈다. 그럼에도 나는 마침내 요령을 터득했고, 배운 것들을 기억하기 위한 나만의 방법을 찾아내 연습했다. 예를 들어 소문자 b의 불룩한 부분은 연필을 잡고 쓰는 손처럼 오른쪽으로 그려 넣어야 한다고 기억했다. 또 소문자 d는 우리 집 왼쪽에 살던 못된 이웃집 사내아이와 연결해서 암기했다. 즉 d의 불룩한 부분은 왼쪽에 있어야 한다. 지금도 누군가가 왼쪽이나 오른쪽을 물어보면 나는 어느 손으로 연필을 잡는지부터 먼저 생각하곤 한다.

끔찍하게 못된 선생님과 학생에 관하여

같은 반 아이들의 괴롭힘에도 불구하고 나는 초등학교 4학년 과정을 어쨌든 마쳤다. 그리고 초등학교 5, 6학년 과정에 해당하는 진로탐색 조정과정을 끝내자 나는 인문계 학교인 김나지움 대신, 실업계 학교인 레알슐레 또는 하우프트슐레로 진학하라는 복합 추천을 받았다. 빌헬미나는 그리 똑똑하지 않고, 공부하려는 생각도 없어 보인다. 담임 선생님이 작성한 추천서에는 그렇게 적혀 있었다. 아빠는 실망한 눈치였다. 하지만 엄마는 그다지 놀라지 않았다.

나는 레알슐레로 진학하기로 마음먹었다. 미래에 대한 계획을 세웠기 때문이다. 초등학교 때는 서커스의 곡마사가 되는 게 첫 번째 꿈이었지만, 상급학교 진학을 앞둔 나는 그래픽디자이너나 포토디자이너 등 대중매체와 관련된 직업에 끌리고 있었다. 무엇보다 나는 글을 쓰며 살고 싶었다.

처음에는 모든 것이 아무 문제 없이 흘러갔다. 몇 년 동안은 믿을 수 없을 만큼 훌륭한 선생님을 만나는 행운도 누렸다. 선생님은 내가 시험공포증을 이겨내도록 도와주고, 힘을 내 열심히 살도록 언제나 격려해 주었다. 그분은 사려 깊고 친절했으며, 다른 사람의 말에 귀를 기울였다. 그러나 8학년을 마칠 무렵, 선생님이 갑자기 돌아가셨다. 그 일은 선생님 본인뿐만 아니라 내게도 무척이나 안타깝고 슬픈 일이었다.

그리고 9학년이 되면서 나는 유급을 했다. 시험들은 다시 악몽이 되었고, 그와 같은 상황은 레알슐레 졸업시험을 볼 때까지 계속되었다.

ADD 환자에게 시험이란 목적지까지 길게 쭉 뻗어 있는 복도와 같다는 말을 책에서 읽은 적이 있다. 안타까운 것은 복도 좌우의 수많은 문 뒤에 무엇이 숨겨져 있는지를 확인하기 위해, ADD 환자들은 어쩔 수 없이 문을 모두 열어 보아야만 한다는 사실이다. 그런 짓이 시험문제를 푸는 것과는 눈곱만큼도 관련이 없는데도 말이다. 그 비유는 정말이지 적합한 표현이었고, 나하고도 딱 들어맞았다. 물론, 다른 점도 있었지만 말이다.

"내가 '시작!' 하면 앞에 놓인 시험지를 뒤집어 문제를 풀기 시작하는 거야. 빨리 풀기보다 정확하게 푸는 게 중요하다는 사실

명심하고." 마지막 학년인 11학년 때, 지리 담당인 대머리 엘러스 선생님이 뒷머리를 긁적이며 말했다. 나는 대머리가 되면 어떤 느낌일까 곰곰이 생각하고 있었다. 그때 갑자기 내 다리가 긴장해 버둥대기 시작했다. 내 부츠는 리드미컬하게 책상을 차 댔다.

"그래도 끝까지 문제를 다 풀어야 하지요?" 나는 물었고, 더욱 불안해졌다.

리디아가 내 쪽을 돌아보며 투덜거렸다. "진짜 짜증나!"

"살면서 수사학적 질문도 던질 수 있는 거 아냐?" 나는 리디아에게 말하며 이맛살을 찌푸렸다. 뭐가 또 못마땅한 걸까? 책상을 쳐대는 내 발의 움직임은 더욱 격해졌다.

"당연하지. 시간은 걱정하지 않아도 돼. 끝날 시간이 되면 내가 알려줄 테니." 엘러스 선생님이 우리를 안심시켰다.

"시간은 상대적이야." 나는 중얼거리며, 망가진 가죽 필통을 뒤적여 내 행운의 볼펜을 꺼내 들었다. 그러다 연필깎이를 툭 쳤다. 연필깎이가 앞자리 하우케의 책상다리 쪽으로 떨어졌다.

"신경 쓰여. 발 떠는 것 좀 그만해." 내 옆자리 다니엘라가 갑자기 말했다. 그제야 나는 무엇이 문제인지 알아챘다. 나는 즉시 두 발을 바닥에 내려놓았다.

엘러스 선생님은 손목시계를 들여다보고 있었다. "셋, 둘, 하나. 시작!" 선생님의 시작 신호가 떨어지는 순간, 바스락거리는 소리가 교실 안을 가득 메웠다. 아이들이 일제히 시험지를 뒤집는 소리였다. 나는 시험지를 뒤집어야 한다는 사실을 거의 잊고 있었다. 다른 아이들이 시험지 뒤집는 모습을 지켜보느라 정신이 팔려 있었기 때문이다. 그러다가 나도 시험지를 뒤집어야 한다는 사실을 기억해냈다. 다른 아이들은 이미 몇 줄을 정신없이 써내려가고 있을 때, 내 손은 비로소 시험지를 뒤집었다.

'문제 1: 물리적 풍화작용의 종류에 대해 설명하라.'

이 정도쯤이야. 물리적 풍화작용으로는 동결쐐기작용, 염수쐐기작용, 온열풍화가 있었다.

나는 답을 써 나가기 시작했다. '동결쐐기작용의 경우에는 물이 암석 안으로 스며들어 얼면서 부피가 약 10퍼센트 팽창된다.'

앞에 앉은 하우케는 끙끙거리며 애꿎은 시험지만 자꾸 뒤집고 있었다. 하우케 연필은 시험지 위에서 긁는 소리를 내고 있었다. 책상 표면에 부딪히고 쓸리며 나는 마찰음이 왠지 모르게 나를 매혹했다. 내 스톱워치가 낮게 삑삑 경고음을 내며 내가 문제 푸는 데 집중하고 있는지를 체크했다. 어느새 시험시간 가운데 15분이 지나가고 있었다. 이런, 서둘러야겠네!

'염수쐐기작용은 건기와 우기가 교차하는 지역에서 일어난다.' 하우케 머리카락이 목 뒤에서 곱슬곱슬하게 구부러져 있었다. 나는 두 눈을 꽉 감았다 다시 떴다. 미나야, 시험에 집중해야지. 나는 자신에게 무언의 경고를 보냈다. 그렇지만 내 뇌와의 끔찍한 대화가 시작되었다.

뇌 하우케에게도 건기와 우기가 교차하는 지역이 있어. 목덜미와 겨드랑이 아래 말이야.

나 맞아! 그래서 셔츠에 끔찍한 얼룩이 생겼어.

뇌 지난번 운동회 때 기억나지? 너희가 이기자, 하우케가 땀에 젖은 가슴으로 너를 껴안았잖아. 마치 사랑하는 사람처럼 말이야.

나 맞아, 기억나.

불현듯, 내 목덜미의 머리카락이 쭈뼛 곤두섰다.

나 이제 입 다물고 가만히 있어. 얼른 문제를 풀어야 한단 말이야.

이제 3번 문제를 풀 차례였다. '지구상의 물.' 나는 쓰기 시작했고, 내 행운의 볼펜은 소리 없이 종이 위를 미끄러지고 있었다.

뇌 입이 조용히 하니까 좋아?

나 응!

뇌 다른 것들도 다 그렇게 조용히 있으면, 네가 지구상의 물에 훨씬 더 집중할 수 있을 텐데.

나는 잠시 머뭇거리다 다시 적기 시작했다. '92.2퍼센트는 바닷물.'

뇌 사람들이 이론적으로는 물에 뜰 수 있다는 것 너도 알고 있지? 몸속이 텅 비어 있으니까 말이야. 그런데 실제로는 많은 사람이 물속으로 가라앉아. 완전 방수가 아니기 때문이야.

나는 키득거렸다. 하우케가 고개를 돌려 나를 쳐다보았다. 그의 얼굴은 무척이나 힘들어 보였다. 나는 하우케 시험지를 슬쩍 살폈다. 종이쪽지에 서둘러 답을 끼적거린 다음, 하우케 어깨너머로 던져 주었다. 하우케가 고맙다는 듯 고개를 까딱해 보였다. 그 모습에 나는 다시 낄낄거렸다.

"빌헬미나, 뭐가 그리 우스운데?" 엘러스 선생님이 물었다.

"아무것도 아니에요." 나는 사실 그대로 대답했다. 우스운 건 아무것도 없었으니까. 시간이 손가락 사이로 흘러내리는 모래처럼 쏜살같이 지나갔다. 나는 서둘러 답을 써나갔다. '2.8퍼센트는 민물이고, 0.001퍼센트는 대기층과 생물권 속에 존재한다.'

'빙하기: 기후변동 그리고 간빙기와 빙하기의 변화에는 여러 가지 원인이 있다. 첫째는 지구의 공전궤도가 원에서 타원 모양으로 변했기 때문이다. 둘째는 자전축의 경사각이 일정하지 않기 때문이다.'

뇌 하우케가 앉은 의자의 경사각이 10퍼센트 변화하면, 하우케는 바닥에 엎어질 거야.

나 그건 지금 중요하지 않아.

뇌 정말로? 하우케 얼굴이 바닥에 처박히면, 네가 아끼는 연필깎이는 납작하게 눌려 망가질 텐데?

나 말도 안 돼!

내 발은 초등학교 때 티나에게서 선물 받은 작고 노란 벌 모양의 연필깎이를 찾아, 낚아 올렸다. 바로 그때, 내 스톱워치가 다시 15분이 지났음을 알렸다. 나는 움찔하며 연필깎이를 놓치고 말았다. 연필깎이는 저만큼 떨어져 있었다. 나는 심호흡을 한 번 하고는 계속해서 시험문제에 집중했다. 이번 시험마저 통과하지 못하면, 우리 집에도 빙하기가 찾아올 수 있다.

'강의 상류와 중류 그리고 하류 한가운데에서 측정되는 이상적인 곡선 기울기는 파라벨(독일어로 파라벨은 '포물선'과 '우화'라는 두 가지 뜻이 있음)이라 말할 수 있다.'

뇌 파라벨? 그 말을 들으니까 갑자기 토끼와 고슴도치 이야기가 떠오른다. 둘 중 누가 더 빨랐지?

나 그런 파라벨 말고! 지금 말하는 파라벨은 포물선이라는 의미로, 강이 곡선을 그리며 흘러가는 모습을 가리키는 거야.

뇌 '마음이 약해 벌레 한 마리도 못 죽인다.'라는 관용구 알지? 그 표현은 우화 〈늑대와 양〉에서 나온 거야.

나 그건 다시 우화인 파라벨 이야기잖아?

뇌 응, 맞아!

나 이제 그만 조용히 하고 있어. 난 얼른 문제를 마저 풀어야 해.

뇌 《폭풍의 언덕》에 나오는 히스클리프는 뭔가 늑대 같은 특성이 있는 것 같아. 그렇게 생각하지 않니? 음울하면서도 섹시해.

나 나는《오만과 편견》의 미스터 다아시가 그런데.

뇌 맞아 맞아! 너도 그 시대에 태어났으면 좋았을 텐데.

나 하! 그랬다면 분명 모든 게 다 달라졌을 거야.

나는 마차를 타고 문학의 세계를 여행하는 내 모습을 상상했다. 내 옆에는 과묵하고도 매력적인 남성 미스터 다아시가 앉아 있었다. 그의 눈빛에 담긴 모호한 슬픔은 나의 슬픔과 비슷해 보였다.

뇌 지리 시험.

나 뭐라고?

뇌 똑딱똑딱.

나 입 다물고 있어!

뇌 선생님이 뭐라 하시잖아.

나는 선생님 말에 귀를 기울였다. 나는 작은 하트 무늬를 종이 위에 그리며 앞을 바라보았다.

“애들아, 이제 끝낼 시간이 다 된 것 같다. 그렇지?” 엘러스 선생님이 다시 한번 말했다.

뇌 어서 서둘러. 아직도 풀어야 할 문제가 네 개나 남았어!

“이런 젠장!”

“뭐라고?” 엘러스 선생님이 짙은 눈썹을 찡그리며 물었다.

빌어먹을! 내가 너무 크게 말했나? 내 뇌한테 한 말인데.

“저는, 그러니까, 저는…….” 선생님이 내게로 다가왔고, 나는 말을 못하고 더듬거렸다.

“이따가 다시 이야기하자.” 엘러스 선생님이 내게 귓속말로 속삭이고는, 책상 사이의 통로를 어슬렁거리며 주위를 돌아보았다.

몇몇 아이들이 자리에서 일어나 빽빽하게 채워진 시험지를 제출했다. 내 펜은 정신없이 시험지 위를 날아다녔다. 수업이 끝났음을 알리는 종이 울리고, 그와 동시에 내 스톱워치도 알람을 울려댔다. 그러자 엘러스 선생님은 내 시험지를 얼른 걷어갔다. 마지막에서 두 번째 문제를 풀고 있던 내 펜은 빈 책상 위를 하릴없이 미끄러졌다.

“시간이 다 지났구나.” 엘러스 선생님이 안타까운 목소리로 말했다.

리디아가 책가방을 챙겨 내 앞을 지나가며 속삭였다. “안타깝게도 문제는 네 머릿속에 있어. 그렇지 않아?"

나는 의자를 홱 뒤로 밀쳤다. 의자가 덜커덩 소리를 내며 바닥으로 넘어졌다. 나는 주먹 쥔 손을 옆구리에 올리고 쏘아붙였다. "내가 어떤 상황인지 너는 상상도 못할 거야."

리디아 얼굴이 갑자기 상냥해졌다. "미나, 그냥 농담으로 말한 거야. 너를 죽을 만큼 힘들게 하지 못하는 것이라면……." 리디아가 말했다.

"…… 다음번에는 좀 더 강도를 높여야겠지." 나는 리디아 말을 되받아 말했다('나를 죽이지 못하는 것은 나를 강하게 만들 뿐이다.'라는 니체의 명언을 빗댄 말).

"그래, 내가 졌다." 리디아가 인정하며 종종걸음으로 사라졌다. 나는 바닥에 떨어져 있던 연필깎이를 집어 들었다. 그때, 엘러스 선생님이 나를 불렀다.

"내가 네 부모님을 만나 이야기하려는 건 너도 알고 있겠지?" 선생님이 엄한 목소리로 물었다. 교실 앞으로 불려 나가 서 있을 때면 나는 기가 죽어, 새빨간 신발 끈이 묶인 검은색 부츠만 내려다보곤 했다.

"아니요, 왜요?" 나는 조심스럽게 되물었다.

"이런 젠장!" 선생님이 조금 전 내가 했던 말을 상기시켰다.

"이제는 용서를 구하는 것도 그다지 도움이 되지 않는군요." 나는 내 생각을 밝혔다.

엘러스 선생님은 한동안 말없이 내 답안지만 훑어보았다. 선생님이 말했다. "오늘 시험은 그리 잘 본 것 같지 않구나." 나는 어깨를 으쓱해 보였다. "좀 더 정신 차려 집중해야지." 선생님은 의자에 앉은 채 몸을 뒤로 젖히며 그렇게 말했다.

"다니엘라가 자꾸만 팔꿈치로 저를 건드려요. 그 애는 왼손잡이거든요." 나는 투덜대며, 다니엘라가 슬쩍슬쩍 나를 건드려 생각을 방해하는 걸 떠올렸다. 엘러스 선생님의 모습은 아주 거만해 보였고, 그런 모습이 나는 불편했다.

"너는 이다음에 뭐가 될 거니?" 선생님이 물었다. 희망하는 직업은 지난주의 수업 주제였고, 당시 나는 자신만만하게 작가라고 내 바람을 말했다.

하지만 이제 나는 빈정대듯 대답했다. "은둔자요."

"그건 직업이 아니잖아." 선생님은 화내기 시작하며 말했다.

"맞아요! 그건 부업이고, 본업은 남을 성가시게 하는 사람이 될 거예요. 선생님처럼요. 이제 됐나요?" 나는 입에서 나오는 대로 지껄였다. 그러고는 엘러스 선생님이 그 말을 그대로 쓰는 걸 지켜보았다.

엘러스 선생님과의 불편한 대화를 마친 후, 나는 반 아이들을 쫓아 밖으로 나왔다. 문득 오늘도 수영복 갖고 오는 걸 깜빡했다는 사실이 기억났다. 내 얼굴은 시뻘겋게 달아올랐다. 나는 흥분을 가라앉히기 위해 호흡을 가다듬으며 천천히 걸어갔다.

수영장으로 가는 길에 리디아와 아니카 그리고 마크가 내게 다가왔다. 리디아나 아니카와 함께 있을 때는 조심하고 또 조심해야만 했다. 마크는 요주의 인물 중에서도 핵심 인물이었다. 그는 상급반 아이들을 거느리고 다니며 천박한 말을 입에 달고 살았다.

"그래, 어떻게 되었어?" 아니카가 내게 물었다. 아니카는 지리 시험에 대해 묻고 있었다. 그러나 나는 또다시 수영복을 안 갖고 온 것에 대한 변명거리를 생각하고 있었다.

"문제는 내가 그걸 어떻게 설명할지야." 나는 엉뚱한 대답을 했고, 여자아이들은 키득거렸다.

"그렇게 심각해?" 간신히 웃음을 멈춘 리디아가 물었다.

"수영복 갖고 오는 걸 잊어먹었어." 나는 이를 악물며 상황을 설명했다. 그리고 다른 아이들의 표정을 읽어내려고 애쓰다가 계단에 걸려 넘어질 뻔했다.

"오늘도 또?" 리디아가 어이없는 얼굴로 물으며, 내 뒤에서 걸어오는 마크를 묘하게 쳐다보았다. 나는 그 눈빛의 의미를 읽어낼 수 없었다.

"혹시 예비 수영복 가진 사람 있어?" 로비에 서 있는 체육 선생님을 발견한 나는 혹시나 하는 마음으로 물었다. 체육 선생님의 표정 또한 왠지 밝아 보이지 않았다. 불안감이 슬그머니 고개를 쳐들며, 그날 하루 맛보았던 실패의 순간들이 모두 합쳐져 견디기 힘들었다.

"빌헬미나, 솔직히 고백해. 네 섹시한 몸매를 우리에게 보여주고 싶지 않은 거지?" 마크가 약을 올렸다. 나는 흠칫 놀라며 바닥을 내려다보았다. 소심한 미소가 입가에 떠오르는 게 느껴졌다. 평소 마크는 나와 그리 말을 많이 나누는 편이 아니었다.

"미나, 이번 학기에 우리는 벌써 세 차례 수영장에 왔어. 그때마다 너는 매번 수영복을 갖고 오지 않았고. 나는 수영복 입은 네 모습이 정말 궁금해." 마크가 말하며 내 옆구리를 쿡 찔렀다. 작은 스킨십이 내 안에서 가벼운 흥분을 불러일으켰고, 내 얼굴은 발갛게 달아올랐다. "이제 더는 감추려고 하지 마. 그럴 필요 없어." 그가 한마디 덧붙이며, 얼굴 위로 흘러내린 갈색 곱슬머리를 손으로 쓸어 넘겼다. 그런 몸짓은 무덤덤한 리디아마저도 황홀함에 넋을 잃고 바라보게 만들었다. "너는 정말이지 공주님 같은 몸매를 갖고 있어." 마크는 나를 향해 웃어 보이며 말했다.

마치 아침 해가 떠오르는 느낌이었다. 그때까지 내 가슴을 억누르던 근심걱정이 단숨에 사라졌다. 그렇지만 별안간 나는 불안하고 초조해졌다. 손가락을 만지작거렸고, 땀에 젖어 축축해진 손바닥을 마주 문질렀다. 나는 칭찬하는 소리에 전혀 익숙하지 않았다. 더구나 칭찬하는 사람이 남자일 경우 더더욱 그랬다.

"그렇게 말해 줘서 고마워." 나는 황홀한 느낌에 사로잡혀 속삭이듯 말했다.

"빌헬미나! 오늘은 수영배지 테스트 받을 거지, 맞지?" 멀리서 수영 선생님이 내게 소리쳤다. 이런! 나는 갑자기 멈춰 섰고, 마크는 그만 내게 부딪힐 뻔했다.

"이크, 백설공주님." 마크가 우아한 몸짓으로 내게 길을 양보했다. 수영 선생님은 너무 빨리 우리 앞에 나타났고, 내가 회전문을 빠져나가 사라지기 전 나를 붙잡았다.

"수영배지요?" 나는 선생님에게 물으며, 내게 윙크를 보내는 마크를 여전히 바라보고 있었다. 이런이런!

"그래, 수영배지 말이다." 아이히호어스트 수영 선생님이 다시 말했다. 선생님은 계속해서 다른 말도 했다. 그러나 내 머릿속에서는 백설공주라는 말만이 메아리치고 있었다.

"그건 안 돼요! 선생님, 수영배지 테스트를 받을 수 없어요." 나는 정신을 차리고 솔직히 고백했다. 수영 선생님 표정이 굳어졌다. 하지만 나를 깜짝 놀라 멈춰 서게 한 것은 선생님 표정이 아니었다. 그건 등 뒤에서 들려온 아이들의 웃음소리였다.

"쟤는 아직도 말뜻을 알아차리지 못했어. 그렇지?" 내 귀로 아니카 소리가 들려왔다.

"히프도 없고 가슴도 없는 백설공주를 말하는 건데." 마크가 한마디 덧붙였고, 아이들은 나를 남겨둔 채 탈의실 쪽으로 어슬렁어슬렁 걸어갔다.

"빌헬미나, 무슨 소리냐?" 수영 선생님이 물었다.

"엿 먹으라는 말이지요." 내 귀로 불안정하게 떨리는 나의 목소리가 들려왔다.

"이젠 선생님도 더 이상 그냥 넘어갈 수가 없구나." 아이히호어스트 선생님이 화난 목소리로 말했다. "네게는 D학점도 줄 수 없어. 이젠 F라고. F 말이다."

목이 메었다. 머릿속에서는 우르릉 천둥치는 소리가 들렸다. 나는 어느새 축에서 빠져나와 통제 불능 상태로 굴러가는 거대한 바퀴 위에 올라타고 있었다. 정신이 몽롱해지면서 나는 폭발했다.

"F학점을 주든 말든 마음대로 하세요! 난 전혀 상관없으니까요!" 나는 선생님에게 고래고래 소리를 질러댔다. 그리고 세 살배기 어린아이처럼 발을 동동 구르다, 옆에 있는 벽을 냅다 걷어찼다. 극심한 고통이 발목으로 전해졌다. 그래도 나는 머리를 꼿꼿이 세우고 서둘러 그 자리를 빠져나왔다. 우리 반 아이들 몇 명은 미쳐 날뛰는 나를 흥미롭게 지켜보며 수군거렸다.

"야, 이 바보 멍청이들아! 뭘 그리 쳐다보고 있어?" 나는 입을 벌리고 구경하던 아이들 앞을 지나치며 소리쳤다. 마크는 터져 나오는 웃음을 참기 위해 손으로 입을 가렸다. 리디아는 대놓고 나를 비웃고 있었다. "오늘도 또 한번 쇼를 벌이는 거야?" 리디아가 깔보는 표정으로 내게 물었다.

나는 커다란 회전문을 지나 밖으로 도망쳐 나왔다. 차가운 공기에 눈물이 솟구쳤다. 몸이 떨려왔고, 나는 있는 힘껏 달리기 시작했다. 버스를 코앞에서 놓쳤고, 나는 10킬로미터를 걸어서 집으로 돌아왔다.

그 날 오후, 며칠 전 둥지에서 떨어진 걸 발견해 지극정성으로 돌보던 어린 지빠귀 새가 내 품에서 죽음을 맞이했다. 그리고 끔찍했던 그 날의 기억은 한층 더 비극적이 되었다. 흔히 말하듯 엎친 데 덮친 격이었다.

왕따에 대한 대처 방법은 p.416의 「AD(H)D 환자를 괴롭히는 왕따 괴물」을 참고하자.

도전과 응전

세상은 끔찍하리만큼 시끄럽다. 그리고 모든 것이 믿을 수 없을 만큼 가깝다. 특히 사람들 목소리는 천둥 치듯 거침없이 내게로 몰려온다. 하지만 그런 상황에 대해 내가 언제나 수동적이지는 않다. 세심한 독자라면 이미 눈치챘겠지만, 나의 기분은 종종 화약통과 비슷하기 때문이다. 너무 지치고, 그래서 과잉반응하는 특별한 날이 있다. 그런 날이면 나는 나도 모르게 멍청한 짓을 저지르고 만다.

이미 언급했듯, 나는 반평생을 수면장애와 한밤중에 찾아오는 통증에 시달렸다. 초등학교 때부터 나는 안정을 찾지 못했고, 아침이면 늘 녹초가 되어 있었다. 남동생의 과잉행동 또한 나의 수면장애에 일조했다. 매일 밤 나는 다음과 같은 일을 겪었다.

나는 잔뜩 긴장한 채 침대에 누워 잠을 이루려고 애쓰며 두 눈을 힘껏 감았다. 발 하나가 규칙적으로 움직이고, 나는 발의 움직임에 집중하면서 잠에 빠져들려고 노력했다. 그렇지만 내 침대 밑에서 살고 있던 괴물이 움직이거나, 말을 걸어오는 날이 있었다. 그런 날이면 잠을 이루기가 더 힘들었다. 시커먼 괴물은 내 영혼을 노리는 듯 바스락대거나 속삭이는 소리를 내며 내 이성을 마비시켰다. 거기에다 꼬불꼬불 말린 핑크빛 털에 활활 타오르는 눈을 번득이는 끔찍하고도 야비한 괴물까지 가세하면, 잠자기란 거의 불가능했다.

그러다가도 운좋게 잠이 막 들려 하면, 갑자기 옆방에서 데이빗 해셀호프의 노래 〈자유를 찾아서〉가 쿵쿵대는 소음과 함께 들려왔다. 남동생은 졸음이 몰려와 침대에 쓰러질 때까지 자기가 가장 좋아하는 노래를 들으며 노랫소리에 맞춰 발을 굴러댔기 때문이다. 나는 죽을 만큼 피곤했다! 그럼에도 그 소음을 아무렇지도 않게 무시할 수가 없었다. 머리가 베개에 닿자마자 잠 드는 사람을 보면 지금도 신기하고 부럽기만 하다. 그런 유전자 조합이 내게도 미소 지으며 찾아왔으면 좋았을 텐데.

동생이 잠들고, 동생의 카세트테이프가 데이빗의 목을 졸라댈 때면, 나는 데드 포인트를 한참 지나쳐 있었다. 그러고 나면 얼마 지나지 않아 침대 밑의 괴물이 다시 나타났다. 누군가가 지켜보고 있다는 느낌, 시커먼 어둠 속에서 활활 타오르는 눈들을 발견했을 때의 느낌을 아는가?

나는 걸핏하면 어떤 위험이 다가오고 있을지 모른다는 기괴하기 짝이 없는 발상을 하곤 했다. 예를 들어 나는 한밤중에 화장실 가는 것을 극도로 두려워했다. 악어가 하수구를 타고 우리 집 화장실까지 기어 들어올까 봐 무서웠기 때문이다. 아무것도 모르고 일을 보다가 무슨 일을 당할지 누가 알겠는가? 십중팔구 무시무시한 악어 이빨이 내 엉덩이에다 끔찍한 인사를 남길 게 분명했다.

더 나이를 먹고, 동생이 위층으로 방을 옮기고 나서도, 나는 잠을 이루지 못했다. 내 뇌가 특유의 헛소리를 늘어놓으며 나를 괴롭혔기 때문이다.

뇌 잠 좀 자! 내일 아침에 수학시간도 있잖아!

나 나도 그러려고 애쓰고 있어.

뇌 그래, 서둘러. 이제 곧 12시야.

나 나도 알아.

뇌 초등학교 3학년 때 일 아직 기억하지? 그때 오스터홀츠로 소풍 가는 버스 안에서 브릴 선생님 바지에다 토했잖아.

나는 속이 메슥거렸다. 토하는 생각만 해도 속이 메슥댔다.

나 그때 일을 왜 다시 들먹거리는 거야?

뇌 그때는 정말 끔찍했어. 그 이후 브릴 선생님은 예전처럼 너를 예빼하지 않은 것 같아.

나 이제 그만해. 이미 오래전 일이니까. 얼마 전에 브릴 선생님을 만났는데, 선생님은 여전히 상냥하게 나를 반겨 주셨어.

뇌 무슨! 모르긴 몰라도 너를 생각하면 선생님은 제일 먼저 토하는 소리와 토사물을 떠올릴 텐데.

나 잘 거야. 그러니 나 좀 가만 놔둬.

나는 바짝 긴장하며 어둠 속을 응시했다. 복도에서 커다란 벽시계가 규칙적으로 똑딱거리는 소리가 들렸다. 창가에서는 바람에 흔들리는 나뭇가지가 유리창을 긁어대는 소리가 들려왔다.

뇌 감정은 좋은 거야. 지금 네 감정이 무얼 말하려는지 너는 알고 있지?

나 배가 고픈가?

언제나 그렇듯, 나는 내 불쾌감의 근원에 대해 단지 추측만 할 수 있었다. 하지만 냉장고 앞에 서서 배에서 나는 꼬르륵 소리를 듣자, 그제야 나는 내 추측이 사실임을 확인하고 냉장고 안의 것을 먹어치우기 시작했다. 누가 몰래 집에 들어와도 세상모르고 잠만 자는 우리 집 푸들은 신기하게도 이럴 때면 말짱하게 깨어 있었다. 나는 소시지 하나를 던져 주고 다시 위층으로 올라갔다.

뇌 자, 그럼 이제 그만 자!

나 잠깐만. 깜빡 잊고 독일어 숙제를 안 했어.

나는 다시 침대에서 일어나 책상 앞에 앉았다. 그러고는 얼굴을 잉크 위에 들이박고, 겨우 잠이 들었다.

다음 날 아침, 나는 화장실에 처박혀 잉크를 지우느라 시간을 허비하고, 그러다가 버스를 놓치고 말았다. 결국 자전거를 타고 죽어라 학교로 달려갔고, 몇 년간의 교신두절 상황을 이겨내고 마침내 다시 만난 친구 티나 옆 내 자리에 기진맥진해 주저앉았다.

"무슨 일이야?" 잘못해서 뒤집어 입은 티셔츠를 잡아당기며 티나가 물었다. "어딘지 안 좋아 보여."

"어, 그래?" 나는 되물으며, 천근만근 무겁게만 느껴지는 머리를 손바닥으로 떠받쳤다.

"응, 다크서클도 엄청 심해." 티나가 말하면서 얼른 콤팩트를 꺼내 들었다.

"괜찮아. 아무것도 없는 것보다는 다크서클이라도 있는 게 낫지 뭐." 나는 대수롭지 않은 듯 농담을 하고, 티나는 내게서 피곤함의 흔적을 지워 내려 애를 썼다.

역사 담당인 클라우젠 선생님이 교실로 들어서자, 교실 안이 조용해졌다. 클라우젠 선생님은 키가 1미터 50센티미터도 안 되었지만, 권위가 절로 느껴졌다. 권위나 위엄은 아마도 키와는 상관없는 게 분명했다.

"자, 여러분." 클라우젠 선생님이 늘 그러하듯 정중한 말투로 말하기 시작했다. 선생님의 두 손은 언제나처럼 두툼한 허리께를 짚고 있었다. "이번 시간에는 백년전쟁에 관한 동영상을 보도록 하겠습니다."

창의 덧문이 닫히는 동안, 내 눈꺼풀은 벌써 무거워지고 있었다. 나는 끊임없이 나오는 하품을 억지로 참았다.

"미나, 정신 차려!" 티나가 말했다.

"응?"

"오늘 오후에 같이 갈 거냐고 물었잖아."

"어디에?"

"설마 잊은 건 아니지?" 티나 표정이 어두워졌다. 나는 바짝 긴장했다. 제발 오늘이 티나 생일이 아니기를! 나는 침묵하며 간절히 기도했다. 혹시라도 생일을 또 잊은 거라면, 이번만큼은 티나가 결단코 나를 용서하지 않을 것이 분명했다. 그나저나 어느새 5월이 다시 찾아온 걸까? 나는 창밖을 내다보았다. 아직은 벌거벗은 나뭇가지들이 봄바람에 떠밀려 유리창에 부딪히고 있었다. 아니야! 지금은 아직 3월 말이야.

"오늘 10반 남자아이들하고 영화 보러 가기로 했잖아." 티나 말에 걱정이 사라졌다.

나는 안도하며 대답했다. "당연하지. 같이 갈게." 그건 원래 나의 제안이었다.

걱정했던 일이 해결되자 내 눈꺼풀은 다시 내려앉기 시작했고, 나는 쏟아져 나오는 하품을 참느라 눈물이 날 지경이었다. 그리고 어느 순간, 내 머리는 책상 위에 엎어져 있었다. 동영상 속의 내레이터는 낭랑한 목소리로 자장가를 불러 주면서 나를 잠의 세계로 끌어들였다. 나는 정말이지 어쩔 수가 없었다.

어찌 된 영문일까? 클라우젠 선생님의 열쇠 꾸러미가 덜그럭 소리를 내며 갑자기 책상 위 내 코앞에 떨어졌다. 나는 소스라치게 놀라 눈을 떴다. 클라우젠 선생님의 행동이 불러일으킨 충격이 채 가라앉기 전, 그로 인한 감정의 동요는 분노로 돌변했다. 정신을 차린 나는 열쇠 꾸러미를 홱 낚아채, 열쇠 꾸러미가 떨어진 방향으로 냅다 집어 던졌다. 열쇠 꾸러미는 클라우젠 선생님 얼굴을 정통으로 가격했고, 선생님은 교실 바닥에 쓰러졌다. 그 모습을 보고 아이들이 웅성대기 시작했다. 몇몇 아이들은 놀라 자지러지는 비명을 내질렀다. 교실 안은 갑자기 숨 막히는 불안감에 휩싸였다.

다큐멘터리 동영상의 내레이터만이 말을 하고 있었다. "1340년 1월, 에드워드 3세는 스스로를 프랑스 왕으로 임명하고, 군대를 이끌고 프랑스로 쳐들어갔다. 그의 군대는 프랑스 군에 비해 수적으로 열세였다. 하지만 그는 1346년 크레시 전투에서 프랑스 군을 상대로 승리를 이끌어냈다."

잠시 후, 리디아가 물었다. "선생님 돌아가신 거 아냐?" 침묵의 시간은 단지 몇 초에 불과했다. 하지만 내게는 마치 영원처럼 느껴졌다. 리디아가 자리에서 일어섰다.

"빌헬미나! 대체 무슨 짓을 한 거야?" 티나가 속삭이듯 물었다. 나는 입술을 깨물었다. 입에서는 피 맛이 났다. 맙소사! 있을 수 없는 일이었다. 절대로!

"나도 몰라." 나는 넋이 나간 채 대답했다. 아이들 몇몇이 금발의 선생님 주위로 몰려들었고, 선생님이 몸을 움직이는 걸 확인하고는 안심했다. 나는 아주 천천히 의자에서 몸을 일으켜, 조심스레 한 발 한 발 내디뎠다. 스벤이 문을 열고 교실 밖으로 달려나갔다. 스벤의 운동화가 교실 바닥과 마찰하며 내는 찍찍 소리가 나를 더욱 흥분시켰다. 이윽고 스벤이 사람들을 데리고 왔다.

열쇠 꾸러미를 집어 던지기는 했지만, 맹세코 무슨 짓을 하는지는 의식하지 못했노라고 나는 거듭해서 설명했다. 그래도 소용없었다. 클라우젠 선생님은 내가 일부러 자신을 공격했다고 굳게 믿고 있었다. 어쨌거나 나는 선생님에게 시퍼런 멍과 피부가 찢어지는 상처를 선사했다. 그리고 선생님은 행동에 돌입했다.

나는 상해 혐의로 고발당했다. 그나마 다행이라면, 클라우젠 선생님이 내 행동을 살인미수로 받아들이지 않았다는 사실이었다. 만약 그랬다면 어떤 일이 벌어졌을지 모를 일이었다.

얼마 후 교장실에서는 더욱 불편한 상황이 펼쳐졌다.

"옌쉬 씨, 진심으로 말씀드리건대 따님에게는 분명 문제가 있습니다. 따님이 수업시간에 수시로 잠을 잔다는 사실은 알고 계십니까?" 교장 선생님이 아빠에게 물었다.

나는 의자에 앉아 안절부절못했다. 내 머릿속은 어느새 텅 비어 있었다.

아빠 얼굴이 갑자기 굳어졌다. 나는 어느 순간부터 주위 소리에 귀를 기울이지 않고 있었다. 대신 나는 청소년 전과기록이라는 주제에 몰두하고 있었다. 문득 아빠 목소리가 점점 낮아지고 있다는 게 느껴졌다. 그건 좋은 징조가 아니었다.

"선생님 대부분께 확인한 바에 따르면, 따님은 수업시간에 종종 두 손과 두 발을 떨어댑니다. 그럴 때면 늘 넋이 나간 듯 멍한 상태고 말입니다. 제가 무슨 말씀을 드리려는지 이해하시겠습니까?" 회색 양복 상의를 쓰다듬어 매끄럽게 펴며 교장 선생님이 결심한 듯 아빠에게 물었다.

아빠가 지나칠 정도로 작은 목소리로 물었다. "마약을 말씀하시는 겁니까?" 그 말에 나는 정신이 번쩍 들었다. "빌헬미나는 절대 마약 같은 건 하지 않습니다!"

나는 가끔 대마초를 피웠다. 유감스럽게도 알코올성 음료도 즐겨 마셨다. 그건 흥분을 가라앉히는 데 분명 도움이 되었기 때문이다. 그렇지만 마약을 했다고는 결코 말할 수 없다. 아닌가?

"제 딸은 이제 열다섯 살입니다. 우리는 저 아이를 늘 지켜보고 있고요." 아빠가 단호한 목소리로 설명했다.

나는 두 발을 가지런히 모으고, 의자에 똑바로 앉았다. 옆방 복사기에서 들려오는 소리가 내 관심을 끌어당겼다. 나는 아빠와 교장 선생님이 나누는 대화에 더 이상 집중할 수 없었다.

"아버님께서 자녀 교육에 소홀하시다는 게 결코 아닙니다." 나는 나도 모르게 복사기가 몇 장의 복사지를 토해내는지 세고 있었다. 9, 10, 11……. "경찰 공무원이시니, 요즘 청소년들이 얼마나 큰 위험에 노출되어 있는지는 말씀드리지 않아도 잘 아실 겁니다." 15, 16, 17, 18. 어느 반이 학생 수가 열여덟 명밖에 안 되지?

아빠가 계속해서 나를 강렬한 눈빛으로 쳐다보고 있다는 사실을 깨닫자, 나는 움찔했다.

"마약 문제가 있는 가정과 아이들이 어떤 모습인지 저는 잘 압니다." 아빠가 다시 대답했다. "그와 같은 문제가 일어나는 원인과 전후 사정 그리고 특징도 잘 알고 있습니다. 그러나 제 딸아이는 그런 범주에 속하지 않습니다. 절대로 말입니다!" 아빠는 그렇게 말하며 몸을 똑바로 세워 앉았다. 나도 아빠를 따라했다.

"경험을 통해, 아무 문제도 없어 보이는 아이들도 마약문제가 있다는 사실을 알고 있습니다." 교장 선생님이 차분한 목소리로 이견을 내놓으며, 다리를 꼬았다. 그 바람에 바짓단 아래로 테니스 양말목이 드러나 보였다.

"그러면 교장 선생님께서는 제가 매일 아침 딸아이의 소변을 컵에 받아, 교장 선생님과 무능한 동료 선생님들께 문제의 원인이 마약이 아니라는 사실을 증명해 보이기를 원하시는 겁니까?"

"따님에게는 분명 문제가 있습니다. 고등학교 졸업이 불확실한데도 학교 과제를 성실하게 수행하지 않고 있습니다." 교장 선생님이 반론을 펴면서 두 손을 맞잡았다. 교장 선생님이 결혼반지를 왼쪽이 아니라 오른쪽에 끼고 있는 게 내 눈에 들어왔다. 저건 무슨 의미이지? 혹시 동성애자인가? 아니야. 그랬다면 귀걸이도 오른쪽에 하고 있겠지.

"제 딸아이에게는 분명 별난 구석이 있습니다. 그리고 그 점에 대해서는 이미 상담을 했고요." 아빠가 떨떠름한 얼굴로 말하고는 자리에서 일어섰다. 상담했다고? 언제? 두 사람은 어째서 내가 마치 이 자리에 없는 듯 내내 나에 관해 이야기하는 걸까? 그렇게 하는 게 무례한 짓이라는 걸 모르나?

"옌쉬 씨의 '별난'이라는 표현은 우리 학교 선생님들의 생각과 다릅니다. 빌헬미나는 뭐든 해 보겠다는 의지가 없어 보입니다. 빌헬미나는 지적 능력이 기대치 이상입니다만 자신의 능력을 적절히 사용하지 못하고 있어요." 교장 선생님이 자기 생각을 밝혔다. 그 옆에서 나는 숨을 헐떡이고 있었다.

"빌헬미나, 이제 그만 가자." 아빠가 벌떡 일어나더니 내게 명령했다. 내가 곧바로 반응을 보이지 않자, 아빠는 내 팔을 잡아끌어 의자에서 일으켜 세웠다. "그럼 다음에 다시 찾아뵙겠습니다." 그게 아빠가 내뱉은 마지막 말이었다. 아빠는 그 말을 끝으로 문 쪽으로 성큼성큼 걸어갔다. 나는 아빠를 쫓아갔다.

그 일이 있은 후 '빌헬미나의 충동조절'이라는 주제로 교사회의가 열렸고, 아빠는 곧바로 학교 감독기관에 이의를 신청했다. 학교에서 벌어지는 혼란스러운 상황에서 클라우젠 선생님만 그런 상황을 즐기고 있었다. 그리고 선생님은 틈만 나면 내가 얼마나 행실이 나쁜 학생인지를 강조하곤 했다.

그 날 영화 구경은 결국 없던 일이 되고 말았다. 나는 나의 분노 폭발을 숙명으로 받아들였고, 더 큐어의 노래를 크게 틀어 놓고 방에 틀어박혀 있었다.

그 일이 있고 얼마 지나지 않아 나는 수시로 염증을 일으키는 편도선을 떼어내기 위해 병원을 찾았다. 그 무렵, 달갑지 않은 일을 겪고 나면 몸에 탈이 나는 일이 잦아졌다. 편도선 제거처럼 평범한 수술 후에도 흥분으로 인해 맥박이 너무 빨라지면 봉합 부위가 뜯어져 출혈을 일으켜서 사망에 이를 수도 있다는 말을 들어본 적 있는가? 정말이지 생각지도 못한 일이었다. 다행히 나는 병원에 머무르는 동안 탈이 났고, 금세 적절한 치료를 받을 수 있었다.

6주 뒤, 나와 티나는 못 갔던 영화 관람을 다시 실행하기로 했다. 늘 그렇듯 나는 약속시간에 늦었고, 티나는 허둥지둥 자전거에 자물쇠를 채우는 나를 투덜대며 맞아주었다. "남자아이들은 벌써 들어갔어." "괜찮아." 나는 바지 주머니에서 지갑을 꺼내며 대수롭지 않게 대답했다. "남자아이들이 분명 우리 자리를 잡아놓았을 거야." 티나가 내 손을 잡았고, 우리는 영화관으로 들어갔다. 불현듯 지갑 속의 돈이 충분치 않다는 생각이 떠올랐다. 서두르느라 이번 주 용돈을 식탁에다 그대로 놓고 나온 것이다. 어쨌든 거기에라도 돈이 있으니 큰 문제는 아니다.

"이런! 지갑에 돈을 넣는 걸 깜빡했어!" 내가 우는소리를 했다. 티나는 화를 내지 않으려고 애쓰며 메고 있던 가죽 배낭에서 지갑을 꺼내 들었다. 언제든 마법처럼 나타나는 티나의 침착함에 나는 감탄을 금치 못했다. 뭔가 일시적으로 신경에 거슬릴 때도 티나는 곧바로 미소를 되찾았다. 그건 정말이지 대단한 능력이었다.

"지금 가진 돈이 얼마야?" 티나가 동전을 챙기며 물었다.

하지만 나는 다른 데 정신이 팔려 있었다. 막 영화가 끝나고, 사람들이 우리 쪽으로 우르르 몰려나왔기 때문이다. 어린아이들 몇몇이 고함을 질러대며 엄마 아빠보다 앞서 뛰어갔다.

"미나! 지금 가진 돈이 얼마냐고?" 티나가 다시 물었다.

"5유로." 나는 기어들어 가는 목소리로 대답하며, 손바닥에 올려진 동전을 들여다보았다. 구리 냄새가 코를 찌르며 재채기가 나올 것 같았다.

"그럼 됐어. 충분해. 돈 이리 줘. 내가 가서 표 사 올게." 티나가 말하며 내게서 돈을 받았다.

우리는 서둘러 영화관으로 들어갔다. 매표소에는 우리 학교를 졸업한 선배이자, 7학년 때부터 남몰래 짝사랑한 니클라스가 앉아 있었다. 니클라스는 살짝 올라간 눈매가 특히 매력적이었다.

"〈네 번의 결혼식과 한 번의 장례식〉 두 장요." 티나가 주문했다.

니클라스가 계산대에 몸을 받치고 우리 쪽으로 약간 몸을 숙이며 말했다. "영화는 벌써 시작했는데." 그는 말하며, 확인이라도 하듯 살짝 올라간 매력적인 눈썹을 좀 더 치켜 올렸다. 나는 입안이 바짝바짝 마르는 게 느껴졌다. 그러면서도 자전거를 타고 오느라 머리가 엉망이 되지 않았는지 걱정되었다.

"우리도 알아요." 티나가 대꾸하고는, 지갑 속에 있는 동전을 모두 꺼내 계산대 위에 올려놓았다. 그 짧은 순간 나는 니클라스에게 할 말을 찾기 위해 부지런히 궁리했다.

"여기서 일해요?" 나는 가까스로 말을 걸었고, 당황한 나머지 머리카락 한 가닥을 비비 꼬았다. 입고 있던 청재킷 안이 후끈 달아올랐다.

"응, 여기서 일해." 니클라스가 환하게 웃으며 대답했다. "마실 거 줄까? 아니면 팝콘?" 티나에게 거스름돈을 건네주며 니콜라스가 물었다.

"콜라 한 병이요." 티나가 대답하며, 슬쩍 나를 쳐다보았다.

"둘이 한 병만?" 니클라스가 한 번 더 물으며 냉장고 쪽으로 돌아섰다.

"학교를 졸업하면 뭐든 할 수 있다는 게 참 좋아요. 그렇지요?"

내 귀로 내가 묻는 소리가 들려왔다. “내 말은 그러니까 영화관에서 일하는 게 멋져 보인다고요.”

나는 머리를 매만졌고, 재킷 지퍼를 활짝 내려 가슴이 드러나도록 했다. 그 모습을 본 티나가 이마를 살짝 찌푸렸다.

“맞아.” 계산대 건너편에서 들려오는 소리를 들으며 나는 니클라스가 냉장고에서 콜라 두 병을 꺼내는 것을 보았다. “그런데 네가 오해할까 봐 하는 말인데, 나는 지금 대학에 다니고 있어.” 그가 계산대 위에 콜라 두 병을 올려놓았다. 그는 눈을 깜박였고, 그 순간 나는 구름 위를 걷는 것만 같았다.

“아! 정말로요?” 나는 되물으며, 그의 암갈색 눈동자 속으로 빨려들었다.

“그럼, 정말이지. 왜? 내가 대학 다닌다는 말이 못 미더워? 아니면…….” 그가 미소 지으며 계속해서 물었다. ‘저 미소! 세상에!’ 그때 티나가 내 옆구리를 쿡 찔렀다.

“아니에요!” 나는 서둘러 대답했다. “영화관에서 일하는 것만으로도 충분한데, 대학까지 갈 필요가 있나 싶어서 물어본 거예요. 그렇지 않나요?” 그렇게 물으며 나도 빙그레 웃었다.

“그럼 너한테는 더 높은 목표 같은 건 없어?” 그가 물었고, 내 입가에는 웃음기가 사라졌다.

티나가 헛기침을 했다. “우리는 콜라 한 병만 주문했어요.” 티나가 말을 하며 그에게 돈을 건넸다. 니클라스는 돈을 받고 얼마인지 확인하지도 않았다.

“하나는 그냥 주는 거야.” 그가 계속 내 눈을 쳐다보며 말했다.

“더 높은 목표?” 나는 혼잣말하듯 중얼거렸고, 그 모습이 너무 바보같아 화가 났다. 티나가 콜라를 집어 들고 걸어가기 시작했다. 나는 티나를 한 걸음 뒤에서 쫓아갔다.

“빌헬미나! 네 콜라 갖고 가야지. 엄마가 낯선 사람이 주는 음료수는 받으면 안 된다고 했어?” 니클라스가 농담을 하며, 이마 위로 흘러내린 머리카락을 천천히 쓸어 넘겼다.

“선배는 낯선 사람이 아니에요. 선배가 언제 태어났고, 어디에서 살며, 언제 태권도를 배웠는지, 나는 선배에 대해서 많은 것을 알고 있어요.” 내 입에서 그 말이 불쑥 튀어나왔다. 그의 두 눈이 놀라 휘둥그레졌다. 나는 얼른 입을 다물었다. 또다시 나는 내가 무슨 짓을 벌이고 있는지 당황한 채 지켜보아야만 했다. 정말로 내가 지금 내 짝사랑에게 그를 스토킹한 사실을 발설한 것이 맞나?

내 손이 콜라병을 향해 뻗어졌다. 그와 동시에 니클라스가 콜라병을 내게 내밀었다. 우리 손가락이 서로 스치는 순간, 나는 콜라병을 넘어뜨렸다. 콜라병은 빙그르 돌며 바닥으로 떨어졌다.

“괜찮아. 겨우 콜라 한 병인데 뭐.” 니클라스가 말했다.

나는 얼어붙은 듯 그 자리에 서서, 갈색 액체가 병에서 흘러나와, 회색 양탄자 위에 작은 웅덩이를 만드는 모습을 지켜보았다. 티나가 얼른 몸을 숙여 콜라병을 집어 들었다. 콜라가 티나 바지 위로 튀었다.

"미안!" 내가 속삭이듯 말했다. 얼굴이 새빨갛게 달아오르며 갑자기 귓속에서 웅웅거리는 소리가 크게 들렸다.

"뒤처리는 내가 할 테니까 너희들은 어서 들어가. 그러다 영화도 못 보겠다." 니클라스가 말했다.

나는 바보처럼 뒤 한 번 돌아보지 못했다. 빗자루라도 삼킨 듯 몸이 뻣뻣해져서 잰걸음으로 영화관 복도를 따라 하염없이 걸어갔다. 나의 뇌는 내 무례함에 환호했다.

뇌 잘했어. 아주 잘했다고! 이렇게 해서, 너를 달가워하지 않는 사람이 한 명 더 늘어났어.

나 됐어, 그만해! 당장이라도 울음이 터질 것만 같단 말이야.

뇌 그럼 언제든 뒷문으로 도망쳐. 뒷문이 어디 있는지는 너도 알지? 그렇지만 책에 보면 로맨스는 늘 그렇게 시작하던데.

나 내 경우는 절대 아니야.

남자아이들은 당연히 우리 자리를 잡아놓지 않았다. 그래서 우리는 아직 비어 있는 한참 앞으로 가 앉았다. 하필이면 그 자리는 학교에서도 늘 말썽을 일으키는 여자아이 두 명의 앞자리였다. 얼마 지나지 않아 그 둘은 우리 머리에 팝콘을 던지면서 화를 돋우기 시작했다. 그 무렵, 나도 슬슬 짜증이 나기 시작했다. 우리가 앉은 자리는 스크린과 너무 가까워서, 나의 뇌가 화면을 제대로 따라갈 수 없었기 때문이다. 어느새 내 침착함의 비축분은 바닥을 드러내고 있었다.

"너희들 이제 좀 가만히 있으면 안 되겠니?" 티나가 뒤쪽을 돌아보며 부드럽게 부탁했다. 스크린에서는 휴 그랜트의 얼굴이 클로즈업되고 있었다.

"아니, 싫은데. 영화가 너무 재미없어." 밝은색 금발머리를 짧게 자른 데지레가 대꾸했다. 데지레 앞에서는 모두 조심했다. 그녀는 귀찮게 하는 사람에게 가차 없이 폭력을 휘둘렀기 때문이다.

영화를 보는 내내, 나는 앞의 의자에 얼굴이 닿을 만큼 몸을 바짝 당겨 앉았다. 팝콘 투척과 머리카락 잡아당기기를 피하기 위해서였다.

마침내 영화가 끝났다. 불이 켜지고, 티나는 머리에 떨어진 하얀 팝콘 조각들을 털어냈다. 우리는 자리에서 일어났다. 그런데 데지레와 그 친구가 우리 뒤로 달라붙었다. 목덜미에서 그 아이들이 숨을 들이쉬고 내뱉는 게 느껴졌다. 머리카락이 곤두서고, 심장이 멈출 것 같더니 별안간 빠르게 고동치기 시작했다.

상영관 안은 아직 어슴푸레했다. 나는 조심조심 발을 내디뎠다. 티나는 걸음을 재촉해 앞에 가는 어른들 사이로 잽싸게 끼어들었다. 느닷없이 두려움 비슷한 뭔가가 내 안에서 솟구쳤다. 그리고 그 날 그 순간까지 쌓인 모든 경험이 내 귀에 속삭였다. 나를 계단 아래로 떠밀었던 사내아이, 발로 차고 때리던 산드라, 웃고 있던 다른 아이들…….

누군가가 발을 걸었다. 비틀거리면서 나는 한 바퀴 빙그르르 돌았고, 옆 좌석 위로 엎어졌다. 다행히 바닥으로 넘어지는 건 간신히 피했다. 그 순간, 음흉하게 미소 짓고 있는 데지레 얼굴이 눈에 들어왔다. 곧이어 내 안에서는 걷잡을 수 없는 충동이 불끈 치밀어 올랐다.

도전과 응전! 나는 몸의 균형을 잡자마자 손바닥으로 데지레 얼굴을 냅다 후려쳤다. 데지레는 잠시 어이없는 표정으로 나를 멍하니 바라보았다. 그러나 이내 정신을 차리고 나를 거칠게 밀어붙였다. 나는 비틀비틀 뒤로 밀려나다, 나이가 지긋한 노신사와 부딪쳤다. 그는 나를 보더니 다짜고짜 호통을 쳤다. 오줌을 지릴 만큼 깜짝 놀라던 그때, 내 안의 뭔가가 찰칵 풀렸다.

무작정 앞으로 돌진하는 내 육체와 나는 더 이상 하나가 아니었다. 내 두 손이 데지레의 두 팔을 움켜잡았고, 손톱이 그녀 살을 파고들었다. 우리는 뒤엉켜 바닥 위로 쓰러졌다. 그녀는 고래고래 소리를 지르며, 나를 떼어내려고 발버둥을 쳤다. 소용없는 일이었다. 그녀에게는 전혀 승산이 없었다. 데지레 친구가 내 옆구리를 발로 걷어차는 것조차 나는 느끼지 못했다. 지나간 세월 동안의 모든 두려움과 좌절감이 폭풍우처럼 내게 휘몰아쳤다. 난투극의 소용돌이 속에서 누군가 두 팔로 내 허리를 감싸더니 나를 벌떡 일으켜 세웠다. 니클라스였다. 그때는 이미 코피가 날 정도로 데지레 얼굴을 흠씬 패 주고 난 뒤였다.

"왜 그래? 정신 나갔어?" 니클라스가 물으며 나를 진정시키려 했다.

"나 좀 놓아줘요!" 나는 괴성을 질러대며 그의 손을 뿌리치려고 버둥거렸다.

"나는 그럴 생각이 조금도 없는데." 그가 가쁘게 숨을 몰아쉬며 나를 그곳에서 끌고 나왔다. 옆에서 지켜보던 몇몇 사람이 고개를 설레설레 저었다.

뇌의 말이 맞았다. 나는 뇌가 시키는 대로 후문으로 사라졌어야 했다. 그랬다면 아무 일도 일어나지 않았을 것이다. 그 날 이후 다시는 그에게 가까이 다가갈 수 없었다.

정신을 차리고, 내 안의 화약고가 폭발하고 말았다는 사실을 깨닫자 나는 무척이나 당황했다. 나는 그 후로 그와 같은 폭발이 거듭 일어나지 않게 하려고 무진 애를 썼다. 살면서 막다른 골목으로 내몰려 차라리 자살을 하는 게 나을지도 모른다는 생각이 들 만큼 힘든 순간도 많았다. 그러나 그때 그 일처럼 끔찍하고 무모한 짓은 단 한 번으로 충분했다.

충동성은 ADD 환자의 주요 증상이다. 우리 ADD 환자는 충분히 생각하지 않고 경솔하게 말하고 행동한다. 아무 생각 없이 새로운 과제를 시작하고, 당연히 뒤따를 결과를 따져 보지도 않은 채 위험천만한 계획에 착수한다. 그리고 많은 이들은 그저 도전할 뿐 어떤 위험도 두려워하지 않는다. 나는 결코 그런 부류가 아니다. 나는 가능한 한 별다른 피해 없이 살아남는 데 가장 관심이 많다.

또한 우리 가운데 많은 이들은 좌절과 패배에 적절히 대처하지 못한다. 그래서 분노를 폭발시키거나, 심지어 강렬한 파괴 욕구를 보이기도 한다. 어느 순간 완전히 차단되어 고립상태에 빠졌다고 느끼게 되면 통제조차 불가능해진다. 그러나 그와 같은 흥분상태가 지나고 나면 이내 죄책감에 사로잡힌다. 그런 느낌은 그들을 계속해서 감정적인 하강나선으로 끌어들인다.

나를 가르친 선생님들은 내가 반사회적인 행동장애자로 발전할 수 있는 여지가 크다고 생각했다. 실제로 ADD 환자의 경우 그럴 가능성이 일반인에 비해 훨씬 높다.

그렇다면 행동장애로 발달할지도 모르는 위험을 극복하려면 어찌해야 할까?

위와 관련된 내용은 p.418「순간적인 충동조절장애를 위한 응급조치」에서 찾아보자.

3장

ADD와 함께 어른 되기

이제까지 나의 삶이 흥미로운 이야깃거리에 불과했다면, 학교를 졸업한 뒤의 삶에서는 진정한 본질이 문제시된다. 다른 동료 환자들과의 밀접한 교류를 통해, 나는 ADD를 앓고 있는 젊은 사람들이 또 다른 심각한 동반증상에 시달릴 가능성이 높다는 사실을 알게 되었다. 병의 증상으로는 식이장애, 중독증, 사회공포증 그리고 자살로 이어질 수도 있는 우울증 등을 들 수 있다. 어른 되기란 일반인에게도 절대 쉬운 일이 아니다. 하물며 극도로 예민한 ADD 환자에게는 더더욱 어려울 것이 당연하다.

빌헬름 황제 시절인 20세기 초에 아달베르트 체르니라는 의사가 ADD의 합병증에 대해 '신경질환체질'이라는 이름을 붙였다. 이는 ADD 환자의 경우 신경질환에 걸릴 경향이 농후하다는 의미다. 자료를 조사하다 발견한 뜻밖의 흥미로운 사실 하나는 빌헬름 황제의 전기에서 ADD를 추측하게 하는 독특한 이상징후들이 발견된다는 점이다.

황제 폐하! 우리 클럽에 오신 것을 환영합니다!

본업은
카오스 왕국의 여왕

나는 고등학교를 간신히 졸업할 수 있었다. 하지만 졸업 후에 어떤 삶을 살아야 할지 전혀 알지 못했다. 내가 졸업하기 얼마 전부터 엄마의 단골 꽃가게 여주인과 동거를 시작한 아빠는 내게 시의회의 행정직 공무원이 되기 위한 직업교육을 밟으라고 조언했다. 아빠는 형사로서 공무원이 되었고, 그 덕분에 얻을 수 있는 직업상의 특권을 모두 누렸다.

나는 아빠 제안을 합리적이라 생각해 받아들였다. 무엇보다 당신들 문제만으로 충분히 골머리를 앓고 있는 엄마 아빠의 삶을 더 힘들게 만들고 싶지 않았다. 어쨌든 나의 본래 의도는 그랬다.

아쉽지만 그리 오래지 않아 내가 여사무원이라는 단조로운 업무에 맞지 않는다는 사실이 밝혀졌다. 아무리 최선을 다해도 나는 실수를 저지르지 않고 도표를 완성하거나, 원본을 분실하지 않고 복사를 마칠 수가 없었다. 또는 완벽하게 땋아 엮은 헤어스타일을 마무리하느라 시간을 보내 동료들을 화나게 만들었다. 그건 본연의 업무를 처리하는 동안 풀어진 머리카락 하나가 눈을 찔렀기 때문이다.

석 달이 지나도, 교육 담당자의 호된 질책이 이어지자 나는 백기를 들었다. 그 후 나는 태닝샵에서 일을 했다. 그곳에서는 누군가가 나를 등쳐 먹지 않으면 문제될 일이 없었다.

손님 뭐라고요? 당신이 옆 캡슐하고 혼동한 게 분명해요. 내가 여기 들어온 지 이제 겨우 10분밖에 안 지났어요.

나 아, 그런가요? 제 메모와는 달라서요. 하지만 손님 말씀이 당연히 맞겠지요. 죄송합니다. 즐거운 시간 보내세요.

태닝샵은 교대 근무를 하며 하루 다섯 시간만 일해도 되므로, 나의 작업 역량과도 맞아떨어졌다.

솔직히 말해 하루에 다섯 시간 정도 자극의 홍수에 시달리고 나면, 방전된 배터리를 재충전하기 위해 적어도 한 시간은 잠을 자야 했다. 나는 내 이름도 떠올리지 못할 정도로 과도한 인풋에 계속 시달리고 있었다. 그건 이미 오래전부터 나와 함께한 문제였고, 배터리 불량과 관련해 내 몸 어디가 문제인지 나는 너무나 알고 싶었다. 하지만 어떤 의사도 나의 질문에 정확히 답하지 못했다. 대신 가는 병원마다 비타민과 미네랄 처방전을 주면서 나를 돌려보냈다. 너무 많은 양의 카로틴을 섭취하면 얼굴이 오렌지색으로 변한다는 사실을 알고 있는가? 나는 경험을 통해 이를 알게 되었다.

물론 태닝샵 직원이라는 직업이 당장은 편할지 몰라도 장기적인 발전 가능성은 거의 없다는 사실은 알고 있었다. 평생 직업으로 진지하게 선택할 만한 일은 없을까? 나는 계속해서 주위를 둘러보며 찾아다녔다.

열아홉 살 되던 해, 드디어 나는 꿈의 직장을 찾았다. 그때는 맹장염에서 막 회복하고 난 뒤였다. 나는 '로즈'라는 작은 사진관에서 실무교육을 시작했다. 그와 동시에 엄마와 엄마의 새 남편이 살던 집에서 나와, 도시 동쪽 근교에 마련한 내 첫 번째 작은 집으로 이사했다.

독립! 자유! 나로서는 정말 엄청난 일이었다. 더는 엄마의 새 남편과 힘겨루기를 할 필요가 없었다. 청소하라고 잔소리 하는 사람도 없었다. 새벽이 되어 집에 돌아와도 길길이 날뛰는 사람도 없었다. 단지 내가 너무 오래 밖에 나가 있으면, 고양이 기즈모가 내 베개에다 오줌을 싸놓을 뿐이었다.

그러나 잃어버린 물건을 찾아주는 사람 또한 없었다. 그런 점은 분명 아쉬웠다. 그즈음 나는 날마다 부활절을 자축하며 끊임없이 무엇을 찾고 있었기 때문이다.

매일 아침 8시면 자명종이 울렸다. 그러면 나는 자명종을 탁자 아래로 밀어 떨어뜨렸다. 기즈모는 자명종 떨어지는 소리를 하루가 시작되는 신호로 받아들이고, 자기 밥그릇이 비었음을 내게 적극적으로 어필했다. 기즈모가 아니었다면 나는 분명 매일 늦잠을 잤을 것이다.

나는 어렵사리 침대에서 빠져 나와, 기즈모 밥그릇을 채웠다. 그러나 나는 아침을 거의 먹지 않았다. 시간이 너무 촉박했기 때문이다. 문제는 보통사람들과 달리 내 생체시계가 제대로 작동하지 않는 데 있었다. 나는 거의 매일같이 내 작은 승용차 오펠 코르사로 달려가, 사진관까지 미친 듯이 날아갔다. 그와 같은 상황은 이른 아침부터 이미 내 뇌에 과중한 부담을 안겨 주었다.

유감스럽게도 나는 하루의 첫 일과로 내 차의 보닛 위에 놓인 쓰레기통을 치우면서 힘을 빼야 했다. 쓰레기통은 내 차가 자기 집 주차장을 막고 있다면서 화가 난 이웃이 올려놓은 것이었다. 다행히 나는 어떤 일로 앙심을 품거나 꽁하는 성격이 아니다. 만약 꽁하는 성격이었으면 나는 쓰레기통의 기묘한 위치에 대한 멋진 답례를 찾아내느라 매우 긴장하고 지쳤을 것이다.

성가신 장애물을 과민한 이웃의 담장 앞으로 옮겨놓은 뒤, 나는 출발했다. 바로 얼마 전 운전면허를 딴 나는, 다음 교차로에서 전 차의 코앞에 다다라서야 급브레이크를 밟았다. 어이쿠!

습관적인 10분의 지각 끝에 나는 사진관 바로 앞 주차장에 차를 주차했다. 늘 잠이 부족했던 사장 로즈 씨가 막 밖으로 나와 느긋한 동작으로 담배에 불을 붙이며, 자신의 고급 벤츠 앞에서 내가 무슨 짓을 저지르는지 지켜보고 있었다. 아무리 생각해도 로즈 씨처럼 느긋한 사람과 함께 지낸 적은 없었다. 로즈 씨를 만나기 전까지 나는 그런 부류의 사람들이 진즉에 다 멸종한 건 아닌지 걱정하고 있었다.

"그래, 제법이군!" 어쨌거나 그의 벤츠에 특별한 흔적을 남기지 않고, 땀에 젖어 차에서 내리는 나를 보며 로즈 씨가 여유로운 목소리로 말했다. 그러면서 그는 말보로 담배 한 개비를 권했다. 아침 시간의 모든 스트레스를 극복해낸 나는 그가 내미는 담배를 받아 물었다. 그러다가 새로 산 가방을 땅바닥에 떨어뜨렸다. 다행히 가방은 발밑의 물웅덩이를 간발의 차이로 피해서 떨어졌다. 오늘은 운이 좋은 날임이 분명했다.

"솔직히 말해봐. 시험에서 몇 번이나 떨어졌어?" 로즈 씨가 고급 라이터를 디밀어 불을 붙여주면서, 아픈 기억을 건드렸다.

"운전면허 시험요?" 나는 확인하듯 물었다. 그는 고개를 끄덕인 뒤, 담배 한 모금을 맛있게 빨며 가게 문에 기대섰다. 출입문 위에 붙어 있는 간판은 그의 아버지가 가게를 운영하던 시절에 써 붙인 것이었다. 머리가 허옇게 센 그의 나이가 이미 50대 중반이었으니, 간판은 꽤나 오래된 것이었다.

"두 번요." 나는 천천히 대답하며, 얼굴 위로 흘러내린 머리카락을 쓸어 올렸다. 그러다가 머리카락 몇 가닥을 담뱃불로 지지고 말았다. 고약한 냄새가 코를 찔렀다.

"이런, 이런!" 로즈 씨가 안경 너머로 나를 유심히 쳐다보았다. 그 모습이 왠지 무척이나 지혜로워 보였다. "아마도 주차에서 떨어졌나 보네?" 내게 묻는 그의 입가가 묘하게 실룩거렸다.

"아니요. 왜요?" 내가 되물었다. "첫 번째 시험에서는 핸들을 두 차례 잘못 돌렸어요."

"그럼 두 번째는?"

"자전거 탄 사람이 지나가는 걸 미처 보지 못했어요." 나는 아쉬움이 묻어나는 목소리로 대답했다. 그리고 서둘러 한마디 덧붙였다. "그래도 그 사람은 죽지 않았어요! 가벼운 심장마비 증세 말고는 아무 일도 없었거든요." 나는 애써 웃어 보였다. 동시에, 그 당시 놀랐던 감정이 솟구치는 걸 억눌렀다.

"그래? 정말 다행이군!" 로즈 씨가 말하고는 담배꽁초를 벽에 비벼 껐다. 그리고 가게 안으로 들어가며 말했다. "오늘은 할 일이 아주 많아. 처음으로 혼자서 촬영도 해야 할 거야." 그를 따라 사진관으로 들어가던 내게 로즈 씨가 시를 읊듯 통보했다.

와! 그 순간, 나는 내 삶의 오롯한 기쁨을 느꼈다. 마음 같아서는 당장 로즈 씨를 꼭 껴안아 주고 싶었다. 그와 함께 일한 지난 반년 동안, 시간을 지키지 못하는 내 못된 버릇에 대해 그는 단 한 번도 뭐라 하지 않았다. 오히려 나를 어느 정도 신뢰했다.

"진심이세요?" 나는 로즈 씨의 말을 잘못 들은 건 아닌지 확인했다.

"그럼 진심이고말고. 사진을 현상할 때는 좀 더 신중하고 꼼꼼하게 해 주게. 그것 말고는 자네가 잘해 낼 거라고 믿어." 로즈 씨가 나를 돌아보며 환하게 웃었다. 심장이 쿵쿵 뛰기 시작했다. 하지만 값비싼 현상액을 내가 또다시 못쓰게 만들어 버렸다는 사실도 눈치챘다. 조금만 부주의하면 곧잘 그런 일이 벌어지곤 했다. 부주의야말로 바로 내 전매특허였다.

"아! 네에. 그럼 촬영은 언제인가요?" 나는 로즈 씨를 쫓아 사진관으로 이어진 좁은 복도를 걸어가며 들뜬 목소리로 물었다. 양쪽 벽면은 손님들 사진과 중세의 건축물 사진으로 도배되어 있었다.
"오후 두 시. 나는 일이 있어서 나가 봐야 하거든. 대신 카운터에 헬렌이 있을 거야." 로즈 씨가 찬찬히 상황을 설명해 주었다.

헬렌은 사진관 맞은편에 살고 있는 아르바이트생이었다. 그녀를 볼 때면 나는 언제나 단정하게 정돈된 그녀 머리카락을 엉망으로 흩뜨리고 싶은 충동을 느꼈다. 왜 그런지는 몰랐다. 헬렌과 같이 있을 때면 나는 이상하리만큼 짜증이 났다. 로즈 씨는 사무실로 들어갔고, 나는 문지방에 걸려 비틀거렸다.

나는 로즈 씨에게 또 어디를 가냐고 묻고 싶었다. 그는 심하다 싶을 만큼 자주 가게를 비웠다. 그리고 사진관으로 돌아왔을 땐 뭔가 달라 보였고 목소리는 피곤한 듯 아득했다. 그러나 로즈 씨가 내게 그날 해야 할 일과 신경 써야 할 것 그리고 손님에게 물어봐야 할 것들을 꼼꼼히 설명하는 사이 조금 전의 불안감은 내 의식에서 스르르 사라져버렸다.

촬영은 최상의 상태로 진행되었고, 내 중간성적표는 고등학교 때 받은 점수 중 최고 점수를 기록했다. 그런데 얼마 지나지 않아 믿고 싶지 않은 일이 벌어졌다. 로즈 사진관이 갑작스럽게 건강상의 이유로 문을 닫은 것이다. 그리고 나는 다시 '이해심 많은 인간의 멸종'이라는 주제를 생각하게 되었다.

나는 다른 사업장에서 계속해서 수습사원으로 일할 수 있었다. 그렇지만 케미가 맞지 않는다면 그게 다 무슨 소용이겠는가? 물론 내 말은 현상액의 케미스트리를 가리키는 게 아니다. 사람과 사람 사이의 케미.

"빌헬미나! 어떻게 이런 일이 있을 수 있지?" 다혈질인 새 보스가 내 앞에 버티고 서서 고래고래 소리를 질러댔다. 그의 왼쪽 눈꺼풀은 신경질적으로 떨렸다. 그는 자신의 책상 쪽으로 돌아섰다. 마치 뭔가를 찾는 것 같았다. 어쩌면 내 속을 뒤집어 놓기 위해 칼이나 편지 개봉용 나이프를 찾고 있는지도 몰랐다.

"죄송하다고 말씀드렸잖아요." 나는 기어들어 가는 목소리로 대답하며 두려움에 몸이 떨리는 것을 억지로 참았다. 나는 니콜의 집 초인종을 누른 다음 미친 듯이 짖어대는 멍청한 코커스패니얼

앞에 서 있던 어린 시절로 돌아간 느낌이 들었다. 니콜 집 개도 보스와 마찬가지로 내 내장을 뒤집어 놓고 싶었을 거라고 나는 확신한다.

"어쩌면 필름 통은 차 안에 있을지도 몰라요." 3년차 수습사원인 케르스틴이 끼어들면서 나를 도와주려 했다.

"그게 무슨 말도 안 되는 소리야? 내가 앞 못 보는 장님인 줄 알아?" 보스는 케르스틴을 향해서도 호통을 치며, 끔찍한 넥타이를 신경질적으로 매만졌다. 이곳에서 일을 시작한 첫날부터 나는 어떻게 그리 요란스러운 넥타이를 맬 수 있는지, 게다가 어떻게 그리 간사해 보이는 콧수염을 기를 수 있는지 신기하기만 했다.

"제가 한번 더 찾아보고 올게요." 나는 그렇게 말하며 슬그머니 그 자리를 빠져나가려 했다. 하지만 내 앞을 가로막으며 보스는 소리쳤다. "됐어!"

오늘 일은 차치하더라도 내가 지난주 있었던 50대 남성의 에로사진 촬영현장에 나타나지 않은 일로 그는 이미 내게 화가 나 있었다. 아무 말 없이 결근한 것이 도리에 어긋나는 것은 나도 알고 있다. 하지만 그 무렵 나는 '아니요!'라고 거절하는 것은 고사하고, 단순한 의견을 말하는 것조차 무척이나 힘들었다. 그리고 그 날의 누드 촬영은 내 가치관으로는 도저히 수용할 수 없는 비도덕적이고 부적절한 사건이었다. 아무리 마음을 고쳐먹어도 나는 도저히 그 자리에 갈 수 없었다. 사람들이 그런 나를 보고 고지식하다고 비웃어도, 그건 어쩔 수 없는 일이다.

"우리는 자료 사진을 충분히 갖고 있어요. 빌헬미나가 찍은 다른 사진들도 아주 잘 나왔고요." 케르스틴이 끼어들며 다시 한번 사태를 무마하려 했다. 라디오에서는 셀린 디온이 서럽게 울고 있었다. 그리고 창문 앞에서는 개 한 마리가 짖어대고 있었다. 나는 방음 기능이 있는 치즈 덮개에 관해 골똘히 생각하기 시작했다. 종 모양의 치즈 덮개를 여러 개 가지고 다니면서 불쾌한 소음을 내는 것들을 모두 덮어버리면 얼마나 좋을까? 팔기만 한다면, 나는 매장에 있는 것을 모조리 사들일 것이다.

"그렇지만 무대 사진이 하나도 없잖아!" 내게는 치즈 덮개가 없었고, 보스의 고함소리는 다시 나를 향해 그대로 밀려왔다. "제기랄! 고객이 이 사실을 알면 뭐라고 할 것 같아?" 보스가 책상 위에 놓여 있는 도시락을 불쑥 집어 맞은편 벽에다 냅다 던졌다. 피자 소스와 치즈가 사방으로 날아오르면서 내게도 튀었다. 나는 구역질 나는 걸 억지로 삼켰다. 그게 쓸개즙인지 아니면 눈물인지 알 수 없었다. 사방이 빙글빙글 돌기 시작했다. 나는 또다시 울부짖는 모습을 누구에게도 보여주고 싶지 않았다. 그래서 서둘러 그곳에서 빠져나왔다.

나는 다시는 그곳으로 돌아가지 않았다. 이후 몇 달 동안을 태닝샵에서 일하면서 나와 마찬가지로 휴가를 떠나지 못한 사람들에게 태닝과 유쾌한 기분을 제공했다. 그곳에서는 적어도 내게 소리를 지르거나 음식을 던지는 사람은 없었다. 그게 단지 아빠가 태닝샵 사장의 동업자였기 때문이었을까? 그 무렵 내게 그런 것 따위는 중요하지 않았다.

나는 시의회의 관리직 사원이 되기 위해 네 번째 직업교육 과정을 밟았다. 그건 순전히 나를 염려하는 부모님의 닦달 때문이었다. 내게는 부모님 마음에 드는 착한 아이가 되고 싶다는 간절한 욕구가 여전히 있었다. 그럼에도 몇 달 지나지 않아 나는 더는 버틸 수 없을 것 같은 두려움에 휩싸였다. 내 안의 배터리가 급속도로 방전되고 있었기 때문이다.

나는 주택건축과 사무실 컴퓨터 앞에 앉아, 원하는 것을 척척 만들어 줄 것 같은 엑셀 도표를 멍하니 들여다보고 있었다. 눈은 따끔거리고, 좀처럼 집중할 수가 없었다. 사무실 건물 앞에서는 공기해머가 따따따 요란한 소리를 울려대며 낡은 도로를 파헤치고 있었다. 공사장 인부들은 공기해머를 내 머리에도 들이대고 있었다. 나는 볼펜을 자동연필깎이 안에다 집어넣었다. 내 가까이 앉은 중년의 슈미트 부인이 그 모습을 보고 끌끌 혀를 찼다.

"누가 빌헬미나에게 연필깎이에는 연필만 넣는 거라고 다시 한 번 이야기 해 줄래요?" 슈미트 부인이 물었고, 그 소리에 내 손은 놀라 움찔했다. 볼펜의 플라스틱은 이미 상당 부분 떨어져 나가 있었다. 나는 당황해 서랍을 열어 부상을 당한 다른 볼펜들 옆에 새로운 부상병을 얼른 눕혀 주었다.

평소 내가 호감을 느끼던 교육 담당관 융커 씨가 내 의자 뒤로 다가왔다. 진한 애프터 셰이브 로션 향이 코를 자극했다. 로션 향 아래로는 옅은 땀 냄새가 느껴졌다.

“자네는 아직도 이해를 못하고 있군.” 융커 씨가 다정한 목소리로 말하며 내 옆에 앉았다.

“여기는 한 칸 밀어 넣어야지. 그리고…….” 그의 말이 다양한 음역의 소리로 아득해졌다. 나의 뇌는 시곗바늘이 똑딱거리는 소리, 종이가 바스락거리는 소리 그리고 자판 두드리는 소리를 합쳐서 하나의 모호한 멜로디로 만들어냈다. 나는 미소 지으며 고개를 끄덕였다. 그리고 그가 아무것도 묻지 않기를 바랐다. 그는 개의치 않고 말을 이어갔다. 내가 손가락으로 콧등을 만지작거리자, 그는 위로하듯 팔 하나를 내 어깨에 올려놓았다. 나는 당황해 눈을 끔벅거리며 조심스레 그를 쳐다보았다. 그의 두 눈 아래로 축 처진 눈물주머니가 보였다. 그리고 턱에는 기이한 모양의 흰색 반점들이 있었다.

“자네는 너무 말랐어.” 융커 씨가 늘어놓던 의미 없는 말 속에서 갑자기 완전한 문장 하나가 귀에 들어왔다. 융커 씨가 부드럽게 웃으며 내 등을 토닥거렸다. “자네 남자친구가 뼈에 찔린다고 하지 않아?”

나는 숨을 멈췄다. 뭔가 잘못되고 있었다. 갑자기 다미르의 파란 눈과 미소가 떠올랐다. 그랬다. 내게는 남자친구가 있었다. 그렇지만 다미르는 이제 더는 내 남자친구가 아니다. 그는 나를 기만했고, 그래서 나는 그를 차 버렸다. 바로 그 일로 인해 나는 지금처럼 톱 모델 몸매를 갖게 되었다. 너무 비참하고 슬퍼서 제대로 먹지를 못했기 때문이다.

"아니요." 나는 짧게 대답하고는 융커 씨와 어느 정도 거리를 유지하려 했다. 그러나 쉽지 않았다. 내 몸은 책상과 융커 씨의 의자 사이에 끼어 있었다.

"남자친구는 있겠지?" 융커 씨가 다시 물었다.

"아니요." 나는 힘없이 대답했다. 별안간 일찍이 나의 심장이었던 블랙홀이 다시 나타나, 나를 둘러싼 모든 것을 암흑 속으로 끌어들이려 했다. 나는 침을 꿀꺽 삼켰다.

"없다고? 언젠가 남자친구에 대해 이야기하는 걸 들은 것 같은데." 융커 씨가 고개를 갸우뚱하며 말했다. 그랬다. 언뜻 그랬던 것 같다는 생각이 들었다.

"빌헬미나, 무슨 일이야? 내게 다 말해 봐." 그가 속삭이며 나를 위로했다. 그의 숨결에서 민트와 커피 향이 났다. 불쾌한 냄새의 조합이었다. 너무 지나친 행동이었다. 그는 아마도 선의에서 그랬을 것이다. 그의 손이 우연인 듯 슬그머니 나의 가슴 언저리로 내려왔다. 구역질이 났다.

나는 아무 말도 하지 않았다. 융커 씨는 의자에서 일어나 자기 자리로 돌아갔다. 나는 쇼크 상태에 빠져 멍하니 앉아 있었다.

이어지는 3주 동안, 나는 주어진 직무교육에 최선을 다했다. 그러던 어느 날, 융커 씨는 나를 도와 바닥에 떨어진 복사지를 함께 주웠다. 잠시 잠깐 그의 손가락이 엉덩이에 와 스치는 걸 느꼈다. 나는 그 손가락을 떼어내려 했다. 하지만 그럴 수 없었다. 그 날 나는 수건을 던졌다. 혼돈에 빠진 감정을 견뎌내려던 나의 노력은 급격히 힘을 잃었다. 융커 씨가 실제로 선을 넘었는지, 아니면 단지 내가 그리 느낄 뿐인지조차 분명하지 않았다. 나는 내 자신의 인지능력을 더 이상 믿지 못했다. 그런 상황 역시 역겨웠다.

어느 토요일, 나는 신선한 찬거리를 사서 집으로 돌아왔다. 무엇이든 든든한 걸 요리해 먹을 생각이었다. 내게는 맛있는 음식을 여유 있게 먹으며 미래에 대해 진지하게 생각할 수 있는 시간이 필요했다. 나는 뒤틀어진 내 삶에 맞서 당장 조치를 취하고 싶었다. 우선 욕실에 산처럼 쌓인 빨래부터 세탁기에 넣어 돌렸다.

집 안은 더 이상 전쟁터같이 보이지 않았다. 낙관과 정열에 가득 찬 나는 요리책을 펼쳐 들었다. 채소 요리? 아니면 파스타? 생각만 해도 절로 기분이 좋아졌다. 마지막으로 직접 요리를 해 먹은 게 언제였는지 기억조차 나지 않았기 때문이다.

요리책의 첫 문장을 읽는 순간, 아쉽게도 나의 계획은 좌절되고 말았다. '냄비를 하나 준비하라.' 깨끗한 냄비일 거라고 나는 추측했다. 거기서부터 일이 꼬이기 시작했다! 절망스러운 시선으로 냉장고 안을 들여다본 나는 결국 먹을 것을 주문하기 위해 전화기를 찾았다. 나는 피자를 떠올렸다. 엄마한테 찾아가는 건 생각하지도 않았다. 엄마는 내가 직업교육장을 그만둔 일로 단단히 화가 나 있었기 때문이다.

얼마 후, 헤어지기 직전인 남자친구 다미르가 느닷없이 초인종을 눌렀다. 나는 그냥 그의 품에 안기고 싶었다. 그가 무슨 짓을 저질렀건 개의치 않고, 그저 모든 것을 다 용서해주고 싶었다.

"어서 들어와." 그렇게 말을 하며, 나는 더러운 셔츠와 낡은 청바지를 입고 있는 나 자신에게 화가 났다. 아이섀도는 뭉개졌고, 긴 머리는 아무렇게나 질끈 동여매고 있었다.

다미르는 말없이 나를 바라보았다. 내가 뒤쪽으로 물러서자, 머뭇거리며 집 안으로 들어섰다.

"그래, 어떻게 지냈어?" 다미르가 낯설지 않은 느슨한 목소리로 물었다. 그때, 어디선가 벨소리가 울리기 시작했다. 단정한 크로아티아인이라는 이미지에 걸맞게 그의 검은색 머리는 말끔히 정돈되어 있었다. 그의 표정은 긴장하면 늘 그렇듯 약간 건방져 보였다.

"응, 잘 지내고 있어." 나는 거짓말을 하며, 그의 등 뒤에서 문을 닫았다. 그러고는 울려대는 물건을 찾아 나섰다. 나는 크지 않은 집 안 구석구석을 정신 나간 강아지처럼 헤집고 다녔다. 그러나 전화는 보이지 않았다. 마침내 전화벨 소리가 멈추고, 나는 책상다리를 하고 소파에 앉아 다미르를 가만히 올려다보았다. 평소 같으면 자석과도 같은 끌어당기는 힘이 우리 둘을 옭아매는 것처럼 느꼈을 텐데, 지금은 전혀 다른 느낌이었다. 오히려 그 힘이 평소와는 반대로 작용하는 것 같았다.

"그러게. 좋아 보이네." 그가 잠시 머뭇대다 대답하고는 맞은편 안락의자에 앉았다. 그는 나와 너무 멀리 떨어져 있었다. 기이하다 싶을 만큼 멀리.

"근데 웬일로 찾아왔어?" 나는 그렇게 물었고, 다시 울려대기 시작한 전화벨 소리에 주의를 빼앗겼다. 누가 대체 두 번씩이나 전화를 해대는 거야? 한 번 걸어서 안 받으면 그만이지. 나는 속으로 짜증을 내며, 다미르의 조각 같은 얼굴을 살폈다. 그의 밝은 갈색 눈에서 조금은 후회하는 감정을 읽었다. 그 느낌이 나를 그에게로 다가가게 만들었다. "말해 봐!" 나는 부드럽게 말하며, 그가 앉아 있는 쪽으로 몸을 기울였다.

그래. 내가 좀 더 이성적이고 현명한 역할을 맡아, 다미르가 쉽게 용서를 구할 수 있도록 해 주자. 사랑싸움에서 가장 힘들고 피곤한 부분은 그냥 건너뛰는 거지. 그리고 이전으로 돌아가 다시 시작하는 거야. 어쩌면 내가 과민하게 반응했는지도 모르잖아?

"우리가 이렇게 싸운 채로 헤어져서는 안 된다는 생각이 들었어. 그러기에는 우리가 함께한 아름다운 시간이 너무 아쉽잖아."

나는 그가 하는 말을 듣고 있었다.

"함께한?" 그 말이 내 뇌리에서 맴돌았다. 나는 어색하게 일어나서, 또다시 울려대는 지긋지긋한 벨소리를 다시 찾아 나섰다. 내 안에서는 불안이 퍼져나가고 있었다. 나는 뭐라도 해야 했다. 내 손가락은 무엇이든 할 것이 필요했다. 나는 아무 생각 없이 냉장고 옆에 있는 상자에서 물 한 병을 꺼내 들었다. 전화벨 소리가 다시 그쳤다.

"뭣 좀 마실래?" 내가 물었다. 다미르는 가볍게 고개를 저어 사양했다. 뚜껑을 열다 손가락이 마비되면서 물병이 미끄러졌다. 그리고 타일바닥 위로 떨어져 깨졌다. 나는 무릎을 꿇고 앉아, 깨진 유리 조각을 주워 모았다. 그렇지만 다미르는 일어서지 않았고, 나를 도와주지도 않았다. 나는 유리 조각에 손을 베었고, 내 피는 물과 뒤섞였다. 그래도 나는 아무것도 느끼지 못했다. 유리에 베인 상처 따위는 내면의 고통이나 내 안에서 솟아오르는 절망만큼 아프지 않았다.

"정말로 다른 여자가 생긴 거야?" 유리 조각을 싱크대로 집어던지며 내가 물었다. 그의 얼굴을 쳐다볼 엄두는 나지 않았다. 기즈모가 가구 뒤에 몸을 숨기며 방을 가로질러 침대 밑으로 기어들어가는 모습이 내 눈에 들어왔다. 나도 그리로 숨어들고만 싶었다.

바닥을 청소하고 다시 정신을 차리자, 다미르가 나를 향해 미소 지으며 말했다. "미나! 언젠가는 한번 겪어야 할 일이야." 그가 자리에서 일어서면서 두 손을 바지 뒷주머니에 집어넣었다.

"아하! 그런 거야? 그러면 진즉에 좀 알려주지. 그럼 너 같은 인간에게 내 에너지를 허비하지는 않았을 테니까 말이야." 나는 씩씩대며 비아냥거렸다. 눈물이 쏟아질 것 같았다. 나는 온 힘을 다해 억지로 눈물을 참았다.

"네가 이렇게 반응할 거라고 대충은 예상했어. 그게 바로 네가 가진 문제야. 너는 뭐든지 과장해서 받아들이고 화를 내는 버릇이 있어."

정말이지 어이가 없었다. "뭐? 적반하장도 유분수지, 말도 안 되는 짓을 한 게 대체 누군데?" 나는 부들부들 떨면서 말하고 다미르 앞에 버티고 섰다. 나는 손을 들어 그의 팔을 잡으려 했다. 그러나 내 손은 허공을 가르고 말았다.

"우리는 서로 어울리지 않아. 그건 너도 잘 알고 있잖아." 그가 말했다.

"그래도 나를 사랑한다고 했잖아?" 내가 물었다.

"맞아. 그랬지."

"네가 나한테 이럴 수는 없어! 이럴 수는 없다고!" 나는 머리를 쥐어뜯었다. 그가 손을 내밀어 나를 붙잡았다.

"세상 모든 것은 변하는 거야. 사랑도 마찬가지고." 그가 애써 부드러운 목소리로 말했다.

"겨우 지난주였어. 너는 지난주에 미칠 만큼 나를 사랑한다고 말했잖아." 나는 혼잣말하듯 속삭였다. 아랫입술이 떨려오기 시작했다. 어느새 쓰디쓴 눈물 맛이 느껴졌다.

"그래, 그건 지금도 마찬가지야." 그가 대답했다. 그 말에, 나는 그가 했던 미치도록 사랑한다는 말이 순전히 육체적인 의미였음을 깨달았다.

"내게는 좀 더 성숙한 누군가가 필요해." 그가 말하며 힘없는 손짓으로 머리를 쓸어 넘겼다.

그랬던 거야? 결국 우리는 사회적 미성숙이라는 주제로 돌아왔다. 얼핏 지난 주말 어느 클럽에서 그의 옆에 있던 검은 머리 여자가 눈앞에 떠올랐다. 언뜻 보기에도 그녀는 나와 상당히 다른 스타일이었다.

"뭐라고? 성숙? 그럼 그 여자랑 같이 나를 속여먹는 게 고작 네가 말하는 성숙이야?" 그렇게 묻는 나의 목소리는 한껏 높아져 있었다.

그가 내 말에 항변하고 나섰다. "나는 너를 속인 적 없어. 네가 다짜고짜 흥분해서 내 얼굴에다 콜라를 퍼부었잖아. 그녀가 누구인지, 또 왜 내가 그녀랑 거기 있는지 너는 물어보지도 않았어."

나는 거친 숨을 몰아쉬었다. 그의 말에 반박할 수가 없었다. 그의 말이 맞았기 때문이다. 분명 그는 내게 일을 해야 하니, 기다리지 말라고 말했다. 물론 나도 외출할 거라고 말하지 않았다. 그런데 그가 난데없이, 너무나도 다정한 모습으로 그 여자와 우리가 다니는 클럽에 나타난 것이다. 그래서 나는 당연히 그가 거짓말을 했고, 나를 속였다고 믿었다.

"아! 그랬구나! 자존심에 상처를 입어서 그런 거야?" 나는 그렇게 물으며, 산산이 부서지는 걸 막기 위해 두 팔로 내 몸을 감싸 안았다. "그래 봐야 아무 소용없어." 다미르는 말하며 내가 생일선물로 준 펜던트를 재킷 주머니에서 꺼냈다. "아무래도 이건 돌려주는 게 좋을 것 같아서." 그가 말을 하며 내 손을 잡더니, 은으로 만든 작은 하트를 쥐여 주었다. 아, 내 안의 진짜 하트는 부서져 산산조각이 났다.

"그럼 이제 그 여자와 같이 지내?" 사실, 그러거나 말거나 전혀 관심도 없었다. 그렇지만 엉겁결에 나는 묻고 말았다. 그의 대답은 엄청난 파괴력을 발휘했다.

"응. 그래도 우리는 여전히 좋은 친구로 지낼 수 있을 거야." 그가 태연하게 대답했다. 나는 비틀거리며 몇 발자국 뒤로 물러섰다. "그만 가볼게. 아무래도 그러는 게 좋겠어."

문이 닫히고, 나의 손은 싱크대에서 가장 아끼는 커피잔을 집어서 힘껏 벽에다 던졌다. 그 뒤로도 내 손에 잡히는 것들은 모두 다 똑같은 운명을 맞이했다.

나는 타일 바닥 위, 부서진 파편 더미 앞에 앉아 있었다. 가련하게, 실업자 신세로, 직업교육도 받지 못하며, 부모도 없이, 혼자가 되어 앉아 있었다. 전화벨이 울렸다. 나의 손은 벨소리가 들려오는 작고 하얀 냉장고의 문손잡이를 움켜잡았다. 전화기는 그 안에 있었다.

"여보세요?" 나는 전화기에 대고 말했다.

"플리처 피자입니다. 혹시 피자 주문하셨나요?"

"없던 일로 해 주세요." 나는 중얼거리며 전화를 끊었다. 전화기를 다시 버터와 달걀 옆에 내려놓고, 이번에는 와인과 초콜릿을 꺼냈다. 그래, 초콜릿이 내 문제를 해결하지는 못할 거야. 그래도 입에다 초콜릿을 잔뜩 처넣고 한번 원 없이 울어보자고!

며칠 뒤, 나는 아빠와 아빠의 새 아내 집에 초대받아 저녁식사를 하며 나의 미래에 대해 작전회의를 벌이고 있었다.

"그래, 이제 어떻게 할 거야?" 아빠가 말문을 열었다. 아빠는 지난 몇 년 사이 눈에 띄게 나이가 들어 보였다. 나는 왠지 모르게 그게 나 때문이라고 느끼곤 했다. 물론 늘어나는 흰 머리는 단지 흐르는 세월 탓일 수 있다. 아니면 남자를 사랑한다고 선언한 남동생 때문일 수도 있다. 어쨌거나 우리 가족에게는 늘 새로운 일이 일어났고, 한시도 바람 잘 날이 없었다.

아빠보다 열다섯 살 아래인 새 아내 레기나가 내 접시에 감자요리를 담아 주었다. 감자에서 김이 올라와 기묘한 동그라미를 그리고 있었다. 나는 담배연기로 알파벳을 만들어내던 《이상한 나라의 앨리스》의 애벌레를 잠깐 떠올렸다. 그때 문득, 아빠가 내게 무언가를 물었다는 게 생각났다.

"아직 잘 모르겠어요." 나는 기운 없는 목소리로 솔직히 대답하며 생각에 잠겼다. 음식에서는 맛있는 냄새가 났고, 나는 정말로 배가 고프다는 느낌이 들었다. 최근 들어 지금처럼 허기를 느낀 적은 거의 없었다. 잠깐만! 어딘지 좀 이상했다. 물론 극도로 배가 고팠다. 그런데 단지 먹을 것만을 원하는 건 아니었다. 나는 인정과 이해 그리고 포근함에 더 굶주려 있었다.

"그래도 앞으로 어떤 일을 하며 살고 싶은지 언젠가는 정해야 해." 아빠가 말했다.

나는 접시에 슈니첼과 소스를 담았다. 레기나와 친해지기란 너무 어려웠다. 그러나 그녀의 요리솜씨는 뛰어났고, 그것만큼은 분명 인정해야 했다.

"저도 알아요." 나는 대답하며 이마를 살짝 찌푸렸다. "지금은 대학에 가 포토디자인과 그래픽디자인을 공부해 볼까 생각하는 중이에요." 나는 실제로 그러고 싶은 마음이 있었다. 그래서 필요한 관련 정보들을 벌써 알아보고, 갈 만한 대학도 정해놓았다. 레기나가 슬그머니 한숨을 내쉬는 게 느껴졌다. 아빠는 아무 말도 하지 않았다.

"아무래도 저하고는 그 길이 맞는 것 같아요. 고등학교 때 선생님도 그래픽디자인이라면 누구보다 잘할 거라고 말했거든요." 나는 한마디 덧붙였다.

"먼저 직업교육 과정부터 마치면 어떨까? 내 생각에는 그게 더 합리적일 것 같은데. 그런 다음에도 네가 하고 싶은 건 언제든 할 수 있을 거야." 레기나가 제안했다. 입 안에 넣은 감자가 어찌나 뜨거운지 나는 접시에다 도로 뱉어낼 뻔했다. "너도 대세라는 강물의 흐름에 순응해 사는 법을 배워야 해."

"저는 흐름을 거스르려는 게 아니에요." 나는 항변했다. 포크가 손에서 미끄러지면서 식기에 부딪혀 달그락 소리를 냈다. 대세에 역행하려는 건 절대 아니었다. 강물을 거슬러 오르려면 먼저 강부터 찾아야 했다. 그렇지만 나는 아직도 숲 한가운데 서서 강을 찾고 있었다. 그건 아주 엄청난 차이였다.

"우리라고 침대에서 일어나는 일이 항상 쉽지는 않단다. 그건 너도 알고 있지?" 레기나가 마치 엄마가 아이를 타이르듯 물었다. 그 소리에 갑자기 소름이 돋았다. "우리는 단지 네가 잘되었으면 싶어서 이러는 거야."

나는 접시에 담긴 슈니첼을 거칠게 썰었다. 나이프에서 뽀드득거리는 소리가 났다. "당연히 그러시겠지요." 나는 줏대 없이 대답했다.

"생각 없이 살다 보면, 언젠가 하는 일 없이 세월만 보냈다는 걸 깨닫고 후회할 지도 몰라."

"마치 경험해 본 사람처럼 말을 하시네요?" 나는 순전히 궁금해서 물었다. 레기나는 내 말에 은근히 화가 나 거칠게 숨을 들이마셨다. 이런!

"그렇기도 하지. 네 나이 때, 나는 이미 혼자 아이를 키우면서 어렵게 살아야 했어. 앞날에 대한 결정도 혼자 내려야 했고." 레기나가 차분히 말했다.

허 참, 피임약은 어디다 두고? 나는 마음속으로 빈정대듯 물었다. 당시만 해도 나 자신이 머지않은 미래에 피임약에도 불구하고 아기를 갖게 될 거라고는 미처 생각하지 못했다.

"빌헬미나, 나라고 날마다 즐거운 마음으로 직장에 출근하는 건 아니야. 때로는 이를 악물어야만 해." 레기나 말에 나는 쏘아붙였다.

"그 말은 제가 너무 편하게 일을 하려 한다는 의미인가요?"

"미나!" 아빠가 내 이름을 불렀다. 단정하게 정리된 눈썹을 살짝 치켜올리며, 레기나가 놀란 표정을 지었다.

"당신 딸은 정말이지 쉽지 않네요." 그녀가 말했다.

"다른 사람들을 조금 힘들게 할 뿐이지, 저는 전혀 어렵지 않아요." 나도 지지 않고 대꾸했다.

뭔가 묵직한 게 내 안에서 퍼져나가기 시작했다. 그리고 목에 걸린 맷돌처럼 나를 잡아당겼다. 어쩌면 지금이 대세에 순응하기 위해 노력해야 할 적기일까?

"우리는 그저 네가 걱정되어 그러는 거야." 아빠가 말했다.

나는 조용히 밥을 먹었다. 더 이상 아무 말도 하고 싶지 않았다.

사람들은 때때로 말을 많이 한다. 이해받고 싶기 때문이다. 그리고 때로는 똑같은 이유로 침묵한다.

잠시 후 아빠가 덧붙였다. "그러니 너무 기분 나빠하지 마." 그리고 레기나와 함께 내 남동생과 그녀의 딸에 대해 이야기하기 시작했다. 헨리나 레기나의 딸은 그다지 심각하지 않은 대화 주제였다. 그들은 문제를 일으키지 않았기 때문이다. 적어도 큰 문제만큼은.

"화난 거 아니에요." 나는 일부러 쌀쌀맞은 목소리로 대답했다.

"그렇다면 나랑 얘기 좀 하자." 아빠가 기다렸다는 듯 말했다.

"대학에 진학해 공부를 계속할지 고민하고 있다고 말했잖아요." 나는 같은 말을 되풀이했다.

레기나 눈빛은 모든 것을 말해 주고 있었다. '네가? 어림없는 소리! 너는 그저 또 핑계를 대는 거야.'

"제발 정신 좀 차려." 그녀가 다그치듯 말했다. "너도 이제 어린 애가 아니잖아, 네 불쌍한 아빠가 대체 얼마나 더 밑 빠진 독에 물을 부어야만 하는 거니?"

나는 깜짝 놀라 아빠를 쳐다보며 물었다. "진심이에요? 내가 실패를 게임처럼 즐긴다고 생각하는 거예요?" 나는 벌떡 일어나 외투를 집어 들었다.

"어디로 가려고?" 아빠가 물었다. 레기나는 나를 보며 눈을 부라렸다. 물론 그녀의 그런 모습은 나만 볼 수 있었다. 이 사실을 이야기해도, 아빠는 내 말을 믿지 않을 것이 분명했다. 이미 한두 번 겪은 일이 아니었다.

"죄송해요. 이제 그만 가봐야겠어요. 제 유니콘이 주차금지구역에서 기다리고 있거든요." 나는 그렇게 말하며 작별의 의미로 식탁을 두드렸다. "저녁 맛있게 먹었어요. 이야기도 나눌 수 있어서 좋았고요. 고마워요. 다음에 또 올게요." 인사를 마친 뒤, 나는 뒤 한번 돌아보지 않고, 변두리의 작고 하얀 집에서 빠져 나왔다. 아빠는 황급히 나를 따라 나왔다. 그러나 내가 좀 더 빨랐다. 도망치고 피하는 것만큼은 그동안 충분히 훈련되어 있었으니까.

집 밖에는 아직 햇빛이 남아 있었다. 존경받는 아빠의 이웃이 나를 보고 인사했다. 나는 미소로 화답했다. 정말 화창한 날이었다. 노래 부르며 춤추고 싶었다. 그리고 어떤 한 인간을 달리는 트럭 앞으로 확 밀쳐버리고 싶었다.

부업은 잠꾸러기

어느 날 아침, 침대에서 빠져나오지 못할 때는 여러 이유가 있을 것이다. 흔한 이유로는 독감이나 몸살을 들 수 있다. 하지만 극도의 피로감으로 인한 우울증처럼 전혀 다른 이유도 있을 수 있다.

피곤함에 절어 나는 눈을 떴다. 씁쓸하니 온몸에 기운이 하나도 없었다. 일찍이 심장이 뛰던 내 가슴속에는 피맺힌 구멍이 하나 뻥 뚫려 있었다. 그곳에서는 먹먹한 통증이 뻗어 나오면서 나를 짓누르고 있었다.

한순간 나는 분노를 느꼈다. 그것은 자신에 대한 분노였다. 계속되는 좌절과 나의 부족함에 대한 분노. 나는 투덜대며 입을 찡그렸고, 마음 같아서는 한번 미쳐 날뛰고 싶었다. 손가락들이 움찔거렸다. 미쳐 어슬렁거리면 어떨까? 나는 기진맥진한 상태였다. 미쳐 잠을 자는 건? 그게 가장 좋은 생각 같았다.

사실은 일어나 청소라도 해야 했다. 정리정돈은 진정 삶의 절반이다. 잠깐! 그런데 내게 삶이라 할 만한 게 있었나? 아무래도 상관없었다. '오늘만 날인가? 내일도 있어.' 이것이 내 일상의 기본 원칙이었다. 그래서 나는 계속해서 누워 있었다.

침대에 누워 이리저리 몸을 뒤척이는 것조차 힘이 들었다. 갑자기 기즈모가 검은 얼굴을 내 코앞에 들이밀었다. "야옹!" 기즈모가 하소연하듯 울어댔다.

나는 눈을 깜빡이며 주방 쪽을 쳐다보았다. 텅 빈 고양이 밥그릇이 눈에 들어왔다. 내가 과연 저기까지 걸어갈 수 있을까? 그게 가능하다면 몇 미터 떨어진 화장실에서 가득 찬 오줌보도 비울 수 있을 텐데. 그러고 나면 좀 더 가뿐하게 계속 잠을 잘 수도 있을 것이다.

"야옹!" 기즈모가 더 큰 소리로 울어댔다. 나는 이불을 머리끝까지 뒤집어썼다. 그러자 기즈모는 더욱 큰 소리로 야옹대며 내 위를 돌아다녔다. 마침내 나는 내 몸뚱이의 실체를 느끼고 팔다리에 명령을 전달하는 데 성공했다.

기즈모가 앞장서서 냉장고 쪽으로 달려갔다. 나는 남자친구의 큼지막한 티셔츠로 몸을 가린 채, 기즈모 뒤를 비틀비틀 따라갔다. 잠깐! 이제는 전 남자친구라고 불러야 마땅했다.

나는 또다른 관계를 만드는 데 있어서 벽에 부딪혔다. 그건 아마도 삶에서 만나는 모든 새로운 강박상태에 지나칠 정도로 집중하는 나의 특성 때문일 것이다. 집요한 나의 특성 때문에 누군가는 어느새 부담을 느끼고, 결국 도망치게 마련이다. 친구 니나의 현명한 조언, '너무 자주 만나지 말라.'라는 말을 실행하기란 말만큼 쉽지 않았다. 그래도 술을 너무 많이 마시지 말라, 만나자마자 키스하지 말라, 먼저 전화하지 말라와 같은 다른 조언은 비슷하게나마 지킬 수 있었다.

"배고파 죽겠어요!" 기즈모가 길게 울어대며 내 맨다리에 몸을 비벼댔다. "당신은 아주 형편없는 고양이 엄마예요." 기즈모가 비난하듯 한마디 덧붙였다. 내가 고양이밥 통조림의 뚜껑을 여는 동안 기즈모는 더 이상 기다리지 못하고 내게로 기어오르려 했다. 나는 기즈모의 그런 행동을 묵묵히 견뎌냈다. 할퀸 상처가 뭐 그리 대수겠는가? 아픔이라면 이미 도가 텄다. 그 정도 통증 따위에는 꿈쩍도 하지 않는다.

"아침이야. 얼른 먹어. 네가 있어서 너무너무 좋다." 밥그릇에 갈색 사료를 부어 주며 나는 유일한 내 친구에게 말했다. 아주 잠깐 기즈모가 나를 쳐다보았다. 그는 꼭 이렇게 묻고 있는 것 같았다. '내게 달리 선택권이 있나요?'

나는 화장실로 어슬렁어슬렁 걸어가, 산더미처럼 쌓인 빨랫감 위를 넘어갔다. 그런 뒤 다시 침대 속으로 기어들었다.

다음 날 아침, 나는 성가시게 울려대는 초인종 소리에 잠이 깼다. 물론 벌떡 일어나서 누가 그토록 집요하게 나의 단잠을 방해하는지 살펴볼 수도 있었다. 하지만 그게 무슨 의미가 있겠는가? 우편배달부가 초인종을 누를 리는 없었다. 언제부턴가 나는 돈을 소비하기도 힘들 만큼 지쳐서 아무것도 주문하지 않았기 때문이다. 어쩌면 내게 나쁜 소식을 전하러 온 우편배달부일 수도 있었다. 그렇다면 까짓것 문을 열어 줘도 큰 문제는 없을 터였다. 그러나 엄마가 문 앞에 서 있다면, 나는 엄마에게 집안이 왜 이리 난장판인지 설명해야만 한다. 아빠도 마찬가지다. 결국 엄마 아빠에게 문을 열어 주는 것은 멍청하기 짝이 없는 생각이었다.

나는 초콜릿 아이스크림으로 더러워진 이불 아래로 더욱 움츠러들었고, 여기저기서 피어올랐다 이내 사라지고 마는 생각에 잠겨 있었다. 마침내 초인종은 울리기를 멈추었고, 나는 다시 죄책감에 사로잡혔다.

다른 사람들처럼 제 능력을 발휘하며 사는 게 가능할까? 만일 그렇지 않다면, 내가 이 세상에 살아 있다는 사실이 무슨 의미가 있겠는가? 어느 날 내가 홀연히 사라진다면, 그게 문제가 될까? 남아 있는 것들은 내가 알고 지낸 모든 이에게 충분히 문제가 되겠지? 어쨌건 그들은 장례식을 치러야 할 테고, 내가 남겨 놓은 모든 것을 신경 써야 할 것이다. 침대 위 내 옆에서 기즈모가 몸을 둥글게 말며 그르렁거렸다.

"내가 이 세상에 존재하지 않으면, 아마도 네가 가장 힘들겠구나." 나는 기즈모에게 속삭이며, 이불을 약간 들어올렸다. 기즈모가 입을 벌리고는, 소리 없이 야옹거렸다. 아마도 나를 위해 그러는 것이리라. 내가 지금 어떤 소음도 견디기 힘들어한다는 사실을 고양이 특유의 감각으로 눈치채고 있는 것 같았다.

"네가 너무 못생겼기 때문에 아무도 너를 데려가려 하지 않을 거야." 나는 슬픈 목소리로 그렇게 설명하며 덥수룩한 털을 쓰다듬어 주었다. 기즈모가 지루한 듯 하품을 했다.

사흘이 지났다. 나는 계속되는 자책과 양심의 가책 그리고 삶에 대한 두려움의 악순환에 여전히 사로잡혀 있었다. 그때 초인종이 울렸다. 숙고하기와 슬퍼하기를 방해받지 않기 위해 전화기는 이미 오래전부터 소리를 죽여 놓은 상태였다. 그래도 문 앞에서 들려오는 소란은 가만히 있기에 너무 시끄러웠다.

커다란 차가 좁은 샛길에 서 있고, 꽃무늬 커튼 너머로 푸르스름한 빛이 고동치듯 번쩍거리고 있었다. 한 무리의 사람들이 안마당 입구에서 분주히 돌아다니는 것 같은 소리도 들려왔다. 무슨 파티라도 열리나?

혹시라도 누가 찾아와 초대하면 파티에 참석할 수 있을지 신중히 생각해 보았다. 기즈모는 이미 창문턱에 올라앉아 밖을 내다보고 있었다. 기즈모 꼬리는 불안한 듯 연신 흔들거렸고, 그 모습은 마치 주도면밀하게 고안한 안무를 떠올리게 했다.

나는 호기심을 억누르고, 이어폰을 귀에 꽂았다. 고요! 드디어 다시 정적이 찾아왔다. 나는 고요를 열망했고, 고요를 향한 열망은 현재 내게 남은 유일한 열정이었다.

별안간 평온한 고요와 내 심장 고동 소리 너머로 쾅쾅 문 두드리는 소리가 들려왔다. 당장이라도 문이 경첩에서 떨어져 나갈 것 같았다. 나는 침대 위에 똑바로 앉아, 이불을 목까지 둘러 감았다. 철커덕, 문이 열리고 느닷없이 낯선 사람들이 내 집으로 들어왔다. 이런 말도 안 되는 일이!

멍청한 이어폰은 내 귓구멍에 착 달라붙었고, 내가 끄집어내자 마지못해 빠져 나왔다. 대체 무슨 일인지 알지 못한 나는 당황했고, 낯선 사람들이 경찰임을 인지하기까지는 시간이 걸렸다.

"빌헬미나 옌쉬 양?" 경찰 모자를 쓰고 볼품없는 초록색 제복을 입은 사람들 중 한 명이 세심하게 주위를 둘러본 뒤 내게 물었다.

"예, 그런데요?" 나는 멍하니 대답하며 나이가 지긋한 남자를 멀뚱멀뚱 쳐다보았다. 양말을 신지 않은 두 발이 침대 밖으로 삐져나와 불안하게 흔들거리고 있었다.

"경찰입니다. 이름은 바흐만이고요. 옌쉬 양의 부모님께서 당신에게 무슨 일이 일어난 건 아닌지 걱정하고 계십니다. 당신과 연락이 닿질 않아서요." 그가 내게 상황을 설명했다.

세상에! 엄마 아빠의 관심과 걱정이 지나치셨군.

"그렇군요, 어쨌거나 제 일로 이렇게 찾아오시게 해서 죄송합니다." 나는 당당하게 하지만 조금은 기어들어 가는 목소리로 말했다. 경찰관은 살짝 이마를 찌푸리고는, 펜을 꺼내 무언가를 메모했다.

"그럼 아무 일도 없습니까?" 그가 물었다.

나는 무릎을 꿇고 앉았다. 안마당 입구에 서 있던 자동차 한 대가 떠나갔다. 사람들이 말하는 목소리 말고, 디젤 자동차 엔진이 붕붕거리며 돌아가는 소리도 들렸다.

"그럼요, 아주 잘 지내고 있어요." 나는 둘러대며 애써 미소를 지었다. "그런데 문은 완전히 망가졌나요?" 나는 상냥한 목소리로 덧붙여 물으며 문 쪽을 슬쩍 쳐다보았다. 그쪽에서는 응급의사가 막 나를 향해 다가오고 있었다. 그가 든 가방과 나를 바라보는 특유의 눈빛을 보고 나는 그가 의사라는 사실을 알아차렸다.

"문은 열쇠 수리공이 열었습니다. 비상상황이었으니까요. 그리고 보조 잠금장치인 사슬은 우리가 절단했습니다." 경찰관이 차분히 설명했다.

응급의사가 자기 곁을 지나가자, 기즈모는 쉭쉭 소리를 내며 옷장 밑으로 기어들었다. 내 손은 여전히 부드러운 왁스 볼을 주무르고 있었다. 그 손으로 나는 아무 생각 없이 뒷머리를 매만졌다. 내 모습이 괜찮아 보였을까? 에이, 아무래도 상관없어.

"그런데 열쇠 수리비는 누가 지불하나요?" 내가 계속해서 물었다. 내게는 돈이 없고, 직업이 없으며, 전망도, 삶도 없었다.

"경찰 출동, 열쇠 수리공, 응급의사……." 말을 하던 바흐만 씨가 잠시 입을 다물었다. “이 부분은 주 정부에서 비용을 책임집니다. 다만 가택 진입으로 인한 훼손은 옌쉬 양이 직접 복구해야 할 것입니다.” 그는 말을 하며 내 눈을 쳐다보지 못했다.

의사가 간단히 자신을 소개하고, 내 팔에 혈압측정기를 둘렀지만 나는 거의 느끼지 못했다.

뭐라고? 진입 훼손?

“다른 사람들도 생각하세요. 책임질 줄 알아야지요.” 경찰관이 내게 말을 하다 어깨너머로 문 쪽을 돌아보았다. 그곳에 서 있는 사람들의 실루엣이 눈에 들어왔다. 경찰관이 하는 말은 비난이나 질책으로 들리지 않았다. 진지하게 받아들이기에 나는 너무 지쳐 있었다.

“빌헬미나!” 다급한 엄마 목소리가 들렸다. 엄마는 경찰관 한 명을 밀치면서 집 안으로 들어서고 있었다. 엄마의 창백한 얼굴을 보자마자, 나는 자신이 정말 가련하게 느껴졌다. 혈압이 순간적으로 급격히 떨어졌고, 의사는 그 사실을 서둘러 기록했다.

“너 때문에 얼마나 걱정했는지 몰라!” 엄마가 울먹이며 말했다.

제기랄. 또 시작이군. 가족에게 나라는 존재는 건강에 해를 끼치는 위험요소를 의미했다.

“이웃 사람들이 집에서 이상한 냄새가 난다고 했어.” 엄마는 그 말을 강조하기 위해 코를 잔뜩 찌푸렸다. “또, 지난 며칠 동안 너를 전혀 보지도 듣지도 못했다고 했고. 게다가 아무리 전화 해도 너는 받지 않고 말이다. 그래서 엄마 아빠는 혹시라도 최악의 상황이 벌어졌을까 봐 얼마나 무서웠는지 몰라."

내 시선이 방 한쪽 구석에 아무렇게나 나뒹굴고 있는 고양이밥 빈 깡통에 가 닿았다. 그게 악취의 원인이었는지도 모른다.

"저는 잘 지내고 있어요." 나는 엄마를 안심시켰다. "독감인지 몸살인지에 걸려서 그런 거예요."

잠시 후 둘만 남자, 엄마는 나를 나무랐다. 이것저것 꼬치꼬치 캐물으며 징글맞을 정도로 나를 들볶았다. 그 날 이후로 나는 날마다 엄마 아빠와 연락을 주고받아야 했다. 내 상태가 좋아진 만큼 부모님은 자유를 허락했다. 시간이 흐르면서 나는 내게 배우 자질이 있다는 사실을 깨달았다.

몇 주 후, 나는 나만의 달팽이집에서 살그머니 빠져나와 일반적인 사회생활에 동참하려고 애를 썼다. 그러다가 카챠라는 여자 친구와 심하게 다투게 되었다.

나와 카챠는 마지막 실습기간 동안 같은 반이었고, 몇 달 전부터 알고지내는 사이였다. 하지만 같이 실습한 적은 한 번도 없었다. 간단히 말해 카챠는 내가 어떤 문제를 일으켰고, 왜 그래야만 하는지 전혀 알지 못했다. 사실 솔직히 말해 나 자신도 그 이유는 알지 못했다.

카챠는 어쨌거나 당시 나의 상황을 거의 이해하지 못했고, 내게서 오랜 친구들을 떼어내려고 선동했다. 나는 상황이 좋지 않다는 걸 이미 어느 정도 눈치채고 있었다. 그렇지만 그런 사실을 입 밖으로 꺼내기는 쉽지 않았다. 적어도 그 날 저녁때까지는 그랬다. 카챠는 우리 패거리들을 자기 집으로 초대했다. 그중에는 우리가 얼마 전부터 만나던 남자아이들도 몇 명 있었다.

"왜 나를 대놓고 웃음거리로 만들어?" 접시 한 무더기를 들고 부엌으로 가는 카챠에게 내가 물었다. 거실에서는 내 여자 친구 세 명이 남자애들과 수다를 떨고 있었다. 그들은 나와 카챠 사이에 무슨 일이 벌어지고 있는지 알지 못했다.

"그게 무슨 소리야?" 카챠가 천진난만한 웃음을 지으며 되물었다. 카챠는 들고 온 접시들을 내게 건네주고는, 테이블 위에 접시를 내려놓을 자리를 마련했다.

"우스갯소리라고? 고층빌딩 옥상과 우울증 사이의 공통점이 뭐냐고? 내버려두면 안 되는 거라고?" 나는 찬찬히 설명하며 더러워진 접시들을 유리잔 사이에 조심스레 내려놓았다. "그 이야기를 다른 사람들에게는 하지 말라고 부탁했잖아. 그런데 이제는 모두 알게 되었어." 옆 공간에서 웃고 떠드는 소리가 크게 들려왔다. CD가 교체되면서 돌연 음악이 끊어지자 나는 잠시 당황했다.

"네 문제를 모두 알게 된 건 도리어 너 때문이야." 카챠가 침착하게 대답하며, 싱크대에 물을 틀었다. 내 생각은 부글부글 솟아나는 소음에 질식당했다.

카챠는 유리잔과 접시를 물에 담갔고, 나는 늘어나는 거품이 점점 커지다가 터지는 모습을 바라보고 있었다.

"그럼 내 진짜 모습을 알리기 위해 나를 초대했어?" 나는 덤덤한 목소리로 물었다.

"아니야, 그건 당연히 아니지." 카챠는 다급히 부인했다. 불현듯 나를 초대한 건 어쩌면 다른 여자아이의 계획일지 모른다는 생각이 들었다.

"있잖아 미나, 나는 네가 단지 주위 관심을 끌려고 이러는 게 아닌가 싶어." 그녀는 내 눈을 쳐다보지 않고 말했다. 나의 한쪽 눈이 신경질적으로 움찔했고, 나는 긴장해 눈을 깜빡거렸다. "미나, 우리 모두 슬플 때가 있어. 때로는 실패하기도 하고 말이야. 솔직히 말하면, 다른 사람들은 진짜 문제가 있어. 진짜 병이 있다고."

카챠 말에 내 몸은 깜짝 놀라 굳어졌다. "오! 미안해. 암이 아니라, 단지 우울증을 앓고 있어서." 나는 속삭이며, 양손을 들어 손가락 두 개를 까딱까딱하면서 허공에다 따옴표 표시를 만들어 보였다. 물론 20대 중반에 ADD라는 끔찍한 진단을 받을 줄 알았더라면, 나는 결코 그런 말을 하지 않았을 것이다. 하지만 그건 또 다른 이야기이다.

"이제 싸움닭처럼 굴지 좀 마." 카챠가 쏘아붙이고는, 씻은 유리잔을 일부러 소리 나게 싱크대 위에 올려놓았다. 나는 점점 무너지려 하는 내 내면의 보호막처럼 유리잔이 산산조각 날까 봐 더럭 겁이 났다.

"너는 못되게 행동해서 스스로 다른 사람들을 적으로 만들고 있어. 너의 불편한 기분은 다른 누군가의 기분을 끌어내리지. 그런데 신기하게도 놀러 가기라도 하면, 너는 갑자기 돌변해 모든 걸 다 쏟아붓고 늘어지는 거야." 그녀가 묘하게 한쪽 눈썹을 찡그렸다. 그녀의 초록빛 눈에는 공격적인 성향이 희미하게 드러났다. "순식간에 만취해버린 너를 우리가 응급실로 데려갈 때면, 그 일이 우리한테도 영향을 미친다는 걸 모르니?" 그녀가 불평을 늘어놓았다. "그건 진짜 아닌 것 같아."

나는 침만 꿀꺽 삼키고 유리잔을 닦기 위해 행주를 집어 들었다. 그녀의 삶에 그처럼 부정적인 영향을 끼친 내가 그나마 할 수 있는 일은 그게 다였다.

"너는 결코 엎어진 적이 없다고 말하지 마." 나는 말하면서 그렇게 해서라도 나를 변호해야 한다고 생각했다.

"알아. 절대로 안 그럴 거야. 나는 내 한계를 알고 있거든."

한계란 좋은 것이다. 그리고 나도 그런 한계를 그어야 했다. 하지만 안타깝게도 그럴 수가 없었다.

카챠가 말했다. "나는 네가 쾌활하고 똑똑하며 창의적인 아이라고 생각했어. 네게는 분명 목표가 있고, 힘이 넘쳐났거든. 그런 너를 보면 참 부러웠어."

그랬다. 나는 정말 그리되고 싶었다. 포토디자이너이자 그래픽디자이너로서 다시 속도를 내겠다는 계획은 내게 날개를 달아 주었다. 하지만 그와 같은 고기압이 저기압에 맞서 얼마나 오랫동안 유지되었나?

"그럼 이제 더는 아니야?" 나는 내 생각을 소리 내어 말했다.

카챠는 말이 없었다. 그래 맞아. 그녀라고 무슨 말을 할 수 있겠는가? 사실 나를 보면서 경탄할 만한 것은 더 이상 남아 있지 않았다. 나는 이를 악물고, 그릇들을 선반 위에 올려놓았다. 그러다가 문에 붙어 있는 얼룩 하나를 발견했고, 그 얼룩이 사라질 때까지 손으로 잡아 뜯었다.

"친구로서 너를 위해 말하는 거야. 제발 그렇게 가련한 척 굴지 좀 마." 카챠는 그 말을 남기고 부엌에서 나가버렸다. 나는 깨지기 쉬운 유리잔들과 함께 부엌에 혼자 남았다.

나는 남자 친구들 쪽을 한참 바라보았다. 그들은 웃고 시시덕거리며 살아 있었다. 나는 그곳으로 가서 그들 옆에 앉았다. 하지만 이제껏 살아오면서 그때처럼 외롭다고 느낀 적은 없었다. 웃음소리와 오고 가는 대화 그리고 음악은 하나의 뭉툭한 덩어리로 녹아들었고, 나는 거기에 빠져 허우적거렸다.

헤어지면서, 나는 가장 친한 친구 니나를 오래도록 껴안았다. 니나가 내 팔을 쓰다듬어 줄 때 그녀 향기를 들이마시고, 그녀의 섬세한 손가락 선을 뇌리에 각인시켰다. 그녀 품에서 벗어나 재킷 단추를 채우면서 그녀의 아름다운 얼굴과 투명하리만큼 파란 눈을 유심히 들여다보았다. 그녀 눈은 한편으로 나를 염려하면서 다른 한편으로는 나를 사랑스럽게 훑어보고 있었다. 옷을 입는 동안, 니나가 내게 한 말은 전혀 기억나지 않는다. 기억하기에 나는 생각이 너무 많았다.

그 날, 나는 처음으로 진지하게 자살을 생각했다.

집에 돌아오자마자 나는 결단을 내렸다. 이제는 안녕이라고 말하며 작별할 시간이다. 젊어서 죽는 것, 이 얼마나 아름다운가! 나는 거의 20년을 살았고, 멋진 마무리를 해야 할 시간이 서서히 다가오고 있다. 이는 훌륭한 선택이고, 내가 사랑하는 사람들의 삶에 질서를 가져다 줄 것이다.

나는 집안을 한번 훑어본 다음 정리를 시작했다. 어쨌든 나는 혼돈의 왕국을 남겨 놓은 채 떠나고 싶지 않았다. 나에 관해서는 오로지 아름다운 인상만을 남기고 싶었다. 나는 심지어 고양이 토사물로 얼룩진 욕실의 작은 양탄자도 세탁기에 넣어 돌렸다. 기즈모가 그런 나를 의심스런 눈으로 지켜보았다.

"이리 와!" 나는 기즈모를 내 곁으로 불러, 사료가 가득 채워진 밥그릇을 보여 주었다. "사람들이 나의 빈자리를 바로 알아채지 못할 경우를 대비해서 준비했어. 네가 굶어 죽는 것은 원치 않거든." 만일을 대비해 나는 주둥이가 열린 사료 봉지를 한쪽 구석에 세워 놓았다. "고대 이집트에서는 사제들이 저세상으로 떠나는 파라오에게 그가 키우던 동물들을 길동무 삼으라고 같이 묻어 주었대. 그래도 나는…….”

“그런 생각일랑 얼른 그만두세요.” 기즈모가 대꾸하고는 밥을 먹어치우기 시작했다.

“그러지 말고 한번 더 신중히 생각해 봐! 나는 모험적인 이번 여행에 기꺼이 너를 데려갈 수 있어.” 나는 다시 제안하며 기즈모 머리를 쓰다듬었다. 기즈모가 그르렁댔다. 식사시간에 방해받는 것을 달가워하지 않는 눈치였다. 아니면, 자기 입장을 분명하게 밝힌 것일까? 그건 아무도 모를 일이었다.

“내가 너라면, 나중에 먹을 밥도 적당히 남겨둘 거야.” 나는 게걸스레 먹어대는 고양이에게 충고 한마디를 던졌다. 그리고 벌써 몇 년째 먹지 않은 수면제를 꺼냈다. 아울러 좁은 찬장의 맨 위 선반에서 진통제도 꺼냈다.

동맥을 긋는 것은 너무 과한 일이었다. 집안은 온통 난장판이 될 것이고, 남들에게 그런 뒷정리를 시키는 것은 바람직하지 않았다. 목을 매는 것은 그보다도 더 끔찍할 터였다. 멋진 방법이 생각났다. 미쳐 잠을 자다. 나는 낄낄대며 웃었다. 그리고 그 웃음은 이내 기묘한 흐느낌으로 바뀌었다.

나는 꺼낸 약들을 공이로 으깨, 커다란 유리컵에 넣었다. 그리고 포도주를 유리컵에 따랐다. ‘가련하게’ 그 말이 계속해서 머릿속을 맴돌았다. 나는 가련했다. 나의 차가운 두 손이 유리컵을 코앞에서 돌려댔다. 나는 조금 더 단정한 옷을 차려입기 위해 들고 있던 유리컵을 작은 테이블 위에 내려놓았다.

"사람들이 나를 발견했을 때, 그래도 보기 좋은 모습이고 싶어. '지저분한 티셔츠며 헝클어진 머리하고, 역시 미나답군.' 사람들이 그렇게 말하는 소리를 듣고 싶지 않아." 나는 고양이에게 설명했다. 기즈모는 오드득오드득 밥을 먹어치우고 있었다.

얼마 뒤 나는 씻고 화장을 한 다음, 수수한 여름 원피스를 입고 소파에 앉았다. 양말을 신지 않은 두 발은 타일 바닥 위에서 얼음처럼 차가워져 있었다.

세탁기는 탈수 코스로 넘어가고 이제 곧 세탁이 끝날 것이다. 양탄자를 욕실에 널어놓아야 한다. 그렇지 않으면 양탄자가 세탁기 안에서 시큼한 냄새를 풍길지도 모르니까. 나는 주위를 어정쩡하게 둘러보며 생각했다. 에이, 아무렴 어때? 상관없어! 사람들은 오히려 냄새 때문에 좀 더 빨리 나를 발견할 수도 있어. 고양이한테도 그게 더 나을지 모르고.

나는 유리컵을 들어 입술에 갖다 댔다. 갑자기 가엾은 울음소리가 정적 속을 가르고 지나갔다. 기즈모가 야옹! 하고 울며 텅 빈 물그릇을 바라보았다.

"이런! 내가 미처 그 생각을 못했구나!" 나는 기즈모에게 사과하고, 치명적인 칵테일이 든 유리컵을 다시 내려놓았다. 내심으로는 욕이 나왔다. 이제는 끝을 내고 싶었기 때문이다. 집 안은 그 어느 때보다 상태가 좋아 보였다. 그리고 나는 준비가 되어 있었다. 이보다 더 준비되어 있을 수는 없었다.

나는 물그릇을 덥석 집어 들어서 수도꼭지 아래에 갖다 대었다. 그리고 찰랑거릴 만큼 가득 물을 받았다.

“이제 물 먹으렴.” 나는 다정하게 말을 건네다 뒤로 주춤 물러섰다. 두 발이 갑자기 축축해졌기 때문이다, “이런! 물을 너무 많이 받았나?” 놀라 물그릇을 바라보던 나는 그제야 세탁기에서 물이 흘러나오는 것을 깨달았다. 그것도 엄청 많은 물이.

“세상에! 기껏 정리도 하고 청소도 말끔히 해 놨는데.” 꽉 다문 입술 사이로 나도 모르게 투덜거리는 소리가 새어 나왔다. 나는 당황해 어쩔 줄 모른 채, 집안을 가로질러 흘러가는 물줄기를 바라보았다. 세탁기에서 흘러나오는 물을 망연자실하게 바라보던 나는 두 뺨 위로 줄줄 흘러내리는 눈물이 느껴졌다.

그때 이웃집 남자가 초인종을 눌렀다. 그의 두 발 또한 나처럼 젖어 있었다. 나는 아무 말 못하고, 그의 목을 부둥켜안은 채 엉엉 울었다.

그렇게 해서 잠시나마 자살하겠다는 생각을 잊을 수 있었던 것은 진정 커다란 행운이었다. 다음 날 아침이 될 때까지 나는 나의 계획을 까맣게 잊었고, 떠오르는 아침 해를 바라보자 세상은 완전히 달라 보였기 때문이다.

나의 진정한 친구들은 나를 포기하지 않았고, 나를 다시 삶 속으로 데려가기 위해 새로운 시도를 시작했다. 이상하게도 나는 카챠를 내 친구 리스트에서 지워버리지 않았다. 그녀가 나를 혐오하는 것을 충분히 이해할 수 있었기 때문이다. 나조차 나를 좋아하지 않았으니까.

자신의 길은 그 길을 걸어갈 때 비로소 생겨난다는 사실을 나는 까맣게 잊고 있었다. 그래서 잔뜩 겁을 집어먹은 채, 태닝샵이라는 현재 위치만을 고집하고 있었다.

"미나! 오늘 저녁에 놀러 가기로 한 거 알고 있지?" 8시쯤 니나가 태닝샵으로 찾아와 내게 물었다. 나는 태닝 의자에 묻은 땀을 닦아내면서 파티라는 말이 불러온 기쁨과 혼란을 드러내지 않으려 애썼다.

"어디로 가는데?" 나는 주저하며 물었다.

"모던 클럽." 니나가 내 뒤로 와서 어깨에 손을 올리더니 벽에 달린 화려한 거울 쪽으로 나를 돌려 세웠다. "사람들이 이 예쁜 아가씨를 만나고 싶어 한대요." 니나가 내 머리카락을 목 뒤에서 묶어 들어 보이며 말했다. 나는 거울 속을 들여다보았다. 그렇지만 나 자신 대신, 핀란드 출신의 아름다운 니나를 바라보았다. 활짝 웃고 있는 그녀는 갸름한 얼굴, 완벽한 몸매 그리고 긴 금발 머리로 모든 남자의 이상형이었다.

"정말?" 나는 물으며, 창백한 내 얼굴이 눈에 들어오는 것을 피했다.

"당연하지!" 니나가 대답했다. 니나는 내가 거울 속의 나에게서 도망치는 것을 허락하지 않았다.

"네 모습을 잘 봐." 그녀가 내게 요구했다. "그리고 이제 그 녀석을 지워 버려."

그녀가 누구를 말하는지 나는 알고 있었다. 다미르와의 헤어짐 이후 나의 자의식은 보잘것없이 쪼그라들어 있었다. 이별의 아픔은 여전히 내 안에서 이글거리고 있었고, 나를 비참하게 서서히 태우고 있었다.

"미나, 우리는 아직 출발선에 서 있어. 우리는 좌절할 수도 있고, 다시 일어설 수도 있어." 그녀가 내 곁에 서서 내 허리에 손을 올려놓았다. "미나, 너는 정말 멋져! 그 사실을 세상에 알리자." 니나는 아주 진지하게 말했고, 나는 그 말에 힘을 얻었다.

지나치게 야윈 내 몸 전체로 따뜻한 온기가 퍼졌다. 나는 용기를 내어 나를 보았다. 목덜미를 지나 가녀린 어깨 위로 흘러내린 갈색 머리와 가느다란 허리를 유심히 바라보았다. 나의 파란 눈은 무언가를 묻는 듯했다. 내 손은 구겨진 수건을 쥐고 있었다.

나는 문득 몸이 깃털처럼 가벼워지면서 중력이 사라지는 것을 느꼈다. 하지만 그건 절대 좋은 느낌이 아니었다. 금방이라도 몸이 두둥실 떠올라 행복해지려는 노력에서 멀어질까 봐 나는 두려웠다.

"샴페인 어디 있지?" 니나가 물으며 테이블 위에 걸터앉았다. 그녀의 긴 손톱은 테이블 위를 두드려대고 있었다.

나는 하나 남은 프로세코 샴페인의 마개를 땄고, 니나와 여자 손님 두 명과 모두 다 마셔 버렸다.

몇 시간 후, 우리는 기분 좋게 취해서 모던 클럽으로 들어섰다. 나는 한껏 기분이 달아올랐고, 전 남자친구 다미르의 친구인 다니엘과 우연히 마주쳤다. 그는 다미르가 새로 사귀는 여자의 집으로 들어갔다고 말해 주었다.

참 빠르기도 하군.

다니엘은 내게 관심을 보였다. 나는 진탕 술을 퍼마시고 싶은 기분이었다. 다니엘은 내 기분 따위에 그다지 신경 쓰지 않는 눈치였다. 아니면 내가 감쪽같이 나의 상태를 감추고 있었기 때문인지도 모르겠다.

폭풍우 치는 바다에서 나의 길잡이 등대 노릇을 하는 니나는 어느새 누군가와 시시덕거리고 있었다. 그래서 나도 그녀를 따라했다. 정확히 말해서 나는 다니엘의 접근시도를 받아들였다.

"술에 취한 네 모습은 너무 귀여워." 다니엘이 말하며 손으로 내 엉덩이를 만졌다. 그의 행동이 내게 불쾌한 일인지 얼른 판단이 서질 않았다. 물론 어느 정도는 나를 존중하지 않는 행동으로 느껴졌다.

"내가 취하니까 너도 귀여워 보여." 나는 바보처럼 키득거리며 말했다. 그가 나를 자기 쪽으로 끌어당겼고, 댄스플로어에서 내게 키스했다. 내 뇌가 보내는 공공연한 저항을 나는 즉각 차단했다. 나는 굶주려 있었다. 사랑에 굶주렸고, 따뜻하고 친밀한 관계에 굶주려 있었다.

"다미르가 왜 너에게 그토록 빠졌는지 알겠다." 다니엘이 내 귀에다 속삭였다. 나는 다니엘의 품에 안겼다.

다미르? 그는 나를 버린 걸 후회하게 될 거야. 그래도 나는 그를 다시는 받아주지 않아. 그가 제아무리 멋진 놈이라도 말이야.

그 순간, 나는 무엇이든 될 수 있을 것 같은 느낌이 들었다. 나는 욕망에 사로잡혔고, 정신 나간 몇 시간 동안 스스로를 조금도 상처받지 않는 불사신이라고 생각했다.

다니엘이 도움이 안 된다는 것은 알고 있었다. 내게 진심이 아니라는 것도 알고 있었다. 그 순간 그보다 내가 더 그를 원하고 있다는 사실이 분명하게 느껴졌다. 그래서 나는 차를 타고 그의 집으로 갔다.

그와의 하룻밤 사랑을 나눈 뒤, 충격을 받은 나는 맨정신으로 낯선 침대에 누워 있었다. 우울한 블라인드 사이로 비치는 창백한 달빛이 벽에 그림자를 드리우고 있었다. 그림자들은 안마당을 지옥으로 그리고 있었다. 다니엘은 나를 안아주지 않았다. 그는 내게 어땠는지, 빈말로도 묻지 않고 잠이 들어 버렸다.

어느 순간, 나는 침대에서 일어나 싸늘한 다니엘의 집을 나섰다. 그날 밤 어떻게 집으로 돌아왔는지 지금도 전혀 기억나지 않는다. 아마도 걸어서였던 것 같다. 그의 집은 내 집에서 그리 멀지 않았으니까.

그 일이 있은 후, 내 기억 속에 지워지지 않는 첫 번째 인상은 허공을 가르는 칼날의 속삭임이었다. 내 자신이 무감각하고 생기 없으며 망가진 것처럼 느껴졌다. 침대 맡 스탠드의 희미한 빛에 의지해, 나는 이미 내 팔에 새겨진 지나간 날들의 수많은 상처를 바라보았다. 상처들은 두 팔의 피부 아래 깊은 곳까지 파고 들었고, 주변의 피부와 확연히 구분되는 밝은 색이었다. 상처들은 자기 혐오를 담아내는 가느다란 선들로 이루어진 기괴한 예술작품처럼 보였다.

수없이 여러 차례, 나는 내 팔을 그어 상처를 냈다. 헤아릴 수 없이 많은 외로운 밤, 머릿속이 안개 낀 듯 뿌예지면, 나는 고통으로 이루어진 붉은 선들에서 무엇인가 찾아내려고 애를 썼다. 아마도 그 선들은 지금보다 훨씬 더 선명하게 빛났고, 훨씬 더 깊은 고통을 선사했을 것이다.

팔에 칼날을 갖다 대던 순간, 라디오에서는 영국 록그룹 스컹크 아난시의 노래 〈흐느끼다〉가 흘러나오고 있었다. 고통과 더불어 나는 내가 있는 곳과 내가 아직 살아 있음을 느낄 수 있었다.

칼날은 살 속으로 파고들면서 선홍색 피를 남기고, 그 피는 흐르기를 거부했다. 그러지 좀 마. 지긋지긋한 내 목소리가 나 자신에게 말을 거는 게 들렸다. 그러나 곧바로 나는 좀 더 힘껏 칼날을 눌렀다.

뇌 네가 잘 할 수 있는 뭔가를 곧 찾아내게 될 거야.

나 절대 그럴 일은 없어.

뇌 아니야, 적어도 창녀는 될 수 있잖아. 모두가 너랑 자고 싶어 하거든.

나는 칼을 내려놓았다. 핏줄기가 팔뚝을 타고 흘러 침대보 위로 뚝뚝 떨어지는 모습을 바라보았다. 나는 상처를 느끼지 못했다. 나의 몸뚱이는 죽었다. 죽어서 썩고 있었다. 혀에서 썩어가는 맛이 느껴지는 것 같았다.

뇌 그래, 네가 하는 일이 정말로 재미없을지도 모르겠다. 그런데 누군들 재미있어서 일을 하겠어? 창고관리인이라고 신이 나서 창고를 관리하겠느냐고?

나는 다시 칼을 들었다. 칼날에 빛이 반사되었다. 분노를 느끼며 칼날을 동맥에 갖다 대기 전, 그 빛에 잠시 눈이 부셨다.

노래는 클라이맥스에 다다랐다. 눈물이 앞을 가렸고, 나는 깜짝 놀라 숨을 들이마셨다.

새벽 4시 44분, 피가 콸콸 솟구치고 있었다. 슬픈 심장이 고동칠 때마다 내 옷과 내 살과 내 삶은 시뻘겋게 물들어가고 있었다. 4시 44분, 나는 넋이 나간 채 일어섰다. 4시 44분, 죽고 싶지 않았다. 오래된 동전 냄새가 코를 찌르며 나를 휘감았고, 비틀거리며 문 쪽으로 다가가는 내 앞을 시커멓게 만들었다. 내 손가락은 걸쇠를 벗겼고, 나는 옆집으로 향하다 현관 앞에서 쓰러졌다. 살려달라고 내가 소리 지르고 있다는 생각이 들었다. 잠시 후, 내 주위는 온통 암흑 속에 파묻혔다.

모두 다
나 때문인 것 같아

해는 이미 저물었고 나는 지구가 갑자기 자전을 멈추면 어떤 일이 일어날지 진지하게 고민하고 있었다. 회전으로 인해 유지되는 자기장이 심각한 문제에 직면할까? 중력이 커지고 하루가 갑자기 1년만큼 길어질까? 아니면 우주방사선에 의해 금세 지구가 연소될까? 태양은 그 모습을 지켜보며 무슨 생각을 할까? 태양은 지구에 어떤 일이 일어나든 아마도 냉정함을 잃지 않을 거야. 그렇다면 달은? 달도 변함없이 바다에 영향을 미칠까? 아니면 대양이 대륙을 덮어버리게 될까? 더 이상 원심력이 존재하지 않는다면, 우리를 둘러싼 대기가 우리를 우그러뜨릴까? 그때의 느낌은 늘 내 가슴을 짓누르는 불쾌한 압박감과 비슷할까?

창밖에 내리는 눈이 창문턱에 소리 없이 쌓이고 있었다. 사회교육 실무사가 들어와, 수준 높은 사색의 세계에서 나를 끄집어

냈다. 그녀가 방에서 나오라고 말했다. 옆방에서 들려오는 소녀의 비명이 내 가슴속으로 파고들었다. 나는 더럭 겁이 났다. 다시는 병원 밖으로 나가지 못할지도 모른다는 두려움이었다. 자물쇠가 채워져 있는 문이며 창문들, 약물에 취해 텅 빈 눈빛으로 나를 바라보는 젊은이들이 가득한 커다란 건물. 여기는 내가 있을 곳이 아니었다. 여기서 이렇게 퇴화하기보다는 차라리 유성과 충돌해 죽는 게 나았다.

긴장한 채, 나는 실무사를 따라 복도를 걸어갔다. 이윽고 나는 신경정신과 담당 의사의 진료실로 들어서서 책상 앞 묵직한 의자에 앉았다. 내 시선은 전문서적들이 꽂힌 책꽂이를 지나, 만다라가 붙어 있는 메모판에 머물렀다. 나는 서로 얽히고설킨 선과 색을 유심히 바라보았다. 나를 이곳에 강제로 입원시킨 의사가 가까이 다가왔다. 나는 돌아보지 않았다. 나는 그가 정말 싫었다.

"빌헬미나, 오늘은 기분이 어때?" 의사가 물으면서 내 맞은편에 앉았다. 그는 키가 크고, 몸은 호리호리했다. 목소리는 힘이 있으면서도 부드러웠다.

"집에 가고 싶어요." 나는 짐짓 상냥한 목소리로 대답했다. 나는 꼼짝없이 적의 손아귀에 있다는 생각이 들었다. 속수무책으로.

"그건 그리 간단한 문제가 아니야. 그렇지 않아?" 그가 물으며, 내 옆자리로 옮겨 앉았다.

"그렇지만, 의사 선생님께서 사인만 하시면 되잖아요." 나는 대답하면서 의자에 등을 기대고 앉았다. 그에게서 벗어나려는 시도였다.

그가 미소지었다. 아주 살짝. 분명 그의 눈은 웃고 있었다.

"네가 여기 왜 왔는지는 알고 있지?" 그가 상황을 확인시키며 내 손목에 감긴 붕대를 바라보았다. 오른쪽 손목의 상처는 여섯 바늘을 꿰매야 했다.

"선생님은 제가 죽으려고 했다고 생각하세요?" 나는 대답하면서 숨을 깊이 들이마셨다. 그건 절대 사실이 아니었다. "이미 여러 번 강조했지만, 저는 그럴 생각이 조금도 없었어요. 자살 따위에는 관심도 없다고요." 연구대상을 살피듯 나를 보는 그에게 나는 내 생각을 또 한 번 밝혔다. 그는 나를 알지 못한다. 다른 사람들과 마찬가지로 나를 제대로 보지 못하고 있다. 그는 단지 나의 껍데기와 여기저기서 반짝거리는 나의 단편들만 보고 있을 뿐이다.

"빌헬미나, 그러면 왜 다친 건데?" 그가 내게 다시 물었다. 나는 익숙한 무감각이 내 몸 안에서 퍼져나가는 것을 느꼈다.

문 앞에서 시끄러운 소리가 들려왔다. 여자아이 두 명이 싸우고, 실무사 한 사람이 그들을 말리고 있었다. 밖에서는 제트기 한 대가 음속을 돌파하면서 내는 굉음이 들렸고, 나는 날아가는 것에 대해 생각했다.

예전에 엄마 아빠는 나와 남동생을 데리고 크로아티아로 휴가를 떠나곤 했다. 휴가 중에 나를 잃어버린 적이 한 번 있었다. 여섯 살짜리 여자아이가 모든 것이 다 똑같아 보이는 바닷가 모래사장에서 부모를 찾고 있다고 상상해 보라. 엄마 아빠가 애당초 나를 찾으려고나 했는지 나는 지금도 가끔 의심이 든다. 두 사람은 남동생 때문에 정신이 나가 있었고, 아마도 내가 없어졌다는 사실조차 눈치채지 못했을 것이다.

나를 잃어버리기 전날에는 남동생이 물에 빠져 죽을 뻔한 일이 벌어졌다. 남동생은 수영용 부낭도 없이 다짜고짜 호텔 수영장으로 뛰어들었고, 이내 돌덩이처럼 가라앉았다. 다행히 남동생의 기저귀가 부력을 발휘했고, 부글부글 끓어오르는 공기방울과 함께 남동생을 물 위로 밀어 올렸다. 엄마는 침착하게 동생 머리끄덩이를 잡아당겨 물 밖으로 건져냈다. 물을 토해내고 숨이 넘어갈 듯 기침을 해대면서도 당장 다시 물속으로 뛰어들고 싶어 하던 헨리 모습이 지금도 눈에 선하다. 마치 아무 일도 없었다는 듯, 헨리는 그랬다. 그런데도 나보고 제정신이 아니라고?

나는 그 기억에서 어렵사리 풀려났다. 나는 애써 집중하며 의사 눈을 똑바로 쳐다보았다.

"이야기를 나눠본 결과, 네가 경계성 성격장애를 앓고 있다는 판단이 드는구나." 그가 이해할 수 없는 말을 뱉어냈다.

그렇군. 이제는 드디어 경계성 성격장애라는 말까지 나오는군.

지구가 급브레이크를 밟으면서 완전히 멈춰 서는 것 같았다.

"뭐라고요?" 나는 조용히 숨을 몰아쉬며, 그와 비슷한 말을 일찍이 들어본 적이 있는지 기억을 더듬었다. 그리고 다른 사람들 역시 이제 곧 세상의 종말을 느끼게 될지 곰곰이 생각했다.

의사가 말을 이었다. "이런 경우에는 보통 성격장애가 문제가 돼. 자아상과 대인관계 그리고 정서가 불안정하고 충동적인 성격을 보이는 것이 특징이지."

"아하!" 나는 속삭이며 두 손을 주물렀다. 여기서 나가고 싶어. 제발 나를 내보내 줘! 다시 한번 하늘을 보고 싶다고! 하늘이 머리 위로 무너져 내리기 전에 말이야! 나의 상념들은 뇌 속에서 미쳐 날뛰었고, 모두가 똑같은 비명을 질러댔다.

"제발 저를 집에 가게 해 주세요. 제게는 친숙한 환경이 필요해요." 나는 나의 간절한 바람을 하소연했다.

"빌헬미나, 내 말 잘 들어. 경계성 성격장애를 앓는 사람들은 스스로를 극심한 정서적 동요로 인한 희생자라고 생각해. 그와 같은 생각은 극도의 정신적인 스트레스를 유발하게 되고, 많은 환자들은 스트레스를 보상받기 위해 자기 파괴적인 행동을 벌이곤 하지. 무엇보다도 일단 스트레스 국면에 들어서면 많은 이들이 거의 통증을 느끼지 못해. 그런 경우 특히 심각한 자해행위를 일으킬 수 있지. 경계성 성격장애를 앓는 사람들은 내적으로 분열되어 있다고 느끼고, 결함이 있거나 건강하지 못한 자아상이 자신이라고 인지하곤 한단다." 내가 나의 삶을 차례차례 머릿속에 떠올리는 동안, 그는 아주 차분하게 설명해 주었다. "내가 말한 것들이 왠지 익숙하게 느껴지지 않니? 혼자 있을 때면 두려움에 사로잡힌다고 말했지?" 그가 확인하듯 물었다. "여기서 너는 결코 혼자가 아니야."

"혼자가 무서운 게 아니라, 버림받을까 봐 두려운 거예요." 나는 의사 말을 힘주어 정정하며 의자에 앉은 채 몸을 뒤척였다. 얼핏 의사가 입은 셔츠의 맨 윗단추가 다른 단추들과는 다른 실로 꿰매져 있는 게 눈에 들어왔다. 검은색이 아니라 보라색 실이었다. 나는 매료되어 그 단추를 응시했다.

"빌헬미나, 도움이 필요하다는 건 너도 분명하게 느끼고 있지?" 나는 그가 그 단추를 직접 달았을까 하는 궁금증에서 벗어나, 그가 방금 말한 것을 의식하는 데 성공했다. 도움이라고? 삶 앞에서 그리고 나 자신과 이 장소에서 느끼는 나의 공포가 춤추기 시작했다. 나는 이 작은 공간 안에서 공포가 빙글빙글 돌며 미친 듯이 웃어대는 것을 볼 수 있었다.

"그래서 어떡하실 작정인데요?" 나는 알고 싶었다. 내 안의 시간이 흘러가는 것이 느껴졌다. 미치광이에게 입히는 구속복과 가지각색의 알약들이 불현듯 내 눈앞에 떠올랐다.

굿바이, 아름다운 세상아! 반갑다, 정신병원아!

"진단에 따라 치료해야지." 의사가 대답하고는 앞에 놓인 종이에 뭔가를 적었다.

"아니에요. 정말 아니에요. 선생님은 엄청 잘못 생각하고 계세요.” 나는 화가 나 씩씩댔다.

“빌헬미나, 왜 그렇게 화를 내니?” 그가 물었다.

“왜 화가 났냐고요? 정말로 몰라서 물으시는 거예요? 선생님이 지금 저를 제정신이 아닌 사람으로 몰아가고 있잖아요.” 나는 침착하게 말하려고 애를 썼다. 그러면서도 그가 한 말을 곱씹었다. 어쩌면 그가 맞는 걸까?

“네 심정은 충분히 이해한다. 그런 진단을 받으면 당연히 두렵고 화도 나겠지.” 그가 헛기침했다. “그렇지만 잘 생각해 보렴. 이제 원인을 찾아냈으니, 해결책도 찾을 수 있을 거야.”

“선생님은 정말 낙관적이시군요.” 눈물이 나오려는 걸 억지로 참으며 내가 말했다.

“그래, 맞아. 너도 긍정적으로 앞을 내다봐야 해.” 그가 내 쪽으로 몸을 수그리며, 마치 할아버지가 손녀에게 말하듯 자기 생각을 밝혔다.

나는 의사의 발끝을 내려다보며, 마음을 진정시키려고 애를 썼다. 낙관적인, 낙관주의, 낙관하다, 낙숫물……. 온갖 단어들이 내 머릿속을 맴돌았다.

“낙관주의를 거꾸로 말하면 의주관낙이라는 걸 아세요?” 나는 혼잣말하듯 무의미한 말을 중얼거렸다. 그는 힘없이 무릎 위에 놓인 내 손을 잡아 격려하듯 토닥여 주었다.

“우리가 너를 도울 수 있을 거야.” 그가 부드러운 목소리로 말했다. 나는 긴장이 풀리는 걸 느꼈다.

그래, 좋아. 유리컵에는 아직 물이 반이나 남아 있었다.

그렇다! 나는 공식적으로 이제 온전한 정신의 소유자가 아니었다. 나는 그로 인한 피해를 최소한으로 줄여 보려고 시도했고, 청소년 심리상담 전문의를 찾아가 약을 받아 오기도 했다. 나는 직업과 관련해 길을 잘못 들었고, 나의 삶은 마치 미친년 널뛰듯 보였다. 그런 과정에서 자신감은 훼손되고 파열되어 각각의 조각들로 흩어졌다. 나는 그 조각들을 도무지 다시 짜 맞출 수 없었다.

몇 주 후, 나는 태닝샵에서 다시 일을 시작하려 했다. 그러나 그 일은 생각처럼 쉽지 않았다. 아빠의 동업자인 여사장 브리타가 강력하게 반대하고 나섰기 때문이다. 그녀는 나를 더는 신뢰할 수 없으며, 내가 그 일에 적합하지 않다고 생각했다.

그 이유가 내가 자살을 시도했기 때문인지 나는 한동안 고민했다. 나에게 그 사건은 사실 별것도 아닌 일이었기 때문이다. 아빠는 심각한 출혈로 인해 한동안 근무를 하지 못한 점에 대해 내가 형식적이라도 브리타에게 사과해야 한다고 주장했다.

나는 사과를 하기 위해 브리타를 만났다. "그래, 요즘은 어떻게 지내니?" 브리타가 내게 물었다. 그녀는 40대 중반에, 검은 머리, 검푸른 눈동자였다. 그녀가 나를 검사하듯 훑어보았다. 그녀의 질문은 내가 가장 꺼리는 것이었다.

“다시 잘 지내고 있어요.” 나는 그녀 시선을 애써 피하며 불편한 심기를 감춘 채 대답했다. 규모가 작은 간이식당 안은 서서히, 하지만 눈에 띄게 자리가 채워지고 있었다.

“우리가 회사 이미지에 매우 신경 쓴다는 점을 네가 이해해 줬으면 좋겠구나.” 나는 브리타가 하는 말을 들으며, 시끄러운 주변 소음을 차단하려고 애썼다.

“회사 이미지요?” 내가 되물었다. 그녀는 태닝샵이 무슨 세계적인 기업이나 되는 것처럼 말하고 있었다. 나는 마른 침을 삼키고는, 손에 든 콜라 잔을 빙글빙글 돌렸다. 우리 옆자리에서는 누군가가 주문을 하고 있었다. 바게트 수제트와 와인. 정확히는 피노 그리지오.

“내 말 듣고 있니?” 브리타가 내게 물으며 고개를 갸우뚱했다. 그 모습이 마치 답답하다는 표현처럼 느껴졌다.

“저도 훌륭한 직원이에요. 더는 훌륭할 수 없을 정도로요.”

그녀 시선이 아직 채 아물지 않은 상처를 가리고 있는 내 옷소매에 머물렀다. 이제 막 실밥을 뽑은 상태였다. 나는 죽는 날까지 이 상처가 나에 관해 무엇을 알려줄지 스스로 묻곤 했다. 바로 얼마 전에도 지하철에서 마주친 전혀 모르는 사람이 이 상처를 가리키며 말했다. “정말로 죽고 싶다면 가로지를 게 아니라, 동맥을 따라 세로로 길게 갈라야 해요. 절단된 동맥을 봉합하기가 훨씬 어렵거든요.” 친절하기도 해라.

"외모만 예쁘다고 다가 아니야." 브리타가 하는 말이 귓전을 파고들었다. 나는 그녀의 얇은 입술만 주시하고 있었다.

"저도 잘 알고 있어요."

"내 생각엔 그렇지 않은 것 같은데."

"제가 겪은 사고에 대해 사과해야 하나요?" 내가 공손하게 물었다. 내 목소리는 아주 살짝 떨리고 있었다. 원래대로라면 지금쯤 부족해진 지구자기장 때문에 새들이 하늘에서 떨어져야 했다. 그런데 빌어먹을 태양폭풍은 대체 어디 있는 걸까?

"네가 회사를 위해 최선을 다한다고 믿게 해 줘. 네 아버지가 회사 지분을 갖고 있다고 해서, 네가 무슨 짓을 하든 못 본 척 지나갈 수는 없어."

아하, 그렇구나!

"제게는 일이 필요해요." 나는 그녀에게 내 상황을 상기시켰다.

"그래서 나도 이렇게 특별히 네게 시간을 내주고 있는 거야." 브리타는 선심 쓰듯 말하면서 흘러내린 머리를 어깨 쪽으로 쓸어 넘겼다. 나는 콜라 한 모금을 홀짝 들이켰다. "그래 이유가 뭔데? 사랑의 번뇌 같은 건가?" 손가락으로 아픈 상처를 후벼 파는 그녀 행태에 구역질이 날 것만 같았다. 충동적으로, 주말에는 무얼 하며 지내는지 묻고 싶었다. 강아지 다리라도 부러뜨리나요?

"사고였어요. 저는 전혀……." 나는 입을 다물었다.

그녀 눈빛은 말하고 있었다. '그래? 그렇다면 더더욱 곤란하군.'

내 옆 1미터쯤 떨어진 곳에서 달그락 소리가 났다. 나는 독거미에게 쏘이기라도 한 듯 소스라치게 놀라며 자리에서 벌떡 일어섰다.

"이런! 죄송해요!" 내 입에서 사과하는 말이 튀어나왔다. 간이 오그라들고, 심장이 두근거리면서 마구 뛰었다. 유리컵 두 개가 바닥에 떨어져 깨진 게 눈에 들어왔다. 나는 얼른 몸을 숙여 깨진 유리 조각을 주우려 했다.

"잠깐만요!" 옆에서 누군가 말하는 게 들려왔다. 나는 고개를 돌렸다. "손님 잘못이 아니에요." 상냥한 웨이트리스가 내게 상황을 설명했다. 그녀는 미소 지으며 한 손으로 내 어깨를 살며시 짚었다. "제가 잘못해서 넘어질 뻔했어요." 그녀가 계속해서 말했다. 그녀의 다른 손 하나는 쟁반을 들고 있었고, 그 위에서는 빈 병들이 굴러다니고 있었다. "제가 치울게요." 그녀가 살며시 나를 옆쪽으로 밀었다. 나는 다시 의자에 앉았고, 내 손가락들은 아드레날린의 분비로 인해 살짝 흥분되어 있었다.

"이미 말씀드렸다시피, 다른 분들을 난처하게 해서 정말 죄송해요." 나는 하던 이야기를 계속했다. 나는 나를 주시하는 그녀의 시선 아래에서 보이지 않게 몸부림치고 있었다.

"그래, 알았어. 너를 한 번 더 믿어볼게." 한참을 아무 말 없이 앉아 있던 그녀가 입을 열었다. 그 사이, 나는 머리가 지끈거릴 만큼 집중해서 그녀를 바라보고 있었다. "한 가지만 분명히 해 두자. 앞으로는 정신 바짝 차려야 한다, 알았지?" 하필이면 술 냄새를 풍기는 여자 입에서 나는 그 말을 들어야 했다.

"그럴게요, 정말로요." 나는 다짐했다. 그리고 그녀의 손에든 발에든 입을 맞춰야 하는 건 아닌지 고민했다.

며칠 뒤, 장을 보고 돌아온 나는 집 앞에 차를 세웠다. 내 손에는 장을 본 봉지며 고양이 배설 상자에 까는 점토며 짐이 가득 들려 있었다. 나는 집을 향하다 여자 친구 둘이 집 쪽에서 걸어오는 걸 발견했다. 불현듯 자동차 열쇠를 트렁크에 넣고 트렁크 문을 닫았다는 생각이 머리를 스쳤다.

"미나! 이제 왔구나! 우리 막 돌아가려던 참이었는데." 나쟈와 엘린이 나를 보곤 반갑게 인사했다. 친구들이 건네준 꽃다발은 내 시야를 가렸다. 엘린이 내가 든 쇼핑 봉지 하나를 받아 들었다.

"얼마나 걱정했는지 몰라. 네가 병원에 있다는 이야길 들었지만, 병문안을 갈 수 없어서 말이야." 나쟈는 말을 하며 내 손에서 고양이 점토를 받아들고 함께 집 쪽으로 발길을 돌렸다.

"그래, 나도 지루해서 혼났어." 나는 기운 없는 목소리로 대꾸하며 가볍게 미소 지었다. 두 친구를 다시 볼 수 있어서 너무 좋았다. 그렇지만 나는 바짝 긴장한 상태였다. 어쩌면 이 느낌은 슈퍼마켓에서 식량공급 여행을 하며 느낀 스트레스의 여파 때문인지도 몰랐다. 어째서 스무 가지도 넘는 종류의 요구르트가 있어야 하는 걸까? 하나면 충분하지 않나? 또한 슈퍼마켓 스피커에서는 고무를 입힌 자동차용 매트의 장점을 침이 마르도록 칭찬하는 안내방송이 흘러나오고 있었다. "매트 두 개에 단돈 12유로 99센트! 필기구 코너 바로 뒤 생활용품 매장에서 구입하실 수 있습니다." 그런 마당에 어떻게 어떤 치즈를 고를지 집중할 수 있단 말인가?

"어서 들어가자." 나는 두 친구에게 말하며 바지 주머니에 든 집 열쇠를 찾았다. "이런! 집 열쇠가 자동차 트렁크에 있나 봐!" 뒤늦게 깨달은 나는 우는소리를 하며, 다시금 비정상적인 지구자기장을 실감했다.

"내가 가서 가져올까?" 나쟈가 선뜻 나서며 물었다.

"그것도 문제야. 자동차 열쇠도 트렁크에 함께 있거든."

"아, 이런!" 그녀가 한숨을 내쉬었다. 쇼핑 봉지를 들고 있는 그녀 모습은 나만큼이나 난감해 보였다. 다행스럽게도 이웃집 남자가 보조열쇠를 갖고 있다는 사실이 생각났다. 초인종만 한 번 누르면 되었다. 그러자 이웃집 남자가 짠! 하고 나타나 아무 말 없이 보조열쇠를 건네주었다. 그는 내 상황이 어떤지 잘 알고 있었다.

나의 무기력 속에서도 한 가지만은 인정해야 했다. 그건 바로 끈질김이었다. 익숙한 영역으로 들어서는 순간, 무기력은 나에게 사정없이 달려들었다. 나는 그게 일시적으로 누그러든 긴장감 때문이라고 생각했다. 마음 같아서는 침대에 쓰러져 머리까지 이불을 뒤집어쓰고, 이틀 아니 2년 동안이라도 잠을 자고 싶었다.

"자리에들 앉아." 나는 지친 목소리로 두 친구에게 말했다. 쇼핑 봉지를 냉장고 앞에 내려놓고 유리컵과 마실 것을 들고 가자 엘린이 말을 붙였다. "어떻게……."

"그 질문은 건너뛰자. 오케이?" 나는 엘린 말을 가로막았다. 이미 오래전부터 나는 그 질문에 답할 말이 없었다. "그럭저럭 지내고 있어. 때로는 뒤로 가기도 하고 내리막길을 가기도 하지만 말이야." 나는 내키지 않는 농담을 던지며, 유리컵에 물을 따랐다. 고양이 기즈모는 창문턱에 앉아 우리를 지켜보고 있었다.

"이제 도움은 받고 있어?" 나쟈가 결정적인 질문을 던졌다. 그건 아마도 가장 묻고 싶었던 질문일 것이다.

"의사한테 찾아갔어." 나는 순순히 인정했다.

"아니, 그게 아니라 심리치료는 받고 있냐고?" 그녀는 점점 더 구체적으로 물었다. 이것 참, '이미 시작한 치료를 중단해야 할지 고민 중이야.'라는 말을 어떻게 말하면, '당연하지. 이제부터는 내 삶을 꼭 껴안고, 내가 뜻하는 바를 이뤄내 세상 사람들 모두를 행복하게 해 줄 거야.'라고 들리게 만들 수 있을까? 얼마 전부터 심리치료사와는 연락하지 않고 있었다. 그녀와 대화를 하면 힘이 나기보다는 오히려 많은 기력이 소모되었다.

나쟈는 선뜻 대답하지 못하고 머뭇거리는 나의 침묵을 정확히 이해했다. 그녀가 말했다. "미나, 내 말 잘 들어. 우리는 오늘 너랑 마음을 열고 진솔한 대화를 나누기 위해 찾아왔어."

나는 두 손을 엉덩이 밑에 깔고 자리에 앉았다. 손이 자꾸만 꼼지락거리는 것을 막기 위해서였다.

"그러니까, 지난번과 같은 일은 더 이상 일어나지 않을 거야."

나자 말에 나는 불안해하며 대답했다. "정말로? 사실 그 일은 그리 대수로운 것도 아니었어."

엘린이 벌떡 일어나 내 옆으로 와 앉았다. "너 때문에만 이러는 게 아니야. 우리는 너를 좋아해. 너에 대한 걱정 때문에 우리도 너무 힘들어." 그녀가 아주 나지막이 말했다.

"미안해." 나는 습관적으로 대답했다.

"그런 말을 듣자는 게 아니야." 엘린이 말했다. "우리는 네가 우리 도움을 받아들였으면 해. 그렇지 않으면 우리도 더는 어찌할 수가 없어."

"나와의 관계를 끊겠다는 거야?" 내가 물었다.

"무슨 말도 안 되는 소리야?" 나자가 항변하고 나섰다. "하지만 너도 우리를 이해해 주면 좋겠어. 우리는 지금 같은 상황을 더는 견딜 수가 없단 말이야. 너라는 시한폭탄에 대한 책임이 꼭 우리에게 있는 것 같거든." 그녀의 엷은 갈색 눈에 눈물이 고이더니, 이내 뺨 위로 흘러내렸다. 그 모습이 나를 흔들었고, 숨을 멎게 했으며, 내 몸의 세포 하나하나를 아프게 했다. 그리고 바로 그 순간, 나는 절대로 포기하지 않고 내 안의 모든 괴물과 계속해서 맞서 싸우겠다고 결심했다.

우리 사이에 생긴 정적을 깨며 내가 말했다. "나의 문제가 대체 무엇인지 생각하느라 나는 종종 머리가 빠개질 것처럼 아파. 내 정신이 이제 온전한 상태가 아니라는 사실만큼은 분명해."

"의사가 뭐라고 했는데?" 엘린이 물었다.

"경계성 성격장애래." 나는 못내 부끄러워하며 대답했다. 지금의 갑갑한 느낌을 누그러뜨릴 포도주 한 잔이 마시고 싶어졌다.

"경계성 성격장애라는 말은 나도 들어본 적 있어." 나쟈가 말했다. "친구로서 우리가 너를 도와줄 수 있는 일이 뭐가 있을까?"

혼자 내버려 두지 않기?

나는 어깨만 으쓱해 보였다. "일주일에 두 번 치료를 받아. 그리고 일시적인 우울증을 해결하기 위해 항우울제를 복용하고 있고." 나는 설명했다. 항우울제는 단지 분노 폭발이나 우울증과 같은 동반증상만을 완화시킬 뿐, 나의 장애를 근원적으로 치료해 줄 수는 없었다.

"네가 필요로 하면 우리는 언제든 너와 함께 있을 거야." 엘린이 나를 빤히 쳐다보며 단호한 목소리로 말했다. 나쟈도 그녀 말에 동조했다. 그렇지만 나는 그 말을 듣지 못했다. 나의 주의력이 또다시 흩어졌기 때문이다.

나의 시선은 아직껏 정산하지 못한 독촉장 뭉치에 가 있었다. 밀린 전기료를 얼른 처리하지 못하면, 나는 이제 곧 전기가 끊긴 집에서 살아야 할지도 몰랐다. 그런저런 생각을 하느라, 친구들과 작별인사를 나눌 때도 나는 집중하기 위해 애를 써야만 했다.

그 후로 엘린과 나쟈는 정기적으로 내게 연락해 어찌 지내는지 안부를 묻곤 했다. 니나 또한 무조건적으로 내 편이 되어 주었다. 물론 그녀와 나는 달라도 너무 달랐다. 그녀는 브래지어에 맞춰 팬티를 입는 유형에 속했다. 그에 반해 나는 짝이 맞는 양말만 신고 있어도 충분히 만족하는 스타일이었다. 니나에게는 굳이 사과하거나 변명할 필요가 없었다. 그녀는 미묘한 방식으로 나를 일깨워 자신에 대해 생각하게 만들었다.

그럼에도 불구하고 나는 심각한 과잉 사과 증후군에 시달렸다. 누가 나를 툭 치고 지나가면, "나는 죄송해요!"라고 말하곤 했다. 그것도 격한 공포에 사로잡혀서 말이다. 누군가 교차로에서의 우선 통행권을 무시하고 나보다 앞서 지나갈 때도, 오히려 내가 먼저 용서를 구했다. 그 당시 누가 내 앞에서 날씨 탓을 했다면, 나는 아마도 날씨 대신 나서서 사과했을 것이다.

"오늘 날씨 정말 좋다. 그렇지 않아?"

"예, 죄송해요. 정말로요."

두개골 손상과 충동조절장애

남자는 립글로스와 마찬가지다. 늘 같은 것만 마음에 든다. 집에 와서야 그와 똑같은 걸 이미 갖고 있다는 사실을 깨닫고 소스라치게 놀란다. 멍청한 노릇이지만, 나는 아무래도 이기적인 나쁜 남자한테 약한 것 같다.

다음 해에는 기분전환 삼아 다른 사람들의 마음에 상처를 주며 지냈다. 그러던 중 마침내 나는 또 다른 사랑을 만났다. 뿌연 담배 연기 사이에서 처음 시몬을 발견했을 때, 나는 적어도 그렇게 생각했다. 나는 가슴 벅찰 만큼 놀랐다. 이성에 대해 잘 훈련된 차가운 가슴은 눈 녹듯 녹아내리고, 내면은 뜨거워지기 시작했다. 아니, 그 정도가 아니었다. 나는 곧바로 후끈 달아올랐고, 시몬과 가까워지기 위해 모든 것을 쏟아부었다.

시몬은 부드럽고 선해 보였다. 나와 마찬가지로 그 또한 온갖 문제를 껴안고 있었다. 그의 에메랄드빛 눈에는 그의 상황이 그대로 나타났고, 그런 두 눈이 나를 매혹했다. 비슷한 우리는 곧바로 하나가 되었다.

미적지근한 친구 사이를 넘어 나와 시몬은 사랑에 빠졌다. 그리고 나는 돌아올 수 없는 길을 건넜다. 나는 이내 천국을 넘어 우주로 훨훨 날아올랐고, 더없는 행복 속에서 그와의 사랑에 내 삶 전부를 걸었다. 죽음이 우리를 갈라놓을 때까지, 그가 아니면 다른 누구도 사랑하지 못할 거라고 나는 확신했다. 그리고 그는…… 글쎄, 그건 사실 지금까지도 전혀 모른다.

몇 해가 지나면서 우리 두 사람은 이런저런 문제로 서로 충돌했다. 우리의 뇌 구조는 애초부터 서로 호환이 불가능했기 때문이다. 우리는 헤어졌다 만나기를 여덟 번 반복했다. 그건 미쳤다는 말로도 부족한 짓이었다. 아인슈타인은 일찍이 말했다. "미친 짓이란 같은 일을 몇 번이고 되풀이하면서 다른 결과가 나오기를 기대하는 것이다." 그의 말이 맞았다!

나는 나무에 가려 숲을 보지 못했고, 결국은 감정과 욕구와 두려움의 원시림 속에서 나 자신을 잃어버릴 위기에 처했다. 여기 우리 관계를 있는 그대로 보여주는 사건이 있다.

드라이아이스 안개가 나를 감싸고 있었다. 나는 빙그르르 돌았다. 몽환적인 힙합이 내 안에서 쿵쿵거리면서 뼛속까지 울려대고,

음악과 조화를 이뤄 나를 사로잡고 있었다. 리듬은 나의 전부였다. 나는 리듬을 사랑했고, 리듬 안에서 무한한 자유와 행복을 느꼈다. 시몬은 한쪽 구석에 우리 패거리들, 정확히 말하면 그의 패거리들과 앉아 있었다. 나는 시몬과 함께라서 그 무리에 속할 뿐이었다.

나는 계속해서 언더그라운드 클럽의 작은 댄스플로어 위에서 분위기를 즐기고 있었고, 춤을 추면서 근심 걱정을 떨쳐버렸다. 그곳에는 언제나 그렇듯 나 말고도 몇몇이 더 있었다.

언더컷 스타일로 빨간 머리를 길게 기른 여자가 내게서 멀지 않은 곳에서 춤을 추고 있었다. 내가 무아지경에서 깨어나자 그녀가 살며시 미소 지었다. 그녀는 긴 머리를 흩날리며 빙글빙글 돌았다. 그런 그녀 모습은 너무나 능숙했고, 마치 우리를 에워싸고 있는 소리와 하나가 된 것처럼 보였다. 그녀는 무척이나 아름답고 우아했다. 나는 그녀를 그저 계속 바라보면서, 그녀의 독특한 요소들 하나하나를 모두 빨아들이고 있었다. 특정한 존재감을 발산하는 사람들을 만날 때면 나는 매번 그랬다.

어느 순간, 우리는 아주 가까이 다가서 있었다. 그녀 향수 냄새가 느껴졌다. 그녀가 나를 자기 쪽으로 끌어당겼고, 우리가 자유로운 몸놀림에 심취하는 사이, 달콤한 꽃향기가 내 코끝을 간질였다. 우리는 음악과 하나가 되고, 안개 속에 잠겼다가 회전등 불빛을 받으며 떠올랐다.

그녀가 무엇을 말했다. 그렇지만 나는 나만의 세계에 깊이 빠져 있었고, 그녀 말을 알아듣지 못했다. 나는 미소 지으며 고개를 끄덕였고, 그녀가 질문을 던진 것이 아니기를 바랐다. 가끔 그런 일이 있었으니까. 뜻밖에 그녀 입술이 내 입술 위에서 느껴졌다. 나는 말 그대로 기습을 당했고, 그녀가 내게 입 맞추도록 가만히 있었다. 그것도 제대로 된 키스를!

많은 이들이 ADD 환자는 상황이나 분위기를 감지하는 능력이 뛰어난 안테나를 갖고 있다고 말하곤 한다. 그러나 나는 이런 상황을 전혀 예측하지 못했다.

키스는 놀랄 만큼 부드러우며 강렬했고, 나의 움직임은 곧바로 멈췄다. 나의 뇌는 남자친구가 아주 가까이 있다고 속삭였고, 나는 조심스럽게 키스를 중단시켰다.

"어머나!" 나는 조용히 탄성을 터뜨리며, 이 상황에서 어떻게 벗어나야 할지 머리를 굴렸다.

"만나서 반가워. 내 이름은 비비엔이야." 아름다운 그녀가 내 손을 꼭 잡고 밝은 목소리로 말했다. 춤추는 사람들 한가운데서 나는 비비엔 앞에 얼어붙은 듯 서 있었다.

"뭐 마실래?" 그녀가 물었다. 그녀는 내 손을 놓아주고, 희고 아름다운 목에 걸고 있는 장미 목걸이를 매만졌다. 깊게 파인 가슴골 위로 미세한 땀방울이 모여 짙은 색 상의를 적셨다.

"내 남자친구가 좋아할 것 같지 않은데." 나는 주저하며 대답했다. 그리고 시몬이 앉아 있는 쪽을 조심스레 돌아보았다.

"남자친구가 있다고?" 그녀가 당당한 목소리로 물었다. "젠장, 시간만 허비했군."

댄스플로어 한쪽 구석에서 시몬 패거리가 나의 곤란한 상황을 지켜보고 있었다. 그들은 내 쪽을 바라보며 키득거리고 있었다.

"그럼 안 되겠네." 비비엔이 말하며 내 뺨에 작별의 키스를 했다. "만나서 정말 좋았어." 그녀가 속삭이고는, 드라이아이스 안개 속에 나를 놓아둔 채 사라졌다.

그 순간, 버림받은 느낌이 들었다. 나는 춤추는 사람들 사이를 지나, 시몬이 있는 쪽으로 걸어갔다. 시몬은 의심스런 눈으로 나를 노려보고 있었다.

"대체 무슨 일이야?" 내가 옆자리에 앉자 그가 물었다.

"아무것도 아냐." 나는 솔직하게 대답하고 테이블 위에 놓여 있던 내 샴페인 잔을 집어 들었다.

"내가 브로니와 함께 주말을 보냈다고 복수하는 거야?" 그가 물었다. 지난주 시몬이 전 애인이랑 다른 친구들과 함께 주말을 보냈다는 사실에 생각이 미치자 나는 싸한 느낌이 들었다. 그는 그 자리에 나를 데려가지 않았다. 그 일이 있은 뒤 나는 그를 집에서 내쫓았고, 곧바로 똥강아지처럼 그를 뒤쫓아 근처 술집으로 달려갔다. 앞뒤가 안 맞는 모순된 행동만큼은 시종일관 한결같았다.

나는 항변했다. "무슨 소리야. 당연히 아니지." 그러면서 조금 전의 기이한 키스에 대한 그의 분노가 어느새 무관심으로 바뀐 것을 느꼈다.

"질투하는 사람처럼 굴지 마." 나는 빈정대며 술잔을 단숨에 비웠다. 시몬이 조금도 질투하지 않는 게 나는 무척이나 마음에 걸렸다. 아마도 내가 어느 놈팡이와 입을 맞추며 시시덕거려도 크게 문제 삼지 않고, 그 또한 브로니와 휴가를 떠날 것이다.

"나도 당연히 아니야." 그가 덤덤하게 말했다. 나는 가슴속에서 불편한 감정이 퍼져나가는 걸 느꼈다. 그래, 이건 한 사람이 다른 사람을 절대 놓지 않을 거라 확신하기 때문에 그런 거야. 아무리 힘껏 집어 던져도 상대방이 부메랑처럼 언제나 다시 돌아오거든.

"말 나온 김에 덧붙이면, 너는 정말이지 붙임성이 너무 좋아. 조금 전 그 여자가 너를 마음에 들어 하는 건 아마 장님이라도 금세 눈치챘을 거야." 시몬이 비웃었다.

"아니야. 나는 몰랐어."

그가 싱겁게 웃었다. "나도 알아."

나는 지갑을 꺼내 들다, 그 안에 깃든 텅 빈 공허를 확인했다. 어? 이게 뭐지? 내 기억으로는 분명 100유로짜리 지폐가 한 장 있어야 했다.

"혹시 내 지갑에서 돈 가져갔어?" 나는 시몬에게 물었다. 그 안에 돈을 넣어 둔 기억이 너무나 분명했기 때문이다. 그러나 내 기억이 혹시나 잘못된 것이라면? 물어보는 내 목소리에는 이미 미안해하는 느낌이 묻어났다.

"설마 진심으로 묻는 거야?" 그가 되물으며, 내 얼굴을 제대로 보기 위해선지 살짝 떨어져 앉았다. 곧바로 내 얼굴은 발갛게 달아올랐고, 그의 잘생긴 얼굴에는 우월감이 스쳐갔다.

"으응, 혹시나 네가 그 돈으로 맥주를 사 오고, 잔돈을 미처 안 넣었을까 봐 물어본 거야." 나는 그의 손에 들린 벡스 맥주병을 가리키며 말했다.

"이 맥주는 선물 받았어." 그가 대뜸 대답했다. 그의 눈길을 따라가던 나는 금발의 여자를 발견했다. 그녀는 계속해서 우리 쪽을 바라보고 있었다.

나는 입을 다물고, 성난 나의 뇌와 싸워야만 했다.

뇌 언젠가 그는 너를 떠날 거야. 그건 너도 이미 알잖아, 아니야?

나 무슨 소리야? 우리는 서로 사랑해.

뇌 그건 나도 의심하지 않아. 다만 그가 너보다 자신의 자유를 더 많이 사랑할까 봐 그러는 거야. 그의 문제도 마찬가지야. 사람들이 반려동물을 사랑하듯, 그는 자신의 문제를 더 사랑하거든.

나 그러니까 너는 내가 너무 매달린다고 말하고 싶은 거야?

뇌 네게 한 마디만 충고할게. "너무 자주 만나지 마!" 이 말 전에도 들어본 적 있지?

나 하기는 지난번엔 그 말의 효과가 아주 대단했지.

나는 시몬의 관심을 끌기 위해 일부러 평소보다 뜨문뜨문 만나려고 시도했다. 그 6주 동안, 시몬은 나 없이도 아주 잘 지냈다.

뇌 어쩌면 네 곁에 남자가 없을 때, 너는 비로소 행복해질지도 몰라. 그런 말 들어본 적 있거든.

나 나는 처음 듣는데.

뇌 세상에서 가장 아름다운 말이 '사랑'이 아니라 '쇼핑'인 사람들도 있대. 그러니 너도 한번 시험해 보든지.

나 좋은 생각이네. 언제고 직업을 가져 다시 돈을 벌게 되면 한번 진지하게 생각해 볼게.

"몇 시나 됐어?" 한참이 지나고, 내가 시몬에게 물었다. 이 거지 같은 클럽을 당장이라도 떠나고 싶었기 때문이다. 그러나 그의 눈빛은 욕이 나오기 직전이라고 대답하는 것 같았다.

젠장, 시몬은 왜 별안간 저리 화가 났을까? 그에게는 내가 어찌할 수 없는 절망이 부글부글 끓어오르고 있었다. 그리고 그 절망이 나를 힘들게 했다. 나는 자리에서 일어나 다시 춤을 추러 댄스 플로어로 갔다. 미쳐버리지 않기 위해서였다. 미치지 않으면 폭발해 공중으로 날아오를 것만 같았다.

몇 시간 뒤, 시몬이 모는 내 차를 타고 집으로 향했다. 우리는 한동안 서로 말이 없었다. 그러다 눈빛이 서로 마주쳤고 더 이상 떨어질 수 없었다. 물론 교통상황이 허락하는 한에서. 나의 손가락은 그의 손가락을 어루만졌고, 그는 내 손목 안쪽에 입을 맞췄다. 그 순간, 내 맥박은 질주하기 시작했다.

자동차 안에서 하는 섹스는 익히 알려진 대로 분명 특별한 경험이다. 그러나 차를 운전하고 가며 즐기는 섹스는 그와는 또 다른 이야기이다. 지나가는 트럭 운전사에게는 흥미로운 일일지 모르지만, 위험도 면에서 더없이 어리석다. 그렇지만 ADD 환자에게서 나타나는 충동조절장애와 위험감수성향에 관해서는 이미 어느 정도 알고 있을 것이다.

다시 옷을 추슬러 입는 사이, 내 시선이 그의 바지 주머니에 가 닿았다. 수상쩍은 작은 봉지 하나가 주머니 밖으로 삐죽 머리를 내밀고 있었다.

"이게 뭐야?" 내가 물으며 봉지를 향해 손을 내밀었다. 그건 나와 시몬이 이제 완전히 끊기로 약속한 불법약물처럼 보였기 때문이다. 그랬다. 우리 둘이서 며칠이고 몇 주고 마약에 취한 채, 구석에 엎어져서 세상을 향해 히죽거리던 시기도 있었다. 물론 그 시절에 관해서는 더 이상 생각하거나 언급하고 싶지 않다.

"그냥 둬!" 봉지를 집어 들려 하자, 시몬이 소리를 지르며 내 손을 붙잡았다.

"왜 그래? 내가 한번 보겠다는데." 나는 집요하게 요구했다. 그가 나를 옆쪽으로 슬쩍 밀치고는 봉지를 집어 들더니, 뒷좌석에 지퍼가 열린 채 널브러져 있던 배낭 속에다 던져 넣었다.

“잠깐만, 돈이 하나도 없다고 하지 않았어? 대체 무슨 돈으로 저걸 샀어?” 내가 물었고, 나의 뇌는 톱니바퀴를 제대로 맞물려 돌아가게 만들려고 노력했다. “더는 마약에 손대지 않겠다고 분명히 약속했잖아!” 나는 우는소리를 하며 다시 봉지를 집어 들려 했다. 시몬은 그런 나를 힘껏 잡아당겼고, 그 바람에 자동차는 위험할 정도로 비틀거렸다.

“너를 사랑해. 그렇지만 가만있지 않으면 무슨 일이 일어날지 나도 몰라.” 그가 위협하며 나를 조수석으로 밀쳤다. “넌 이상하게 스트레스를 받게 만들어. 때로는 견딜 수 없을 만큼 말이야. 네가 얼마나 짜증 나는 존재인지 너도 알지?”

나는 마른 침을 삼켰다. 그의 말이 나를 아프게 했다. 우리가 탄 차는 코너를 돌아섰다. 아우디 한 대가 맹렬한 속도로 우리를 추월해 달려갔다. 나는 안전벨트를 풀었다. 그의 배낭을 집어 들기 위해서였다. 그가 무슨 짓을 하든 상관없었다.

“오늘따라 왜 이리 고집을 부리는 건데?” 시몬이 물으며 내 상의를 잡아당겼다. 그 바람에 옷이 쭉 늘어났다.

“미쳤어?” 내가 씩씩거리며 그를 한 대 쳤다.

“그러는 너는? 오늘이 그날인 거야?”

나는 화가 치밀어 거친 숨을 몰아쉬며 그를 돌아보았다. 그러면서도 내 손은 여전히 배낭 속을 뒤져 봉지를 찾고 있었다. “아니! 그래도 누가 나를 엿 먹이면, 굳이 그날이 아니어도 완전 돌아버릴 수 있어." 나는 지지 않고 대꾸했다. 그는 당황해 아랫입술을 잘근잘근 깨물었다. 그건 그가 마음이 상했을 때 보이는 몸짓이었다. 이윽고 그가 핸들을 오른쪽으로 꺾었고, 나는 균형을 잃고 비틀거렸다.

내가 배낭을 확보하자, 그의 목소리는 차분해졌다. "미나, 이제 그만하고 다시 네 자리에 앉아. 제발."

"알았어. 이 안에 뭐가 있는지만 확인하고." 나는 대꾸하며, 앞으로 흘러내려 시야를 가리고 있던 머리카락을 뒤로 쓸어 넘겼다.

"깜짝 선물을 미리 보면, 그건 더 이상 깜짝 선물이 아니잖아. 그렇지?" 그가 황급히 말하며 내 허리띠를 잡아당겼다.

깜짝 선물?

"무슨 깜짝 선물인데?" 그의 말에 동요된 내가 물었다. 내 생각은 뇌 여기저기를 정신없이 뛰어다녔다. 시몬이 내 손을 잡더니 손가락에 입을 맞췄다. 우리는 어느 낭만적인 순간에 결혼에 대해 이야기한 적이 있었다. 물론 아직은 먼 훗날의 이야기였다. 그는 대학에 다니고 있었고, 나는 돈도 벌지 못하는 광고사진사 실습에 꽂혀 있었기 때문이다. 그렇다면 혹시나?

시몬은 나를 뚫어지게 바라보았고, 훈훈한 온기가 내 몸 안을 감돌았다. 그의 두 눈은 반짝였다. 그가 내게 눈짓을 했고, 나는 다시 자리에 앉았다. 그의 행동이 왠지 맞아떨어지지 않는다는 의구심이 고개를 들던 순간, 시몬이 급브레이크를 잡았고 끼익! 날카로운 소리가 울려 퍼졌다. 내 몸은 갑자기 앞쪽으로 튕겨 나갔다. 내 눈에는 그저 붉은색만이 보일 뿐이었다. 신호등 그리고 앞차의 브레이크 등. 꽝! 소리가 났고 나는 앞 유리창에 부딪혔다. 다행스럽게 유리를 뚫고 밖으로 날아가지는 않았다.

"미나! 괜찮아?" 시몬이 나를 조심스레 일으켜 앉히며 말하는 게 마치 꿈속에서처럼 희미하게 들려왔다. 나는 눈을 깜빡였다. 머릿속은 윙윙 울려댔고, 주위의 것들이 몽롱한 가운데 둥둥 떠다니는 것처럼 느껴졌다.

"미안해, 정말 미안해." 그가 흐느끼며 내 뺨에 키스를 했다. 그의 차가운 두 손이 내 목덜미에서 떨고 있는 게 느껴졌다.

"괜찮아, 아무렇지도 않아." 나는 그렇게 말을 하며, 가볍게 시스템을 체크했다. 팔과 다리, 손과 발은 문제없이 움직였다.

"미나, 사랑해." 그가 계속해서 말했다. 나는 혹시나 그에게 무슨 일이 일어난 건 아닌지 확인했다. 잔뜩 흥분했을 뿐, 안전벨트를 매고 있던 덕분에 시몬에게는 전혀 문제가 없었다.

우리 앞의 아우디는 교차로 위에 대각선으로 서 있었다. 라이트는 너무 빠른 속도로 깜빡이고 있었고, 트렁크는 눈에 확 띌 만큼 우그러져 있었다. 나는 조금 전 내 이마와 격한 인사를 나눈 앞 유리창을 바라보았다. 깨져버린 유리창의 아름다운 형태는 감탄스러웠다. 그 모양은《꿀벌 마야의 모험》에 나오는 거미 테클라가 만든 거미줄을 절로 떠올리게 했다. 머리가 무척이나 지끈거리며 윙윙 울려댔다. 그럼에도 나는 놀라울 만큼 분명하고도 이성적으로 생각할 수 있었다.

"앞차 운전자 상태가 어떤지 살펴봐야 해." 나는 소리치며 조수석 문을 열려 했다. 그러나 문은 찌그러졌고, 그래서 열리지 않았다. 시몬이 금발머리를 쥐어뜯으며, 머리를 핸들 위에 연신 부딪쳐댔다. 그의 얼굴은 잿빛으로 변해 있었다.

"젠장, 젠장, 젠장." 그가 답답한 듯 갑자기 소리를 질렀고, 나는 깜짝 놀랐다. 나는 어색하게 그의 팔을 붙잡았다. 그제야 어깨가 아프다는 사실을 깨달았다.

"괜찮아. 아무 문제 없을 거야." 나는 그를 위로하면서, 그의 이마에 흘러내린 머리카락을 어루만졌다. 그가 나를 올려다보았다. 그의 입은 굳게 다물어져 있었다.

"정말 미안해." 그가 속삭였다. 나는 그에게 키스했다.

움푹 찌그러든 아우디에서 운전자가 내려, 자신의 자동차를 한 바퀴 둘러보는 모습이 보였다. 왜건형 차 한 대가 멈춰 섰고, 그 차의 운전자가 도움을 주고 있었다.

"미나, 네가 운전했다고 말해 줄래?" 시몬이 절망 가득한 목소리로 갑자기 물었다. "그렇지 않으면 나는 끝이야."

나는 가만히 생각했다. 그렇게 하는 게 그나마 낫겠지. 시몬은 내 자동차 코르사를 몰다 폐차 처리를 해야 할 정도로 완전히 박

살 낸 적이 있었다. 그 사고는 사실 그리 오래전 일도 아니었다. 그런데 이번에는 또 피에스타로 사고를 낸 것이다. 나는 그가 처한 난감한 상황을 충분히 이해할 수 있었다. 또 한 번의 면허정지 및 여러 가지 번거로움이라는 위험이 그를 노려보고 있었던 것이다.

물론 나라고 그보다 상황이 나았던 것은 아니다. 나도 이미 몇 차례의 사고를 기록하고 있었다. 고양이를 피하다 피아트 판다 자동차로 가드레일을 들이받은 적이 있었다. 그 사고는 마침 그 날 별다른 사건 사고가 발생하지 않은 덕분에 지역신문에 사건기사로 실리기까지 했다. 골프를 타고 후진해서 안마당을 빠져나가다가, 앞길을 지나던 자동차와 부딪치는 사고도 냈다. 마지막으로는 빙판길에서 골프를 몰다 공사장 차단막을 부서뜨린 적도 있었다. 아빠라면 버뮤다 삼각지대 속에라도 뛰어들겠지만, 이번만큼은 분명 나를 도와줄 수 없을 것이다.

"글쎄, 나도 모르겠어." 나는 어물어물 중얼거리며 피부에 난 상처를 만져보았다.

"미나, 그러지 말고 도와줘!" 애원하며 나를 바라보던 그의 간절한 눈빛을 보았다면, 세상 모든 늑대가 다 시샘했을 것이다. 나는 주저하며 승낙했고, 그런 사이 그는 배낭과 같이 앞쪽으로 내동댕이쳐진 신비의 봉지를 꺼내 주머니 속에 챙겨 넣었다.

병원을 찾은 나는 이마 전체에 걸쳐 두개골에 금이 갔다는 진단을 받았다. 그때 부상의 후유증으로 인해 나는 지금까지 두통에 시달리곤 한다. 시몬이 그토록 감추려 했고, 나를 잠시나마 로맨틱한 상상 속에 빠뜨렸던 봉지 속에는 환각제 마리화나가 들어 있었다. 마리화나는 내 지갑에서 사라진 100유로와 관련 있는 게 확실했다.

당시만 해도 나는 그런 사실을 인정하려 하지 않았다. 그래서 아주 탁월한 안테나가 있음에도 시몬과의 재앙 같은 사랑에 매달렸다. 감히 말하건대 긴장감 넘치는 시간이었다. 사실 충동적인 내 성격 때문에 나와의 만남은 시몬에게도 결코 만만하지 않았다. 나는 내 자해행위로 인해 스트레스를 받지 않을 때면, 쉼 없이 솟아나는 기발한 아이디어와 극심한 변덕으로 그를 괴롭혔다.

예를 들면 어느 날 밤 정신이 몽롱한 가운데, 나는 광장 한가운데에서 실베스터 송년파티 때 쓰다 남은 폭죽에다 우리의 첫 번째 이별편지를 매달아 하늘로 쏘아 올리자고 그를 졸랐다. 그 일은 그곳 주민들을 크게 화나게 했다. 겨울에 자동차를 몰고 내가 가장 좋아하던 호숫가에 가자고 졸랐고, 결국 눈 속에 갇혀 오도가도 못하는 신세가 된 적도 있었다.

어쨌건 별다른 큰 사고를 당하지 않고, 불법적인 마약이나 합법적인 약물에 빠져들지 않고, 또 끔찍한 충동조절장애에 휘둘리지도 않으며, 나는 그때까지 잘 버텨왔다. 나는 삶의 고통을 극복하기 위해 나름의 전략을 강구했다. 그럼에도 불구하고 내 앞에는 내 삶을 더욱 복잡하게 만드는 내면의 적들과 맞서 싸워야 할 긴 시간이 기다리고 있었다.

위 내용과 관련하여 자세한 사항은 p.420 「AD(H)D와 함께 따라오는 질환」을 참고하자.

4장

기나긴 ADD 치료 과정

나는 내가 건강하며 경계성 성격장애도 아니라고 결론 내렸다. 경계성 성격장애 환자는 자아상이 불분명하지만, 나는 뚜렷한 자아가 확립되어 있었기 때문이다. 또한 나의 주의력결핍 증상과 무질서함은 경계성 성격장애라는 진단과 맞지 않았다. 시간이 흐르면서 나의 상황은 훨씬 좋아졌다. 그렇게 몇 년이라는 시간이 서서히 쉬지 않고 흘러갔다. 나는 오랫동안 치료를 받았고, 나만의 작은 쳇바퀴 속에서 의미 없는 직장생활을 하며 살고 있었다.

어른이 된다는 것을 새로운 언어로 읽고 쓰는 법을 배우는 것에 비유하면, 나는 눈을 가린 채 그 과정을 밟고 있는 것처럼 느껴졌다. ADD 환자의 처지를 무시무시한 뭔가가 언제든 튀어나올 것만 같은 뿌연 안개에 둘러싸인 느낌으로 묘사한다면, 그것만으로도 무척이나 힘든 상황일 것이다. 하지만 내 경우는 그에 더해, 어느 심술궂은 장난꾸러기가 순전히 재미 삼아 내 신발에 콘크리트를 부어놓은 것만 같았다. 한층 더 흥미진진하게 만들기 위해서 말이다. 진정 끔찍한 일이었다.

줄이 끊어졌을 때의 느낌을 아는가? 나는 이 비유를 어디선가 읽은 적이 있다. 사람들 저마다 줄이 달린 악기를 하나씩 갖고 세상에 태어난다고 생각해보자. 그 악기를 가지고 사람들은 자신만의 멜로디를 연주한다. 누군가는 크게, 누군가는 나지막하게, 누군가는 거칠게 그리고 누군가는 지혜롭게. 그런데 악기의 줄이 점점 닳아서 차례차례 끊어져 버리면, 그때는 어떤 일이 벌어질까? 노래를 연주할 수 있는 마지막 줄이 사라져 버린다면?

좀 더 본질적인 문제는 끊어진 줄을 다른 줄로 대체할 수 있는가 하는 점이다.

이번 장에서는 삶을 구원하는 조치들과 악기에 새로운 줄을 매는 방법들을 짚어 보고자 한다.

더 이상은 안 돼

"샴페인이 남자보다 훨씬 나아!" 친구 니나는 즐겨 말했다. 샴페인은 내가 세상에 대해 느끼는 불편함과 세상이 나에게 강요하는 요구사항을 완화시켜 준다. 하지만 안타깝게도 늘 술이나 마약에 취한 상태로 비틀거리며 살아갈 수는 없다. 그래서 나는 사람들이 삶이라고 부르는 정신 나간 짓을 종종 맨정신으로 마주해야만 했다.

나는 어느새 20대 중반이 되었고, 제대로 해낸 게 아직 아무것도 없다고 고백하기가 점점 더 민망해졌다.

내 친구들은 저마다 교사나 상인 또는 사회복지사가 되었다. 하지만 나는 그저 하염없이 글을 쓰고, 카메라 렌즈에 포착되는 모든 것을 찍으며, 나의 미래라는 우울한 그림을 수채화로 그리고 있었다. 내 작품들은 떼돈을 벌거나 센세이셔널한 죽음을 통해 유명세가 붙기 전에는 당연히 인정받지 못할 것이었다. "와! 저것 좀 봐. 고층빌딩에서 낙하산도 없이 뛰어내린 빌헬미나의 작품이래." 그러나 그런 일은 결코 나와는 어울리지 않았다.

그래서 결국 나는 여기 창고 같은 자그마한 공간에 쭈그리고 앉아, 낯선 전화번호를 눌러대고 있었다. 내 맞은편에는 뚱뚱한 몸매에 편안한 저음의 목소리를 지닌 직장동료 맨디가 앉아 있었다. 맨디는 전화번호 목록 중에서 이미 전화를 건 번호 옆에다 연필로 하트 모양을 그려 넣고 있었다.

"안녕하세요? 저는 행복여행사의 빌헬미나입니다. 이르마 민더만 씨와 통화할 수 있을까요?" 나는 상냥하게 물으며, 묵직한 몸무게만으로도 책상을 뒤뚱거리게 만드는 맨디로부터 관심을 끊으려고 애썼다.

"예, 전데요." 전화기 저편에서 쉰 목소리가 대답했다. 나는 두 눈을 감았다. 나이가 지긋하게 들리는 그녀는 숨을 가쁘게 몰아쉬고 있었다. 어쩌면 내 전화를 받으러 급히 달려오느라 그런지도 몰랐다.

"축하합니다. 부인께서는 행복여행사가 주관하는 경품여행에 당첨되셨습니다." 나는 반갑게 말을 했고, 그녀가 환호하기를 기다렸다.

"오! 정말 잘됐군요." 그녀는 무척이나 기뻐했고, 나는 안도의 한숨을 내쉬었다. 이런 전화에 부정적인 사람들이 더러 있기 때문이다. 조금 전 통화한 노인만 해도 내게 지옥에나 가라고 저주를 퍼부었다. 내가 이미 그곳에 와 있다는 사실을 그가 알았더라면…….

"네, 다시 한번 축하드려요." 나는 덩달아 기뻐했고, 그녀는 내 말을 가로막으며 말했다.

"그런데 나는 경품행사에 참가한 적이 없어요."

나는 늘 하던 대로 노련하게 대답했다. "네, 맞습니다. 이번 행사는 직접 참가 방식이 아니라 무작위 선정 방식에 따라 진행되었거든요. 그 결과 고객님께서 당첨되셨어요." 나는 내심 환호하며 설명했다.

"그렇군요. 아무튼 정말 고맙습니다. 아실지 모르겠지만, 저는 거의 혼자 지내는 편이에요." 그녀가 조금은 우울한 목소리로 말했다. "더구나 이제껏 경품에 당첨된 적은 한 번도 없었고요."

"그러시군요. 그렇지만 모든 일에는 항상 처음이란 게 있기 마련이니까요. 이번 경품은 토이토부르크 숲으로 떠나는 여행이에요. 그곳은 자연 한가운데에 자리한 아주 근사한 휴양지랍니다." 나는 계속해서 설명했다.

그녀는 잠시 말이 없었다. 나는 맨디 목소리에 주의를 빼앗겼다. "아니에요. 별도의 의무조항 같은 건 없어요. 고객님께서는 단지 다른 참가자들과 같이 저희가 제공하는 다과를 즐기며 짧은 여행에 동참하시면 됩니다." 맨디는 수화기에 대고 그렇게 말하며 눈알을 굴리고 있었다. 그러나 그 여행이라는 게 어찌 흘러가는지 나는 당연히 알고 있었다.

"여보세요?" 민더만 부인이 다시 말을 했다. "말씀은 감사하나 나는 여행을 할 만큼 몸이 성하지 못해요. 아쉽지만 나 대신 다른 분에게 좋은 기회를 선물하세요." 그녀는 자신이 생각한 바를 큰 소리로 전했다. 그리고 물었다. "아니면 아가씨가 대신 가실래요? 아가씨 목소리가 유난히 마음에 와 닿아서요." 나는 눈물이 날 만큼 감동했다. 그녀 마음 씀씀이가 너무나 고마웠다.

"아니에요. 저는 일을 해야만 해요. 마음만 고맙게 받겠습니다. 모쪼록 남은 하루도 행복하게 보내시길 바랍니다." 나는 그녀에게 진심으로 인사했다.

"아! 그렇군요. 유감이네요. 괜찮으면 언제든 우리 집에 한번 놀러오세요." 마음씨 착한 그녀는 나를 초대했다. "나는 우리 마을에서 애플파이를 가장 잘 굽는다고 소문이 나 있거든요. 못 믿겠으면 직접 와서 확인해 보세요."

"정말 생각만 해도 기분 좋군요. 하지만 저는 고객님과 상당히 멀리 떨어져 있어요." 나는 대답했다. 그러니까 약 130킬로미터.

"그런데 내가 이번 여행에 참가하면 정말로 비용이 하나도 안 드나요? 솔직히 말하면 나는 얼마 안 되는 연금에 의지해 살고 있어요." 민더만 부인이 물었다. 내 눈앞에는 하얀 머리에 장미무늬 앞치마를 두르고 두 손에 애플파이를 든 키 작은 부인의 모습이 떠올랐다.

"얼마 안 되는 연금." 나는 멍하게 그 말을 되풀이했다. 민더만 부인이 그 뒤로 무슨 말을 했는지 나는 인지할 수 없었다. 맞은편에 앉은 맨디 목소리가 점점 더 커지고 긴장으로 팽팽해졌다. 전화기 반대편에 있는 누군가를 경품여행에 끌어들일 때면, 그녀는 늘 그랬다. 경품여행이란 가능한 한 많은 노인들을 버스 한 대에 밀어 넣은 뒤, 터무니없이 비싼 가격의 전기담요나 그와 비슷한 물품들을 구매하게끔 유도하는 쇼핑여행이었다. 나는 노인들 대부분이 은근하지만 강력한 압박에 설득되어 자신의 지갑을 열고 만다고 들었다.

"흠." 나는 수화기에 대고 말했다. 얼핏 순수한 여인의 영혼을 놓고 흥정하는 악마 같다는 느낌이 들었다. 나는 악마와 한 패가 되고 싶은 생각은 추호도 없었다. "이번 경품여행에는 산길 걷기 프로그램도 포함되어 있어요. 아무래도 고객님께는 조금 무리일 것 같네요. 그렇지 않을까요?" 나는 조심스레 물었다. 마음씨 착한 민더만 부인이 여행에 참가했다 결국 바가지요금에 전기담요를 사게 되고, 그래서 그녀 냉장고에 애플파이 구울 버터조차 남지 않게 될까 봐 겁이 났기 때문이다.

"맞아요. 이번 경품여행은 아무리 생각해도 내겐 무리겠어요." 그녀가 느릿느릿 대답했다. "다른 누군가라면 분명 여행가는 걸 무척 기뻐할 거예요." 그녀 목소리가 조금은 슬프게 들렸다. 나는 가슴이 뭉클했다.

"고객님께서는 정말이지 마음씨가 고우세요. 너그럽기도 하고요." 나는 그리 대답하곤, 작은 선물이라도 보내기 위해 그녀 주소를 받아 적었다. 사실 그렇게 하는 게 이번이 처음은 아니었다. 나는 벌써 열한 번이나 내 돈을 들여 특히 호감을 느낀 노인들에게 선물을 보냈다. 자비로 차나 책, 비누 따위를 사느라 내 지갑이 늘 텅 비어 있는 것은 어찌 보면 너무나 당연한 일이었다. 결국, 내게 장사꾼 재주는 전혀 없었다.

"아유, 무슨 말씀을. 다 내가 좋아서 하는 건데요. 기회가 되면 언제고 꼭 한번 우리 집에 놀러 와요. 알았죠?" 마음씨 착한 민더만 부인은 전화를 끊기 전, 한번 더 나를 초대했다.

나는 의자에 앉아 몸을 뒤로 잔뜩 젖힌 채, 딱딱 소리가 나게 손가락 마디를 꺾으며 내 목록을 맨디의 것과 비교했다. 맨디가 여행 승낙을 받아낸 수는 내 것보다 훨씬 많았다. 나는 급격히 피곤해지는 것을 느꼈다.

콜센터 영업직은 나와 어울리지 않았다. 그나마 나는 다른 직원 여덟 명과 한 공간에 있지 않아도 되는 행운을 누렸다. 만약 그런 행운이 없었다면 나는 다른 직원들의 뒤엉킨 목소리에 가려 나 자신의 생각조차 듣지 못했을 것이다. 내 시선은 너무 빨갛게 칠한 맨디 입술에 줄곧 고정되어 있었다. 그녀는 그 입술로 미리 연습한 문장을 기계적으로 외워대고 있었다. 그때, 문이 열렸다.

"빌헬미나, 내 사무실로 좀 와요." 여사장의 약혼남이 느닷없이 나를 호출했다. 나는 헤드셋을 벗고, 얽힌 줄을 풀면서 그를 따라갔다. 그러면서도 신기하게 나는 책상 위 전화기를 잡아당겨 떨어뜨리지 않았다. 맨디는 그런 나를 동정하는 눈으로 바라보았다. 사무실 사람들 모두는 가는 줄무늬 양복을 입은 오만불손한 그가 보스처럼 행동한다는 사실을 잘 알고 있었다. 그리고 할당된 목표치를 달성하지 못한 직원에게 얼마나 못되게 구는지도 잘 알고 있었다. 나는 맨디의 걱정스런 눈빛을 애써 못 본 척 무시하면서 지옥계의 앞마당으로 들어섰다.

"거기 앉아요." 그가 짧게 말하며 책상 앞에 놓인 가죽의자를 가리켰다. 벽에 걸린 사진들이 내 눈에 들어왔다. 사진 속의 그는 모델 같은 포즈를 취하고 있었다.

"예, 고맙습니다." 나는 인사하며, 억지로 그의 얼굴을 쳐다보았다. 그의 대머리가 전등불에 반사되어 반짝거리고 있었다. 나는 벗겨진 부분에다 달걀프라이를 하는 장면을 상상하지 않기 위해 바짝 긴장했다.

"우리 사무실에서 일한 지 얼마나 됐죠?" 안락의자에 편안히 앉아서 그가 물었다.

"세 달쯤 된 것 같네요." 나는 그렇게 대답하며, 자신에 대해 감탄했다. 그동안 나는 하루도 빼놓지 않고 항상 정시에 출근했다. 하루 네 시간 일한다는 나의 원칙은 그새 사라진 걸까?

내 눈길은 커피여행 포스터와 현수막을 훑어보고 있었다. 어떤 것은 다른 것보다 훨씬 화려해 보였다. 포스터와 현수막은 모두 입을 모아 '믿지 못할 행복 여행'이라고 소리 지르고 있었다.

"우리 계획은 이해하고 있지요?" 그가 물었다.

"예, 사람들에게 경품여행에 당첨됐다고 알려주고 있습니다."

"우리가 왜 그렇게 하지요?"

"가능한 한 많은 사람을 우리 버스에 태우기 위해서입니다." 내가 대답했다.

그가 헛기침하며 내 쪽으로 몸을 살짝 기울였다. 그리고 손가락으로 테이블을 두드렸다. 그 모습이 나를 바짝 긴장시켰다. 나는 어색해져 의자에 앉은 채 몸을 뒤척였다.

"그러면 빌헬미나 씨가 사람들에게 여행에 참가하지 말라고 설득하는 것은 어떻게 받아들여야 할까요?" 그가 물었다.

"혹시 제가 통화하는 걸 도청하셨나요?" 내가 반문했다.

"그래요. 여기서는 그렇게 하니까. 이른바 상담과 서비스를 최상의 상태로 유지하기 위해 시행하는 임의추출 방식의 직원 통제지요." 그가 말했다. "고용계약서에도 명시되어 있고요."

이런! 계약서를 좀 더 꼼꼼히 체크할 걸.

"서비스라면 구체적으로 무엇을 말하는 건데요?" 그 말이 무심코 내 입에서 흘러나왔다. 내 뇌가 그 질문은 차라리 하지 않는 게 나았을 거라고 뒤늦게 경고했다.

“자네는 정말이지 쓸데없는 말을 너무 많이 하는군. 진즉에 알아봤지만, 그 점이 우리 일에 딱 맞는다고 생각했지. 그러나 정작 필요한 때에는 말을 하지 못하는 게 문제인 것 같아.” 그가 말했다. 나는 일방적인 계약 해지의 냄새가 모락모락 피어오르는 걸 느꼈다.

“그렇지 않아요.” 내가 대답했다. “그러니까 제가 말이 많다는 부분 말이에요.” 나는 얼른 보충해서 설명했다. 이런, 그의 두 번째 추측에 대해서는 나도 모르게 동의하고 말았다는 생각이 들었다. “노인들이 연금도 너무 부족하고 건강도 안 좋다고 말하는데, 그럼 제가 어떻게 하면 좋을까요? 노인들이 여행 가서 정말로 아무것도 사지 않아도 되냐고 묻는데 말이에요.” 나를 노려보는 냉혹한 공동사장의 사나운 눈빛을 피하면서, 나는 질문했다. 나는 그가 원격조정으로 나를 제압하려 했고, 유감스럽게도 그의 시도가 성공했음을 인정해야 했다.

“자네 임무는 버스에 사람들을 가득 태우는 거야. 자네 예쁜 머리에 그 점을 한 번 더 각인시키겠나? 아니면 내가 자네를 채용한 걸 후회해야 할까?” 그가 으르렁대며 날카롭게 나를 바라보았다.

내가 어찌해야 했을까? 나는 심장판막증을 앓고 있었다. 판막은 너무 컸고, 심장은 너무 약했다. 연금생활자와 동물을 괴롭히는 일은 내 취향이 아니었다.

자칭 사장이 되고 싶은 그가 자리에서 벌떡 일어났다. 그는 테이불을 빙 돌아오더니, 내 뒤에서 왔다 갔다 했다. 나는 그의 발걸음을 셌다. 셋, 넷, 다섯 그리고 다시 거꾸로 하나, 둘, 셋. 그가 내 바로 뒤에 멈춰 서서, 두 손을 내가 앉은 의자 등받이에 올려놓았다. 문득, 노라의 모습이 뇌리를 스쳐 갔다. 18세 대학생인 그녀는 지난주 이 방에서 울면서 뛰쳐나왔다. 그리고 다시는 모습을 나타내지 않았다. 나는 땀이 나는 걸 느꼈다.

"빌헬미나, 내 말 잘 들어." 마치 혀 위에서 녹이려는 듯, 그가 내 이름을 천천히 그리고 또박또박 불렀다. "자네는 내게서 가불을 받았어, 그렇지?"

나는 고개를 끄덕였다. 정확히 말하면 그의 약혼녀로부터 월급을 가불했다. 그녀는 정말 마음씨가 착했고, 내 친구와 사촌지간이었다. 그녀는 이 남자와 도무지 어울릴 것 같지 않았다.

"전화기에 대고 최선을 다하면, 그 정도 돈은 금세 벌충할 수 있을 거야. 그렇지?" 그의 목소리가 내 귀 너무 가까이에서 들려왔다. 그의 두 손은 슬그머니 내 어깨 위에 올려졌다. 나는 가만히 있지 않고, 의자에서 벌떡 일어났다.

"그렇지 않으면 나도 어쩔 수 없이 좀 더 빡빡하게 할 수밖에 없어." 그는 나를 바라보며 늑대 같은 미소를 지었다. 다시 기분이 좋아진 것 같았다. 부하 직원을 불쾌감으로 가득 채우는 게 그의 즐거움 중 하나일까?

"당연하죠. 그럴게요." 나는 대답하면서 무기력 속에서 소리 없이 분노가 싹트는 것을 느꼈다.

"이제 모든 게 분명해졌군." 그가 차갑게 말하며 넥타이를 고쳐 맸다. 나는 돌아서면서 그의 표정이 갑작스레 어두워지는 걸 곁눈질로 보았다. 그리고 그가 "뻔뻔한 년 같으니."라고 중얼거리는 걸 들었다.

내게 메모가 전해졌다. 고개를 끄덕이고, 미소 짓고, 몸을 돌린 다음, 눈을 부라려. 거꾸로 하지 말고.

무의식적인 내 제스처 때문에 나는 실직이라는 대가를 치렀다. 그 일이 있은 뒤 나는 가책의 물결 아래로 가라앉아, 아주 다급한 경우에만 집 밖으로 나섰다. 나는 주변 사람들에게 모든 걸 잘하고 있다고 다짐했고, 친구들이 마음 편하게 공부할 수 있도록 해주었다. 그런 가운데 완전한 붕괴를 향해 나아가고 있었다.

땀에 젖은 내 손이 냉장 코너에 있는 작은 종이상자 하나를 꽉 붙들었다. 나는 그 상자를 들고 거대한 대형마트 안을 엄청나게 빠른 속도로 걸어갔다. 어떡하든 빨리 이곳에서 벗어나자! 내게는 그것이 가장 중요했다. 문제는 카트를 꺼내는 데 필요한 동전이 없었다. 물론 마트 직원에게 동전 대신 사용 가능한 칩을 하나 빌려달라고 부탁할 수도 있었다. 그런데 그러지를 못했다. 누군가가 가까이 다가오면, 나의 목소리는 말을 듣지 않았다.

그래서 나는 아무 생각 없이 마트를 걸어 다니며, 종이상자에다 필요한 물건들을 담았다. 그건 마치 숨겨 놓은 부활절 달걀을 찾는 기분이었고, 엄청 많은 시간이 걸렸다.

뇌 입만 열면 거짓말하는 네 입을 씻어 줄 비누를 잊어먹었어.

나 나는 거짓말하는 게 아니야. 단지 내 실직 상황을 얼버무리고 있을 뿐이야.

뇌 아니야! 너는 거짓말 한 대가로 지옥에 가게 될 거야.

나 거기 악마가 폭탄이나 마찬가지인 빌헬미나를 견뎌낼 수 있을지 정말 궁금하네.

뇌 그렇게 만날 익살만 부리니, 차라리 서커스의 어릿광대로 취직하지 그래?

나는 여성용 위생용품 코너에 멈춰 서서, 생리대를 사야 하는지 따져보았다. 마지막으로 생리를 한 게 언제였지? 나는 다시 피임약을 먹고 있었다. 왜냐면 성욕을 억제하는 데에는 한계가 있었기 때문이다. '그런 짓은 그다지 건강하지 않아.' 나는 어렴풋이 누군가 했던 말을 기억해냈다. 그러나 내 삶에서 언제 건강한 것이 있기나 했나?

나는 생리대 한 봉지를 집어 들고 걸어가다 여자 점원과 부닥치고 말았다. 종이상자가 바닥에 떨어지면서 안에 있던 누들, 채소 그리고 생리대가 쏟아졌다. "아! 이런!" 나는 깜짝 놀라 소리 지르며, 쪼그리고 앉아 떨어진 것들을 얼른 주워 담았다.

"앞 좀 보고 다니셔야겠어요!" 점원이 내 서투름에 고개를 절레절레 흔들며 거들먹거리듯 말했다.

나는 두 다리가 후들거리는 게 느껴졌다. 나는 아무 말도 못 했고, 고개조차 들지 못했다. 그리고 그녀가 사라질 때까지 얼어붙은 듯 그 자리에 쪼그리고 앉아 있었다.

뇌 와인이라도 한 잔 마셔야겠다.

나 의사가 술을 많이 마시지 말랬잖아.

뇌 하지만 달리 방법이 없잖아.

나 그렇기는 하네.

마구 흔들리는 배를 타고 바다 한가운데에 떠 있는 것 같은 느낌이 들었다. 나는 두 번이나 상품진열대에 부딪혔고, 한 번은 선반에 있던 뮈슬리 상자들이 바닥에 떨어졌다. 나는 대담하게도 물건들을 떨어진 그대로 내버려 두었다. 그건 아마도 양심의 가책보다 얼른 그곳에서 벗어나고픈 충동이 더 컸기 때문일 것이다.

음료를 사러 가는 길에 나는 달걀과 라비올리 한 캔 그리고 누들 소스 한 병을 집어 들었다. 좀 더 정확히 말하면, 나는 누들 소스 병을 집으려고 했다. 그런데 미처 병을 집기도 전에 병은 이미 바닥으로 향했다. 쨍그랑하고 요란한 소리를 내며 병은 산산조각났고, 내 심장은 박동을 멈췄다. 나는 바짝 긴장해 주위를 둘러보았다. 아무도 보이지 않았다. 나는 얼른 옆 코너로 도망쳤다. 와! 하루에 두 번씩이나! 내 심장은 마구 방망이질 쳤다.

뇌 이런 일은 일찍이 들어본 적이 없는 것 같아. 그렇지 않아?

나 이런 거지 같은 날에는 제발 그놈의 입 좀 다물고 있어.

뇌 하루하루가 모두 거지 같은 날인 걸 뭐. 내일이면 또 다른 일이 벌어질 거야.

나는 어느새 제법 무거워진 박스를 번쩍 들어 올리며 포도주 한 병을 집었다.

"포도주, 안녕? 오늘은 아주 지긋지긋한 하루구나." 나는 중얼거리며 포도주병을 종이박스 한가운데에다 밀어 넣었다. 그곳이라면 안전할 거라 기대했기 때문이다. 아주 선해 보이는 남자가 그런 나를 지켜보고 있었다. 나는 얼굴이 빨갛게 달아올랐다.

내 시선은 반짝반짝 윤이 나게 닦인 광고판에 가 닿았다. 광고판에는 내 모습이 비치고 있었다. 머리카락은 목 뒤로 질끈 묶이고, 두 눈은 계속되는 뜻밖의 사건에 놀란 기색이며, 뺨은 수치심에 빨갛게 되어 있었다. 나는 남자의 미소가 의미하는 바를 전혀 이해하지 못했다. 그의 시선을 마주하는 나의 눈이 저절로 찌푸려지는 것을 느꼈다. 나를 보고 그는 서둘러 몸을 돌렸고, 다른 쪽으로 황급히 사라졌다.

뇌 잘했어! 좀 더 섬뜩한 표정을 지었어도 괜찮았을 텐데.

나 나는 그냥 그 사람을 바라봤을 뿐이야.

뇌 맞아. 당장이라도 종이박스에서 총을 꺼내 쏠 듯이 바라보았지.

계산대에서 들려오는 떠들썩한 소리가 나를 진정시켰다. 쉬지 않고 떠들어대는 소음은 음악에 가까웠다. 나를 진정시키는 리듬. 나는 건너편 빵집 주인을 쳐다보았다. 그는 갓 구운 빵을 진열대에 올려놓고 있었다. 나는 오래전에 돌아가신 할머니를 떠올렸다. 언젠가 정말로 하늘나라에서 할머니를 다시 만날 수 있을까.

"줄을 서신 건가요?" 얼굴이 온통 수염으로 뒤덮인 남자가 내게 물었다. 내 뒤로는 사람들이 길게 줄지어 서 있었다. 나는 앞으로 나아가는 것을 깜빡하고 있었다. 그가 카트로 나를 슬그머니 밀쳤다. 나는 두 팔로 종이박스를 받치고 있느라 힘이 들었다.

뇌 저 남자에게 영양섭취를 위해 발작적으로 쇼핑하는 사람들의 행태를 연구하는 중이라고 말해 줘.

나 얼씨구, 그러다가 그 사람이 카트로 나를 밀어버리면 어떡해?

뇌 그럼 네가 카트를 뺏어서 그를 밀어버리면 되잖아?

나 난 못해!

뇌 왜? 그렇게 하면 네 생각보다 훨씬 더 기분이 좋아질거야.

나 말은 그럴 듯하네. 그래도 안 할래.

뇌 겁쟁이!

나 아니야!

뇌 무슨! 도살장에 끌려가는 새끼돼지처럼 벌벌 떨고 있구먼.

나는 말 없이 앞쪽으로 나아가 계산대 위에다 포도주병을 올려놓았다. 달걀판이 한쪽으로 휙 뒤집어졌다. 나는 재빨리 타원형 달걀들을 달걀판에 도로 세워 넣으려고 했다. 얼핏 뒤쪽에서 따가운 시선들이 느껴졌다. 내면의 눈에는 뒤에 선 사람들의 주둥이가 흉측하게 일그러지는 것이 보였다. 그들은 나를 비웃거나, 짜증스런 눈빛으로 천장을 올려다보고 있었다. 천장은 기이하게도 공장 건물처럼 보였다. 자주 가는 마트에서 위쪽을 올려다본 적이 있는가? 한번 올려다보시라!

드디어 계산이 끝나고, 나는 덜덜 떨리는 손으로 계산한 물건들을 박스 안에 담았다.

"35유로 43센트입니다." 마른 몸집의 계산원이 말하며 재촉하듯 나를 쳐다보았다. 나는 막 포도주병을 박스 안에 넣고 있었다. 한참 뒤에서 조금 전 마주쳤던 젊은 남자가 아직도 흥미로운 눈빛으로 나를 지켜보고 있었다. 어쩌면 나는 그 남자를 어디선가 만난 적이 있는지도 모른다. 내겐 이따금 그런 일이 벌어지곤 했다.

내가 카드를 건네주자, 여자 계산원이 말하는 소리가 들려왔다. "이건 보험카드인데요."

나는 당황해 그녀를 바라보았고, 내 손에 쥐어진 파란색 카드를 확인했다. "죄송해요." 나는 중얼거리며, 다른 카드를 꺼냈다.

그녀 시선은 내게 말하고 있었다. '지금 저를 약 올리세요?' 이번에는 그녀에게 내 신분증을 내밀었다는 사실을 깨달았다.

"신용카드를 주셔야죠." 그녀가 짜증스럽게 말했다.

기분이 묘해졌다. 주위 모든 것이 흔들리면서 바지가 축축해졌다. 들고 있던 종이박스에서 포도주병이 빠져 나왔다. 병이 바닥으로 떨어지면서 바로 그 순간의 나 자신처럼 산산조각이 났다. 나는 바닥에 내팽개쳐져 산산이 흩어진 자아를 주워 담으려 하지 않았다. 대신 무작정 달려 도망치기 시작했다. 그저 앞만 바라보며.

결국 내게 남아 있던 마지막 줄마저 끊어져 버렸다. 그리고 나는 단 하나의 음을 내는 것마저 불가능해지고 말았다.

다시 시작할 수 있을까?

또 다시 사람들 앞에서 오줌을 싸지 않으려면 완전히 새로운 삶의 관점이 필요했다.

"이제 출발해야지." 아빠가 내게 말했다. 아빠는 나를 데리고 새로운 심리치료 전문의를 찾아가려고 했다. 오래전부터 나는 차를 운전할 엄두를 내지 못했다. 나의 운전 능력은 믿을 수 없었고, 길 양옆의 나무들은 나를 끌어당기는 힘을 발휘했다.

"도저히 안 되겠어요. 당장이라도 머리가 터져버릴 것 같아요." 나는 힘주어 말하며 팔짱을 꼈다. 마치 나사를 조이는 뜨거운 바이스에 머리가 꽉 끼인 것처럼 느껴졌다.

"약은 먹은 거야?" 아빠가 걱정스레 물으며 나를 바라보았다. 기즈모는 그르렁대며 내 다리에 연신 몸을 비비고 있었다. 그는 마치 내게 이렇게 말하고 있는 것 같았다. '미나, 얼른 좀 움직여

봐! 시끄러워서 더는 못 견디겠어.'

"물론이죠. 그런데 어떤 약도 도무지 듣지를 않아요." 나는 앓는 소리를 하며 침대 위에 도로 주저앉았다. 예전과 달리 아빠 눈빛에 담긴 걱정과 무력감 역시 나를 어찌하지 못했다. 나는 집을 나서기를 막무가내로 거부했다. 주치의가 내 모든 문제의 근원이 ADD임을 밝혀낸 뒤로도 그런 상황은 거의 한 달 가까이 지속되었다.

체념이란 감정은 아주 대단하다. 다른 이들의 실망감이나 자신의 좌절감에 더는 상처 받지 않고, 낚싯바늘에 걸린 물고기처럼 몸부림치거나 자신을 괴롭히던 짓도 그만두게 된다.

"사람들은 왜 모두 언제나 행복하려고 하는 걸까요?" 나는 엄마 아빠에게 씩씩대며 물었다. 엄마 아빠는 내 일을 계기로 다시 의견 일치를 보았다. 둘이 같이 나를 돌보기 위해서였다. 몇 년 전이라면 이런 기묘한 상황이 무엇보다 내게 큰 도움이 되었을 것이다.

"행복은 그저 한순간일 뿐이에요. 나는 저 바깥세상의 소용돌이 속에서 잠깐 행복한 듯했다가 이내 다시 쓰라린 사건에 휩쓸리기보다는 차라리 마음 편히 계속 불행한 게 더 좋아요." 나는 그렇게 주장하며 엄마 아빠의 이성적인 설득에 맞섰다.

"하지만 이건 사는 게 아니야." 안절부절못하고 내 작은 방 안을 오가던 엄마가 말했다. 기즈모는 엄마와 부딪치지 않기 위해 요리조리 피해 다니기 바빴고, 최소 2미터의 안전거리를 확보하기 위해서 간간이 낮은 울음소리를 냈다.

“나는 숨 쉬고 있잖아요. 그걸로 충분하지 않아요?” 나는 기운 없는 목소리로 물었다. 엄마가 멈춰서더니 심란한 눈빛으로 나를 바라보았다.

“얼마나 더 이럴 건데? 언제까지 이렇게 혼자서 방구석에만 처박혀 있을래?” 엄마가 진지한 목소리로 물었다. “너는 살아갈 날이 창창하단 말이야. 너한테는 삶의 목표 같은 것도 없어?”

글쎄요, 그런 건 그리 높게 잡으면 안 돼요.

나는 입술을 잘근 깨물었다. 나의 뇌는 침묵하고 있었다. 나는 뇌가 왜 아무런 말도 하지 않는지 궁금했다. 나의 뇌는 최근 들어 이상하리만큼 조용했다.

“네 꿈은 뭐야?” 엄마가 다시 물었고, 나는 마른침만 꿀꺽 삼켰다. 내게도 꿈은 있었다. 정확히 말하면, 악몽이었다. 거의 매일 밤 그랬다. 나는 거의 잠을 이룰 수가 없었다.

“진심으로 알고 싶어요? 사방이 벽으로 둘러싸인 이 좁은 방 안에서 기분 좋게 지내는 거예요. 방송대학을 졸업하고, 집에서 편안히 일하며 살고 싶어요.” 나는 대답하고, 혼비백산해 내게 도망쳐 온 기즈모 털을 가볍게 쓰다듬어 주었다. 기즈모는 집에 누가 찾아오는 것을 달가워하지 않았다. 그 무렵에는 나도 그랬다.

아빠가 다가와, 내 앞에 무릎을 꿇고 앉아 말했다. “꿈꾸는 아가씨, 내 말 명심해서 들으렴. 지금 당장 우리와 같이 가서 군말 없이 치료 받자. 아니면, 너를 강제로라도 정신병원에 입원시킬 수밖에 없어. 어떡할래?"

말도 안 돼! 어떻게 그런 생각을?

"진심이세요?" 나는 깜짝 놀라 반문했다. 너무 놀라 말문이 막힐 지경이었다. 이건 정말이지 일종의 선전포고였다.

부드럽고 상냥하기 짝이 없던 말과 몸짓은 갑자기 어디로 사라졌을까?

"이건 공갈 협박이나 마찬가지예요." 나는 저항했다.

"명심해! 너는 네가 생각하듯 그렇게 멍청하지 않아. 절대로!" 아빠가 대꾸하며 일어섰다.

오케이. 그렇다면 이제 또 다른 방법을 찾을 수밖에.

"엄마 아빠는 나를 전혀 이해하지 못해요." 나는 소리치며 머리를 마구 쥐어뜯었다.

"그럼 너는 너 자신을 이해하고 있니?" 아빠가 정곡을 찔렀다. 나는 잠시 생각에 잠겼다. 사람들은 꼭 자기 자신을 알고 있어야 하는 걸까? 나는 그저 괴물들이 몇 시간이나마 입을 다물고 있으면 충분했다. 그랬다. 괴물들이 무슨 생각을 하고, 어떤 일을 꾸미고 있는지 도무지 알 수 없었다. 얼마 전 바지에 오줌을 싸고 만 것도 마찬가지였다. 그런데 뭘 어쩌라고?

"언제나 제 자신을 이해하는 건 아니에요." 나는 기가 죽어 대답했고, 결국엔 굴복하고 말았다.

자동차에 오르자 속이 거북해졌다. 뒷자리에 앉았기 때문이다. 고속도로를 달리는 동안, 나의 시선은 지평선에 고정되었다. 나는 어떻게 하면 의사와의 상담치료에서 빠져나갈 수 있을지 머리를 굴렸다. 상담치료의 무엇이, 나를 이처럼 패닉 상태로 몰아넣는 걸까. 어쩌면, 낯선 사람에 의해 강제로 어떤 부류로 분류된다는 두려움 때문일지도 모른다. 지난번처럼 말이다.

"지난번 치료와는 분명 다를 거야." 내 마음을 읽었는지 엄마가 말했다. "이제는 어쨌거나 원인을 알아냈잖니. 그러니 너를 도와 문제를 해결할 수 있을 거야."

"그렇군요. 그러면 얼마나 좋겠어요." 나는 비아냥거리듯 대꾸했다. 지난번에 처방받은 우울증 약이 나의 창의적인 사고를 마비시켰던 일이 떠올랐다. 나는 어느 정도 제 기능을 발휘했다. 하지만 전혀 다른 사람이 되어 있었다. 항우울제가 결함투성이인 내 뇌에 정확히 어떤 작용을 일으켰는지 나는 알지 못한다. 다만 분명한 건, 흐릿한 기분에 빠져 허우적거리지 않는 대신 나는 엄청난 대가를 치러야 했다. 변비나 두통 따위의 부작용도 그 중 하나였다.

"나는 절대로 코카인은 먹지 않을 거예요." 나는 놀랄 만큼 단호한 목소리로 말했다. 그동안 나는 ADHD에 관한 책 몇 권을 읽었고, 과잉행동을 보이는 아이들을 진정시키기 위해 리탈린을 처방한다는 사실을 알게 되었다. 남동생은 다행히 극단적인 방법까지

동원할 필요는 없었다.

헨리는 당과 인산염이 함유된 음식물을 멀리하는 식이요법만으로도 상태가 호전되었다. ADHD를 앓고 있는 아이들과 어른들에게 효과가 있다고 알려진 다양한 식이요법이 존재한다. 그렇지만 아직 의학적으로 효과가 입증된 것은 없다. 더 나아가 장기적으로 식이요법을 지속하면 상당히 위험할 수도 있다. 예를 들어 인산염은 건강한 영양섭취를 위해서 꼭 필요한 성분이다.

다행스럽게도 헨리는 식이요법으로 인한 어떠한 부작용도 겪지 않았고, 실업계 고등학교를 졸업한 뒤 전기기사가 되기 위한 도제 과정을 밟기 시작했다. 그가 돌연 도제 과정을 중단하자, 나는 야비하게도 그 상황을 은근히 반겼다. 하, 너도 결국은 커리어를 쌓는 사다리를 올라가는 데 어려움을 겪는구나. 어때? 사다리가 상당히 미끄럽지? 그러나 3년 뒤, 헨리는 도제 수업을 마치고 장인이 되기 위한 중간 단계인 '게젤레' 자격증을 취득했다. 내게는 빈정거림 말고는 아무것도 없었다.

ADHD의 여러 증상은 시간이 흐르면서 변화한다. 특히 과잉행동과 관련해서는 사춘기가 지나면서 증상이 약화되는 경우도 흔히 찾아볼 수 있다. 물론 ADHD 환자의 60퍼센트가량은 청소년기 이후에도 계속해서 동일한 증상을 보인다. 심지어 자신이 안고 있는 문제와 맞서 싸우려는 힘이 줄어드는 경우, 성인이 되면서 도리어 ADHD 증세가 더 악화되기도 한다. 아마도 나의 경우가 바로 그 부류에 속할 것이다.

"한번 해보자꾸나. 어쩌면 네게 도움이 될지도 모르잖아." 아빠 말이 나를 생각의 세계에서 불러냈다.

"싫어요, 절대로요. 어차피 아무 효과도 보지 못할 게 뻔해요. 이제까지 해 봤던 다른 모든 가련한 시도들과 마찬가지일 거예요." 가련한! 그 말은 여전히 내가 즐겨 쓰는 말이었다.

"미나, 쓸데없는 소리는 그만!" 아빠가 엄한 목소리로 다그쳤다. 다 큰 딸이 여전히 의존적이며 절망적이라는 사실이 아빠에게도 한심하게 느껴졌음이 분명했다. "너도 이제는 물어뜯어야 해. 맞서 싸워 이겨야 한다고."

"끝내주는 충고네요!" 나는 두 손을 불끈 쥐며 비아냥댔다. 유리창에 냅다 머리를 들이박고 싶은 심정이었다. 아빠가 그 말을 마지막으로 한 것은 내가 열 살 때였고, 나는 스포츠 배지를 따기 위해 몸부림쳐야만 했다. 그 대가로 나는 가운뎃손가락 뼈가 부러지고 말았다. 하필이면 손에서 가장 중요한 가운뎃손가락이.

"솔직히 말하면, 너무 지쳤어요. 그런 바보 같은 짓을 하려다 얼마나 더 바닥에 엎어져야 하나요?" 나는 지나치게 큰소리로 따지듯이 물었다.

"너랑 싸우자는 게 아니야!" 아빠도 지지 않고 소리치며 액셀을 밟았다. 나는 저절로 좌석 등받이에 똑바로 앉게 됐고, 엄마는 손잡이를 꽉 잡았다.

"나도 싸우려는 게 아니에요. 그렇지만 엄마 아빠는 계속 내가 왜 틀렸는지를 설명하려 하잖아요." 나는 화가 나서 씩씩거렸다.

"얘야, 진정하렴." 엄마가 안타까운 목소리로 나를 달랬다. 하지만 감히 내 쪽을 돌아볼 엄두는 내지 못했다. 아빠가 난폭하게 차를 몰고 있었기 때문이다. 나는 숨을 한 번 깊이 들이마셨다가 도로 내뱉었다. 그리고 내 두 다리가 덜덜 떨리고 있음을 비로소 깨달았다.

"집으로 돌아갈래요." 나도 모르게 말을 내뱉었다. "혼자서도 잘 해낼 수 있단 말이에요." 여하튼 나는 이미 ADHD에 관한 책을 몇 권 읽었다. 물론 아빠 말이 맞았다. 그렇지만 나는 내 안 깊은 곳에 있는 것들을 결단코 밖으로 드러내고 싶지 않았다. 내장을 에워싸는 뼈와 살이 없다면, 누군가와 부닥치는 게 몇 배나 더 아프기 때문이다. "저는 벌써 많이 좋아졌어요." 나는 엄마에게 간절히 애원했다.

"그래? 그럼 네 생각에 어떤 점이 좋아졌는데?" 엄마가 슬픈 목소리로 물었다.

"그러니까 이제는 적어도 나의 주말이 어떠했는지 다른 누군가에게 묻지 않아도 돼요." 나는 애써 농담을 던졌다. 그러면서 엄마 아빠도 익히 알고 있는, 일시적으로 머릿속이 텅 비어 버렸던 이런저런 순간을 떠올렸다.

"지금은 그런 한가한 소리나 하고 있을 때가 아니야." 아빠가 끼어들면서, 뒤에 앉은 나를 물끄러미 바라보았다. 앞차의 브레이크등이 들어오는 것을 발견하고, 나는 소스라치게 놀라 앞쪽을 가리켰다.

그러나 아빠는 아무렇지도 않게 한마디 덧붙였다. "우리는 오랫동안 심리치료 전문의와 이야기를 나눴어. 우리는 네가 새로운 목표를 찾게끔 도울 거야."

"무슨 목표요?"

"이를테면, 사회의 일원이 될 수 있는 길을 찾는 거지. 네 자신을 좀 더 자제하는 법을 배우면서 말이다." 아빠가 대답했다. 나는 귀를 닫았다. 목표라는 게 거추장스러울 뿐이라고 생각했다. 좀 더 정확하게 표현하자면, 목표란 결국 안전한 침대로 돌아가려는 나의 길을 가로막는다.

"여보, 미나를 억압하거나 힘들게 하면 안 된다고 의사 선생님이 말했잖아요." 엄마가 침착한 목소리로 말했다.

"내가? 나는 강요하는 게 아니야." 아빠가 항변했다.

"아니라고요? 제 느낌에는 그러는 것 같은데요." 엄마가 중얼거렸다.

"그놈의 느낌이니 인상이니 하는 말 좀 집어치워! 듣기만 해도 아주 지긋지긋해!"

"우리가 왜 갈라섰는지 잠시 잊고 있었네요." 엄마가 쏘아붙이면서 자세를 고쳐 앉았다.

"아무래도 엄마 아빠한테 제 치료시간을 양보해야겠어요. 저보다는 두 분이 더 급해 보여요."

"미나, 이제 제발 그만 좀 해라." 아빠가 호통을 쳤다.

"대체 뭐가 마음에 안 드는데요?" 나는 내 질문이 지나치게 도발적으로 들리지 않게끔 조심스레 물었다.

"우리 제안을 한사코 거부하는 네가 마음에 안 들어."

"저는 원하지 않는 것을 자꾸만 강요하는 엄마 아빠가 마음에 안 들어요."

"우리는 우리를 미쳐 버리게 만드는 네가 마음에 안 든다고!"

"거기서 나는 빼 줘요." 엄마가 끼어들었다. 나는 심호흡을 했다. 아빠는 깜빡이를 켰고, 고속도로를 빠져 나왔다.

신기했다. 바로 얼마 전까지만 해도 내가 누군가에게 짐이 된다는 느낌이 들면 당장이라도 죽고 싶을 만큼 죄책감에 시달렸다. 그럴 때면, 내가 콩알만큼이나 작아지는 것 같았다. 그런데 지금은 그런 느낌이 들지 않는다. 그건 바로 내가 느끼고 있는 절망적인 체념 때문일까? 마치 중력이 사라진 것 같았다. 니나는 걸핏하면 '그런 것 따윈 집어치워!'가 지닌 놀라운 마력을 강조했다. 드디어 나도 그런 태도에서 뭔가를 얻은 걸까? 길모퉁이를 돌면서 내 몸은 창 쪽으로 쏠렸고, 나는 창밖을 내다보았다.

아빠가 엄마에게 물었다. "거기서 나는 빼달라고? 그게 무슨 의미야? 설마 지금 이 상황을 견딜 수 없다는 말은 아니겠지?"

"왜요? 그러면 안 되나요?" 엄마가 되물었다.

"지금 나 때문에 엄마 아빠 삶이 행복하지 못하다는 사실을 은근슬쩍 돌려 말하는 건가요?" 내가 끼어들었다.

"아니야!" 엄마와 아빠가 거의 동시에 한목소리로 대답했다. 두 분 마음이 맞다니, 놀라운 일이다.

"우리를 이해해 주면 안 되겠니? 너 때문에 늘 안타까워하고 걱정하는……." 엄마가 말하기 시작했다. 그때, 아빠가 갑자기 급브레이크를 밟았다. 타이어가 끼이익 날카로운 소리를 냈다. 내 몸은 앞쪽으로 휙 쏠렸고, 엄마는 비명을 내질렀다. 뒷좌석에 있던 인형 하나가 내 얼굴을 스치며 앞쪽으로 날아가, 아빠가 꽉 붙들고 있던 기어에 부딪혔다. 아빠의 벤츠는 앞차의 범퍼를 아주 살짝 건드린 뒤에야 그 자리에 멈춰 섰다.

"지금 이것도 당연히 저 때문이겠지요? 그런 거지요?" 나는 앞에다 대고 소리 지르며, 내 어깨를 으깰 듯 눌러대는 안전벨트를 거칠게 잡아당겼다. 온몸이 마비된 듯 무감각하게 느껴졌다. 오로지 어깨에서만 극심한 통증이 느껴졌다. 아빠가 문을 열고 차에서 내렸다. 아빠는 난감한 표정으로 머리카락을 쓸어 넘기며, 자신이 아끼는 애마의 상태를 살폈다. 벤츠는 아빠에게 성스러운 존재였다. 엄마도 내 분노의 폭발에 더 이상 관심을 기울이지 않고 차에서 내렸다.

뇌 잘하면 의사를 만나는 번거로움을 피할 수도 있겠다.

나 어! 드디어 나타나셨네?

뇌 당연하지. 언제나 너랑 같이 있는걸.

나 그런데 조금 전에는 왜 아무 말도 안 했어?

뇌 네가 부르지도 않았잖아.

나 그런데 대체 내 어디가 문제일까?

뇌 장담하건대, 네 잘못은 전혀 없어. 네 기저귀를 갈아주는 테이블이 너무 높았고, 네 부모님은 너무나 서툴렀던 거야.

나 그래, 그게 분명해.

뇌 어떤 정신 나간 놈이 네 주술인형을 만들고는, 네가 멍청한 짓을 하도록 강요하고 있는지도 모르지.

비가 내리기 시작했다. 빗방울이 눈물처럼 차창을 타고 흘러내렸다. 속이 메슥거렸다. 내 손은 차 문을 열었고, 나는 고속도로 나들목의 갓길로 달려가 민들레 위에다 토했다. 토사물을 뒤집어쓴 민들레 줄기가 꺾어지면서 풀 사이로 주저앉았다. 꽃들은 쏟아지는 쓸개즙과 빗물 사이에서 이리저리 흔들렸다. 엄마가 내 어깨를 살며시 안고는, 머리카락이 얼굴로 흘러내리지 않게 잡아주었다.

"더는 못 견딜 것 같아요." 나는 구역질을 하면서 더듬더듬 말했다. 그리고 다시 한번 갑작스럽고 신속한 죽음을 맞이할 수 있기를 바랐다.

"미나, 그런 말 하지 마." 엄마가 속삭이며 나를 품에 꼭 안았다.

"나는 아무래도 상관없어요. 그저 조용히 있을 수만 있으면 좋겠어요." 나는 진심을 털어놓은 뒤, 민들레 옆에 있는 데이지 꽃에다 속에 있던 것들을 다시 한 움큼 쏟아 냈다. 도로 위를 달려가는 자동차 타이어에서 나는 불규칙한 소음이 바람결에 우리 쪽으로 실려 왔다.

"무관심이야말로 진짜 끔찍한 거야." 엄마는 그렇게 말하며 다시 나를 꼭 안았다. 가는 빗줄기가 후드득 소리를 내며 쏟아졌다. 나의 속은 안정을 되찾고 있었다.

괴물들과 마주하다

"때로는 침대 밑의 괴물들 곁에 누워, 그들이 하는 말에 귀를 기울이는 편이 더 나아요." 이것이 내가 새로 만난 행동치료사 좀머 부인의 첫 번째 조언이었다.

그녀는 나의 상상과 완전히 달랐다. 나의 우려와 달리 마주하는 대상을 그런저런 정형화된 범주로 분류하는 데 급급하지 않았다. 그녀는 아주 평온한 느낌의 아우라가 있고, 눈빛은 지혜로워 보였다. 그녀가 지혜로운 눈으로 나를 살피기만 해도 나는 울음이 터져 나올 것만 같았다. 나는 그녀가 진심으로 나를 바라보고 있으며, 나라는 존재의 단편적인 조각들을 망치와 용접기로 새롭게 짜 맞추려 하지 않는다는 느낌을 받았다. 새롭게 짜 맞추다 보면 한 개인의 참된 모습은 사라지고, 본연의 성질과 다른 새로운 것이 만들어지기 마련이다. 나는 이미 그런 경험을 여러 번 겪었다.

"지금은 기분이 어때요?" 둘이 함께 나의 과거를 파헤치다가도 좀머 부인은 때때로 내게 물었다. 그럴 때마다 나는 몇 초 동안 숨을 멈추었다. 적어도 자기 자신을 탐색하려 시도해 보는 것은 중요했다. 그즈음 나는 그런 사실을 분명히 깨닫고 있었다.

표면 아래 숨어 있는 몇몇 요인들은 주도면밀한 검사를 통해서만 끄집어낼 수 있다. 밝은 햇빛 아래에서 끄집어 낸 것을 관찰하면, 그것들은 더 이상 두려움을 자극하지 못한다. 그것이 바로 좀머 부인이 세운 치료 계획의 기본 원리였다.

"잘 모르겠지만, 아마도 화가 나는 것 같아요." 나는 대답하며, 머릿속에서 뭔가가 두드리는 느낌이 들었다. 아스피린을 두 알이나 먹었지만, 내 두개골 안에서 딱따구리 한 마리가 구멍을 파대고 있는 것처럼 느껴졌다.

"뭐에 화가 나는데요?" 좀머 부인이 가만히 물었다.

"늘 그랬듯, 저 자신에 대해 화가 나요." 나는 그렇게 대답하며, 창문을 닦으려다 겪은 불행을 떠올렸다. 수도꼭지 잠그는 것을 깜빡하는 바람에 집 안에 물난리가 일어났다. 내 이웃들에게 그런 일은 이미 흔하디흔한 일이었다. 그렇다고 그들이 자기네 집 천장에서 물이 똑똑 떨어지는데도 침착하게 대처했다는 말은 아니다. 그들은 점점 나를 비난하게 되었고, 나는 서서히 이사를 고민하게 되었다.

"저는 '할 일 목록'에 있는 일들을 주어진 시간에 도저히 해낼 수 없어요. 그게 저를 정말 힘들게 만들어요." 나는 고백하면서 한숨을 내쉬었다.

"그럼 늘리면 어떨까요?" 좀머 부인이 제안했다.

"무얼요? 시간을요?" 나는 창문턱에 놓인 화분들을 유심히 바라보았다. 신기했다. 내가 산 화초들은 그것처럼 싱싱하지 못하고, 금세 시들어버렸다.

"네, 맞아요."

"그렇지만 다른 사람들은 그런 일을 훨씬 더 빨리 처리해요. 단순하기 짝이 없는 일을 처리하는 데 남들보다 훨씬 많은 시간을 투자한다면, 그 일을 해내더라도 무슨 가치가 있을까요?" 내가 물었다. 사실 그 질문은 좀머 부인이 아니라 나 자신을 향하고 있었다. 나는 분홍색 꽃에서 시선을 돌렸다.

"그래요? 저랑은 생각이 다르네요. 왜 그리 생각하세요?" 좀머 부인이 다시 물었다.

왜냐고? '시간은 금이다. 일찍 일어나는 새가 먼저 벌레를 잡아먹는다. 효율적인 작업만이 인정받는 일이다.'와 같은 잠언들이 머릿속에 떠올랐다. 동시에 그런 말을 되풀이하면서 나의 일 처리 방식을 못마땅하게 여긴 사람들의 얼굴이 뇌리를 스쳤다. 속이 거북해졌고, 나는 안락의자에 앉은 채 눈에 띄게 움츠러들었다.

"갑자기 말이 없어졌네요." 좀머 부인이 내 쪽으로 아주 살짝 몸을 기울이며 말했다. 나의 시선은 창문 앞 거대한 떡갈나무에 달라붙어 있었다. 바람에 나뭇잎들이 흔들리고 있었다. 나는 나뭇잎이 살랑대는 소리가 내가 듣고 싶은 노래가 될 수 있을지 스스로에게 물었다. 내면의 음악이 이미 오래전부터 침묵하고 있었기 때문이다.

"글쎄요. 내가 왜 그렇게 생각하는지 전혀 모르겠어요." 나는 눈을 깜빡이며 나직이 중얼거렸다.

"빌헬미나, 내가 던진 질문이 당신에게 어떤 생각을 불러일으키나요?" 좀머 부인이 중요한 질문을 던졌다. 나는 침을 삼켰다. 그리고 내 손톱이 손목 살 속으로 깊이 파고드는 걸 남의 일처럼 바라보았다.

"지난번 만났을 때, 우리가 당신의 두려움과 불안에 대해 이야기한 거 기억하세요?"

기억하냐고? 당연하지. 나는 나의 괴물들의 역겨운 얼굴을 바라보아야 했다. 특히나 실패와 상실의 두려움을 마주해야만 했다.

내가 계속해서 자발적인 언어능력 상실에 시달리자 좀머 부인이 물었다. "긴장 해소를 위한 운동을 한 번 할까요?" 나는 고개를 끄덕였다.

"좋아요, 두려움을 느끼거나 스트레스를 받으면 근육이 경련을 일으킨다는 사실은 이미 알고 있을 거예요. 이를 해소하기 위해 지난번에는 단계적 근육이완 운동을 연습했어요." 좀머 부인이 기억을 상기시켰다.

나는 다시 고개를 끄덕이며, 무릎 언저리를 꽉 잡고 있던 두 손에서 힘을 빼려고 시도했다.

"먼저, 오른손에 집중하세요." 좀머 부인이 차분히 나를 이끌었다. "오른손을 주먹 쥐고, 잠시 긴장을 유지하세요." 내 왼손 손가락들이 같이 하지 못하는 것에 대해 불만이라도 터뜨리듯 불안하게 실룩거렸다.

"여덟, 일곱, 여섯, 다섯, 넷……." 좀머 부인은 숫자를 세며 나를 바라보았고, 현재 상태를 유지하도록 눈빛으로 나를 격려했다. 나는 깊게 숨을 들이마셨다가 다시 내뱉었다. 그러고는 전체 과정을 다시 한번 반복했다.

"둘, 하나. 이제 주먹을 펴세요. 여기서 중요한 포인트는 오른손이 얼마나 편안한 상태로 이완되는지 의식적으로 느껴 보는 것입니다. 자, 이번에는 왼손을 시작해 보세요."

몸의 여러 근육을 대상으로 동일한 과정을 연습하자, 긴장되었던 상태가 정말로 풀어진 걸 느낄 수 있었다. 더불어 일종의 매듭과도 같은 내 안의 무엇이 풀리면서 눈물이 솟구쳤다.

나는 울음을 터뜨렸다. 그냥 엉엉 울었다. 그런 자신이 당혹스러웠다. 울어야 할 이유는 전혀 없었다. 그런데 왜?

"괜찮아요. 울고 싶으면 마음껏 우세요." 좀머 부인이 말하며 내게 손수건을 건넸다. 나는 손수건에다 소리 나게 코를 풀었다.

"긴장과 더불어 근심 걱정 역시 자기 존재를 드러내는 경우는 드문 일이 아니에요."

"하지만 그건 정말 달갑지 않은 일이에요." 나는 흐느끼며 말했다. 나는 어찌해야 할지 알 수가 없었다. 좀머 부인은 나를 카우치로 이끌었고, 나는 그곳에서 마음 편히 울 수 있었다. 그녀는 부드러운 미소를 지으면서 내게 마음을 진정시킬 여유를 주었다.

카우치가 그리 쓸모가 있는 줄은 미처 몰랐다. 카우치에는 고향에 와 있는 것 같은 편안함이 있었다. 그리고 자신의 감정에 맞서 힘겹게 싸우지 않도록 돕는 힘이 있었다. 나는 의사 진료실에 왜 카우치와 같은 가구가 있는지 줄곧 궁금했다. 비로소 그제야 그 이유를 알게 되었다.

조금 시간이 지난 뒤 좀머 부인이 내게 말했다. "지금 떠오르는 생각을 이야기해 주세요." 나는 죄책감에 물든 절망과 무관심으로 온몸이 몹시 뜨거워졌다.

"저는 부모님에게 실망감을 안겨 드리는 존재였어요." 내 입에서 말이 튀어나왔다. "아기 때만 해도 저는 아주 순하고 착한 아이로 성장할 것 같았어요. 부모님은 저를 보며 행복해 했고요. 저는 말 그대로 두 분의 공주였어요. 그런데 안타깝게도 시간이 흐르면서 상황이 돌변했지요." 나는 바짝 긴장한 채, 자신이 하는 이야기에 귀를 기울이고 있었다. "저는 스스로 묻곤 해요. 나와 내 동생이 그토록 힘들고 피곤한 존재가 아니었다면, 부모님의 결혼생활이 과연 실패로 끝났을까 하고요." 기어이 나는 그 말을 내뱉고 말았다.

"내가 보기에 당신은 조금 과하다 싶을 만큼 자신이 큰 영향력을 갖고 있다고 생각하고 있어요." 좀머 부인이 자신의 견해를 말했다. "부모님의 결혼생활이 유지되느냐 마느냐는 외부 여건에 의해 결정되지 않아요." 좀머 부인은 고개를 살며시 한쪽으로 기울였다. 그녀의 은색 곱슬머리는 실내로 비쳐 든 햇빛을 받아 반짝였고, 그런 모습은 그녀를 천사처럼 보이게 만들었다.

"정말로요?"

"네. 정말로요."

"왜 그런지는 모르지만, 저는 한때 날아다니던 시절이 있었던 것 같아요. 하늘로 솟아올라 훨훨 날갯짓하며 날아다니는 꿈에 대해 알고 계세요?"

"예, 그런 꿈 이야기를 들어본 적은 있어요." 좀머 부인이 진지하게 대답했다.

아하! 그렇다면 그건 모르는 것이나 마찬가지지.

나는 무거운 마음으로 바닥을 내려다보며, 푸른색 양탄자 위에 그려진 사각형과 원의 비율을 따져보았다. 둘은 대략 3 대 1의 비율로 그려져 있었다.

"전에는 그처럼 신비롭고도 멋진 꿈을 꾸곤 했어요. 그런 꿈은 제게 아주 많은 에너지를 선사했고요. 그래서 저는 모든 것이 가능하다고 믿었지요. 살면서, 제가 상상하는 모든 것이 될 수 있다고 말이에요."

"그럼 요즘은 그렇지 않은가요?"

"네, 요즘은 두 다리가 늪에 빠져 있고, 괴물과 뱀들이 뒤에서 속삭이는 꿈을 꾸곤 해요." 나는 슬픈 목소리로 대답했다. "제 날개는 꺾여 버렸지요."

"그렇다면 당신이 다시 날갯짓하며 하늘로 훨훨 날아오를 수 있도록 함께 방법을 찾아야겠네요. 그렇지요?" 좀머 부인은 확신에 찬 목소리로 분명하게 말했고, 나는 그녀의 낙관적인 기운에 절로 물들었다.

"그러려면 어떻게 하면 되는데요?" 눈가에 남은 마지막 눈물방울을 옷소매로 훔쳐내면서 내가 물었다.

"맨 먼저, 당신 침대 밑에 사는 괴물과 뱀의 정체가 무엇인지부터 살펴보아야 해요."

"당연히 그래야겠지요."

"그리고 그들이 무엇을 말하는지도요."

"좋아요."

아니, 잠깐만. 나는 정말로 그것을 알고 싶을까?

"당신은 다른 이들의 요구에 맞추지 못할까 봐 두려워하고 있어요." 좀머 부인이 신중한 목소리로 말했다. "물론 당신이 살아온 환경을 고려하면 그건 그다지 놀랄 일도 아니지요. 당신은 그동안 살아오면서 난파되어 좌초하는 다양한 경험을 겪었다고 말했어요. 그렇지요?"

"난파되어 좌초하다. 아주 적절한 표현이네요." 나는 들뜬 목소리로 대답했다. 때마침 나의 뇌가 소리 높여 끼어들었다.

뇌 네가 완벽한 실패자라는 사실을 듣기 좋게 에둘러 표현하는 걸 보니, 그녀는 정말 묘한 존재인 게 틀림없어.

나 때때로 그저 마약에 빠져 있고 싶을 때가 있어. 그럼 적어도 너란 존재와 사사건건 부딪치지 않아도 될 테니까 말이야.

뇌 그래도 내가 곁에 있어서 고마운 줄 알아. 나마저 없었으면 너는 완전 혼자였을 거야.

나 아니, 나는 네가 없어도 아무렇지 않았을 거야. 너는 상상도 못하겠지만.

"빌헬미나, 당신의 좌절은 결코 부끄러운 게 아니에요." 좀머 부인은 설명을 이어나갔다. "그건 단지 타고난 장애로 인한 하나의 결과일 뿐이에요. 그리고 어차피 다른 사람들의 삶도 다 마찬가지고요."

"그렇지만 저기 밖에 있는 완벽한 사람들은 분명 다르게 생각할 거예요." 내가 말했다.

"당신 생각에 완벽한 사람들이란 어떤 모습일까요?" 좀머 부인이 다시 물었다.

"완벽한 사람들은 술 마시지 않고, 거짓말하지 않고, 싸우지 않고, 좌절하지 않고, 푸념하지 않고……."

좀머 부인이 가로막고 나서면서 내가 하던 말을 마무리했다.

"하지만 그런 사람은 없어요."

나는 깜짝 놀라 입을 다물었다.

"당신이 상상하는 그런 사람은 세상 어디에도 없어요. 사람들은 누구나 다 저마다 나쁜 마음과 단점이라는 짐을 짊어지고 살아요. 물론 그 정도는 사람마다 다르겠지만, 누구든 예외 없이 그와 같은 결함이 있지요."

"그럼 당신도요?" 나는 아무 생각 없이 물었다.

"당연하지요. 나도 마찬가지예요."

뇌 그녀가 거짓말하는 거야.

나 그럴 수도 있지. 그녀를 한번 봐. 나이에도 불구하고 몸매가 호리호리하니 보기 좋아. 사람들의 기를 꺾을 만큼 편안한 기운도 느껴지고. 교양도 있고, 아마 이런저런 자격증에 표창장도 많겠지. 그런 그녀에게 뜻대로 되지 않을 게 뭐가 있겠어?

뇌 맞아! 그녀는 모든 일이 자기 뜻대로 되고 있을 거야.

나 나도 네 생각에 동의해.

뇌 그러니까 내 말 들어. 그게 그나마 성가신 일들을 면하게 해 줄지도 모르니까 말이야.

좀머 부인이 진지하게 덧붙였다. "내 생각에 당신은 다른 사람들의 결함은 전혀 보지 못하는 것 같아요. 당신 자신의 문제에만 집착하며 매달려 있기 때문이지요. 빌헬미나! 늘 다른 사람의 마음에 들어야 한다는 강박관념부터 먼저 버려야 해요. 그건 절대로 삶을 사는 최고의 원칙이 아니거든요. 친한 사람 중에도 분명 당신 마음에 들지 않는 사람들이 많이 있을 거예요, 그렇지요?"

나는 잠시 생각했다. 순식간에 적어도 백 명 이상의 사람들이 머릿속에 떠올랐다. 비밀을 곧바로 자신의 반쪽에게 말해버리는 아빠, "다른 사람에게는 절대로 말하지 마세요."라는 말을 아빠가 제대로 이해하는지, 나는 확신이 서질 않는다. 너무나 요란스럽게 자신의 불행을 하소연하는 엄마, 그새 콧대가 너무 높아져서 분명 숨 쉬는 데 문제가 생겼을 카챠, 처음에는 기꺼이 나서서 나를 돕다가 점점 나를 외면하는 남동생 그리고 그리고 그리고…….

"그래도 달리 어쩔 도리가 없잖아요? 저는 다른 사람들이 저를 존중하는 게 무엇보다도 중요하거든요." 나는 솔직히 인정하면서 나를 마치 인형처럼 대하는 시몬을 떠올렸다. 그는 자기가 원하는 곳에 원하는 방식으로 자기 필요에 따라 나를 옮겨놓았다.

"고분고분하거나 마음에 든다는 이유로 누군가를 존경하는 것은 아니에요." 좀머 부인은 지난번 만남에서 했던 말을 다시 상기시켰다. "그러니 상대에게 언제나 착하고 온순한 모습으로 보일 필요는 없어요."

"그럴 필요가 없다고요?"

"네, 당신은 이미 성인이에요. 그러니 아이스크림 정도는 스스로 사 먹을 수 있지 않아요?"

그 비유가 마음에 들었다. 나는 싱긋 웃으며 그녀 말에 수긍했다. 더불어 마음이 편해졌고, 잔뜩 긴장했던 근육도 어느 정도 풀어졌으며, 안면 통증 또한 수그러들었다. 나는 혈액순환이 변화하는 걸 느낄 수 있었다.

"더는 사랑스럽게 보일 필요가 없다는 게 아닙니다. 그보다는 누가 당신을 좋아하는지 그리고 그 사람의 평가가 얼마나 가치 있는지를 당신이 직접 따져 보아야 합니다." 좀머 부인은 단호한 어조로 분명하게 생각을 밝혔다.

"언젠가 책에서 읽은 적이 있어요. 제어하지 못하는 두려움은 영혼을 갉아먹는다고요." 나는 내가 말하는 것을 들었다. 무시무시한 괴물과 대면하고 있는 내 모습도 보였다. 나는 그런 모습으로 나의 두려움을 형상화한 것이다.

"멋진 메타포군요." 좀머 부인이 말했다. "어쨌든 중요한 것은 두려움을 이해하기 위해서는 실체를 볼 수 있어야 한다는 점입니다. 제대로 마주하면 그들은 힘을 잃어버리니까요."

"그렇지만 그들이 정말로 무시무시하다면요?"

"그렇다면 더욱더 그들의 실체를 확인하는 게 중요하겠지요." 좀머 부인이 격려하듯 대답했다.

나는 좀머 부인의 말대로 나의 괴물을 정확하게 들여다보았고, 괴물 대부분이 저마다 근심 걱정이 있다는 사실을 깨달았다.

예를 들어 실패의 두려움은 카리브해에서 휴가를 즐기고 싶어 했다. 나는 실패의 두려움을 위해 일상의 목표치를 낮게 설정하고 주변 사람들의 기대치를 무시함으로써 부담감을 줄였다. 그리고 적어도 주말 동안엔 북해 바다에서 쉴 수 있게 해 주겠노라고 약속했다.

상실의 두려움은 대처하기가 그보다 좀 더 어려웠다. 그럼에도 불구하고 나는 예전처럼 뭔가에 걸려 비틀거리는 대신, 두 발로 땅을 굳게 디디고 섰다. 나는 나의 기분을 적극적이며 신중하게 진정시키기 시작했고, 산책할 때는 의식적으로 두 발을 내딛는 데 집중했다. 물론 종잇장처럼 가볍고 예민한 나 같은 사람에겐 쉬운 일이 아니었다. 나는 스스로를 컨트롤할 수 있다고 확신하기 위해 여전히 굶고 있었다.

"문득문득 제 삶이 예전 할머니 집에서 지낼 때와 다를 바가 없다는 생각이 들어요." 나는 누군가에게 무엇인가 건네받고, 인상을 잔뜩 찌푸리는 듯한 제스처를 했다. "할머니에게 감자샐러드가 가득한 접시를 받을 때면 그 접시를 어찌할지 몰라 벌써 몇 해 전에 죽은 강아지가 식탁 밑에 와 있기를 간절히 바라곤 했지요." 나는 설명했다.

"좀 더 분명하게 '아니요!'라고 말할 수 있어야 해요." 좀머 부인이 아주 간단명료하게 제안했다.

"하지만 '아니요!'라고 말하는 게 정말 쉽지 않아요." 나는 솔직히 인정했다.

"당신은 너무 망설이고 너무 주저해요. 당신의 모든 태도가 '그러지 뭐.'라고 크게 외치고 있어요." 좀머 부인의 말에 나는 대답했다. "이제 분명히 알게 된 게 있어요."

뇌 아! 그러니까 그게 문제였네. "미나, 우리 야외 수영장에 몰래 들어갈까?" - "그러지 뭐." - "미나, 네 자동차 내가 가져도 될까?" - "그러지 뭐."

나 그만 좀 해.

뇌 "미나, 오늘 밤 같이 잘래?" - "그러지 뭐." 그러고 보니 모두 다 설명이 되네. 심지어 작년에 가까스로 모면한 강간까지 말이야.

"알게 된 게 뭔데요?" 좀머 부인이 물었고, 나는 소스라치게 놀랐다. 그 기억은 무척이나 위험했기 때문이다.

"전혀 원하지 않는 것을 하도록 사람들이 자꾸만 저를 설득하는 이유요." 나는 속삭였고, 강간의 이미지를 머릿속에서 지워버리려고 애를 썼다.

"예를 들면요?"

"그러니까 저는 원래 상담치료를 받지 않으려고 했어요." 나는 사실대로 이야기했다. 지금 상황에 대해 화가 났기 때문이다.

"그러나 이번 일은 누군가 진심으로 당신을 위해서 한 것이라고 생각해요." 좀머 부인이 말했다. "당신 부모님은 당신을 무척이나 사랑하고 있어요."

"예, 그럼 이번 일 말고 다른 것은 저를 위한 일이 아니라고 생각하세요?" 나는 그녀에게 물었고, 다른 사람들도 나의 행복에 마음을 쓰고 있다는 사실을 설명하는 근거를 찾으려 했다. 야외 수영장으로의 잠입은 그저 약간의 재미를 위해서였나? 낯선 이와의 섹스는 단지 완고하지 않다는 것을 보여주기 위해서였나? 속이 거북해졌다.

"누군가 당신에게 교통사고에 대한 책임을 대신 맡아 달라고 부탁한다면…… 그게 당신에게 어떤 이득이 된다고 생각하나요?" 좀머 부인은 시몬과 차를 타고 가다 일어났던 교통사고에 대해 언급했다.

좀머 부인의 승리였다.

"그렇지만……." 나는 급히 입을 다물었고, 다시금 머릿속이 혼미해지는 걸 느꼈다.

"치료 결과를 수긍하고 받아들이는 것은 교통사고의 과실을 인정하는 것과는 전혀 다르다는 사실을 직시해야 해요. 이렇게 대화를 나누면 아주 편안하게 느껴지지 않나요?"

"예, 그래요." 그사이 내 머릿속은 진공상태가 되어 있었다.

"그리고 대화와 간단한 운동을 하면서 이미 긍정적인 효과를 보았고요, 그렇지요?" 좀머 부인이 다시 물었다. 나는 고개를 끄덕였다. "어떤 결정을 내려야 할 때, 그 결정에 대해 의문이 든다면, 그 일에 대해 심사숙고해야 한다고 말해 보세요. 그것만으로도 크게 도움이 됩니다. 누구도 그 자리에서 즉시 결정을 내릴 필요는 없어요. 그래야 한다면 스트레스나 중압감이 심해지기 마련이지요. 그러니 당신도 한번 시도해 보세요."

좀머 부인의 제안은 상당히 타당해 보였고, 나는 그녀의 충고를 기억하기로 마음먹었다.

잠시 후, 좀머 부인이 다시 입을 열었다. "내 기억이 맞다면, 우리는 '제한하기'에 관해 이미 이야기했을 거예요."

"예, 어떤 상황에서 꺼림칙한 느낌이나 아주 좋은 느낌이 들면 일단 잠시 멈춘 다음, 내게 요구되는 것이 무엇인지 정확히 따져봐야 한다는 거예요. 그것이 정확히 어떤 일인지, 누구 생각인지, 나아가 나는 그 사람과 어떤 관계인지 등을 말이에요." 나는 좀머 부인이 했던 말을 기억해 말하며, 손가락을 만지작거렸다.

좀머 부인이 한마디 덧붙였다. "그리고 당신이 진심으로 그 일을 하고 싶은지, 무엇 때문에 그 사람이 당신에게 그런 부탁을 했는지를 곰곰이 생각해야 해요."

나는 그녀의 말을 받아 말했다. "또한, 부탁받은 일이 내게 좋은 일인지 아니면 나를 불쾌하게 만드는 일인지 그리고 그 일을 해내기 위해서는 어느 정도의 대가를 치러야 하는지도 신중하게 생각해야 하고요."

"나중에 이용당했다는 느낌을 받게 될지, 아니면 고맙다는 감사의 말을 하게 될지 미리 분명하게 해놓는 것도 좋을 거예요."

"네, 맞아요." 좀머 부인의 말에 내가 대답했다.

이번엔 좀머 부인이 화제를 바꿨다.

"남자친구하고는 어떤가요? 남자친구와 헤어질지 고민 중이라고 말했었지요?"

뇌 그렇지! 이제 드디어 핵심에 다가섰어.

나 아아, 아니야.

뇌 손도 대지 않고 상자 속에 넣어서 보관할 게 아니라, 이제는 내 충고를 진지하게 받아들일 때가 된 거야.

나 그래서 어쩌라고?

뇌 더는 참담한 일을 만들지 않는 게 끝없는 참혹함에 시달리는 것보다 나아.

"계속해서 헤어져야 할까 고민하고 있어요. 그렇지만 그럴 수가 없네요." 시몬이 혹시라도 내 말을 들을까 두려운 듯, 나는 가만히 속삭였다.

"헤어지지 못하도록 당신을 붙잡는 게 혼자되는 것에 대한 두려움인가요?" 좀머 부인이 물었다.

"그렇기도 하지만, 그가 변할지도 모른다는 희망 때문이기도 해요." 그랬다. 희망은 결코 쉽사리 포기해서는 안 된다.

"그럼 남자친구가 당신에게 자유분방하게 행동하는 것에 대해서는 서로 합의를 봤나요?" 좀머 부인이 다시 물으며 뭔가를 메모했다.

질투는 아픔 유발 원인을 열렬히 추구하는 열정이야. 나는 내심 그렇게 생각하며 솔직히 대답했다.

"전혀요."

"그는 자기 친구들과 만나기 위해 자유시간을 더 많이 갖기를 원해요. 그렇지요?"

"예, 저는 남자친구 말을 믿을 자신이 없어요. 그동안 남자친구가 너무 많은 거짓말을 했거든요." 나는 숨김없이 털어놓았다.

"한번 무너진 신뢰를 다시 쌓을 수 있다고 생각하나요?" 좀머 부인은 절대로 있을 수 없는 일에 대해 질문했고, 나는 그 답을 이미 알고 있었다. 그러나 대답하지 않았다. "신뢰가 결여된 인간관계는 지속될 수 없어요." 좀머 부인이 내 생각을 대신 정리했다.

"그렇다면 선생님께서는 제가 남자친구와의 관계를 단호하게 정리해야 한다고 생각하세요?"

"내가 어떻게 생각하는지는 중요하지 않아요. 빌헬미나, 당신 생각이 가장 중요해요."

그러게요. 그런데 내 마음을 나도 모르니…….

"제 마음을 선뜻 정하는 게 좀처럼 쉽지 않아요." 나는 인간관계에서 결코 올바른 결단을 내린 적이 없었다. 그나마 내린 결정조차도 행동으로 옮기지 못했다. 늘 끝내버리겠다고 말만 하고, 헤어진 후 얼마 지나지 않아 다시 원래 관계로 돌아오는 여성들의 모임이 있다면, 나는 분명 그 모임의 대표가 되었을 것이다. 그것도 월등한 표 차이로.

"헤어져야 할지 말아야 할지 같은 결정은 번갯불에 콩 볶아 먹듯 갑자기 뚝딱 할 수 없어요." 좀머 부인이 강조해 말했다.

"꿈속에서 훨훨 날아다니던 때만 해도 저는 아주 쉽게 결정할 수 있다고 생각했어요. 그렇지만 지금은 모든 게 생각처럼 쉽지 않아요. 무엇보다도 그의 마음을 아프게 할지도 모른다는 게 견딜 수 없고요." 나의 고백에 좀머 부인이 입가에 잔잔한 미소를 띠며 말했다.

"그렇다면 당신은 아기천사인 게 분명하군요."

"날개 꺾인 천사지요."

"네, 맞아요. 그러나 당신은 현명한 여성이기도 해요." 좀머 부인이 말하기 시작했고, 나는 미심쩍은 얼굴로 한쪽 눈썹을 치켜올렸다. "그럼 날개 대신 번듯한 마녀의 빗자루를 타고 하늘을 날아보면 어떨까요? 우리 여성들은 적응력이 뛰어나잖아요?"

"참 재미있는 말이네요." 나는 대꾸한 뒤, 좀머 부인이 한 말의 의미를 잠깐 곱씹어 보았다.

"당신도 때로는 화를 낼 수 있다는 사실에 대해서는 어찌 생각하세요?" 좀머 부인이 내게 물었다.

"저도 때로는 당연히 화를 내요." 내가 대답했다. 나는 결코 온순하고 인내심 많은 어린양이 아니었다. 복수심에 불타오를 때면 악마가 되었다. 예전에 사귀던 남자친구가 내게 결별을 통보했을 때는, 신문에 그의 이름으로 남성 파트너를 찾는다는 광고를 냈다. 물론 관심이 있는 남자들이 연락할 수 있게끔 광고에 그의 전화번호를 적어놓는 것 또한 잊지 않았다. 또 다른 전 남자친구의 경우에는 그가 아끼던 자동차에 매니큐어로 멋진 장식을 그려 넣었다. 그리고 그의 집에 숨어 들어가서, 옷장 뒤에다 정어리 몇 마리를 몰래 숨겨 두기도 했다.

혹시 만능 리모컨이라고 들어본 적 있는가? 전 남자친구의 텔레비전에 만능 리모컨을 연결한 적도 있었다. 독일 국가대표팀이 월드컵 경기를 치르는 날이면 나는 1층 그의 집 앞을 차로 오가면서, 창문 너머로 만능 리모콘을 사용해 텔레비전 채널을 엉뚱한 데로 돌려놓곤 했다. 고백컨대, 그때의 쾌감은 세상 무엇과도 비교할 수 없을 만큼 짜릿했다.

"아니면 다른 사람들을 신경 쓰는 대신, 자신의 욕구에 좀 더 귀를 기울이면 어떨까요?" 좀머 부인은 집요하게 묻고 늘어졌다.

나는 심호흡을 한번 했다. 곰곰이 생각해 보면, 나는 아주 오랫동안 다른 사람들이 나를 어찌 생각하는지, 어떻게 하면 다른 사람들이 나에게 실망하지 않을지에만 골몰했다. 밤이고 낮이고.

그 후 몇 달 동안 나와 좀머 부인은 마녀의 빗자루를 타고 칼을 휘두르며 보냈다. 나의 또 다른 자아가 될 지도 모를 용과 뱀의 머리는 칼로 잘라내고, 지옥의 개들은 지하세계에 가두었다.

나는 가족 간에도 사랑을 강요할 수 없다는 사실을 인정하고 받아들였다. 그 결과, 이런저런 인간관계를 '서로 함께'라는 건강한 관계로 발전시킬 기회를 얻었다. 몇몇 사람과는 완전히 관계를 끊었고, 내 삶에서 그들의 존재를 지워버렸다. 그와 같은 결단으로 계속 나를 옭아매던 환멸과 실망의 고리도 잘라버릴 수 있었다.

나는 마녀의 빗자루가 훌륭한 이동수단일 뿐만 아니라, 자긍심과 용기를 강화하는 데에도 탁월한 효능이 있음을 발견했다. 세상 어디에 이렇게 훌륭한 청소도구가 또 있을까?

또한 나는 ADHD 치료제로 사용되는 향정신성 의약품인 메틸페니데이트도 복용했고, 놀랄 만한 효과를 경험했다. 언제나 나를 에워싸고 있던 안개가 살며시 걷히고, 유리로 된 종 모양의 치즈 덮개가 내 위에 살포시 씌워져 견딜 수 없는 소음을 막아 주었다. 놀라웠다! 복용 후 30분도 지나지 않아 약효가 확연하게 나타나기 시작했고, 잔뜩 민감해진 자극 필터가 완화되었다. 소용돌이치던 여러 가지 생각들이 조금이나마 진정되고, 나의 내면이 안정되었다. 이른바 정상이라 불리는 사람들은 세상을 이렇게 인지하고 받아들이고 있을까? 진정 믿을 수 없었다.

부작용만 아니라면, 메틸페니데이트는 아마도 내게 기적의 치료제가 되었을 것이다. 그러나 그 약을 복용하면 나는 한동안 아무것도 먹을 수 없었다. 한참이 지나 겨우 뭔가를 먹으면, 이내 속이 뒤집어졌다. 내 몸무게는 더욱더 감소했고, 약효가 떨어지면서 나의 심리상태는 급격한 하향나선을 그렸다.

5장

나만의 장점 발견하기

동전에는 양면이 존재한다. 양과 음, 선과 악, 빛과 그림자. 어느 하나가 있기에 다른 하나도 더불어 존재할 수 있다. 물론 ADHD에도 단점뿐만 아니라 장점도 존재한다.

ADHD를 앓고 있는 우리 대부분은 매우 창의적이고 상상력이 풍부하며 호기심이 넘친다. 위험을 기꺼이 감수하는 성향 또한 어느 선까지는 강점으로 간주할 수 있다. 우리의 사고는 매우 유연하며, 평범한 사람들과는 달리 틀에 얽매이지 않는다. 평균을 넘는 개방성과 열정 그리고 높은 공감능력과 뚜렷한 정의감 역시 우리의 장점이다.

우리는 그저 모래 속에 처박고 있던 머리를 빼내 외면했던 현실을 인정하고, 숨을 한번 깊이 들이마신 다음, 계속해서 모래밭에서 놀면 된다.

이제 나는 우리에 대해 말하고자 한다.

거들먹대는 타인에 맞서는 방법

처음부터 다시 시작하기로 마음먹은 뒤, 나의 상황은 아주 조금씩 나아지기 시작했다. 새로운 전략을 세우고, 착한 요정들의 도움을 받으면서 나의 자의식을 다시 짜 맞추기까지는 몇 년이라는 시간이 걸렸다. 하지만 나는 내가 선택한 길을 성공적으로 나아갔다. 그사이 나는 칼 휘두르는 법을 터득했고, 여기저기서 튀어나오는 용들의 머리를 계속해서 베어냈다. 내가 그처럼 단호하게 공격성을 발휘하고, 만족스러운 결과를 얻은 것은 오로지 나의 모성애 덕분이었다.

루이자는 불가능의 바다 한가운데서 태어났다. 온갖 역경을 극복하며 이제 막 내 삶에 또 한 번의 기회를 부여하려던 순간, 나는 아기가 생겼다는 기쁜 소식을 알게 되었다. 그건 전혀 의도치 않은 임신이었다. 세상 모든 일에 빈정대고 '내가 말했잖아.'라는 태도로 일관하던 나의 뇌가 못 견디던 모습이 아직도 선명하다.

뇌 난소에 생긴 물혹 때문에 병원에 온 거 아니야?

나 맞아, 그랬지.

뇌 그런데 수술을 할 수 없다니 그게 무슨 소리야?

나 병원에서는 늘 하던 대로 임신 테스트를 했어. 그런데 결과가 포지티브로 나왔어.

뇌 포지티브? 네게 긍정적인 결과라면, 임신이 아니어야 하잖아?

피임약을 먹었음에도 임신했다는 사실을 온전히 이해한 순간, 나는 두 다리에 힘이 풀리면서 초음파실의 침대 앞 리놀륨 바닥에 털썩 주저앉았다. 그러나 그 충격조차 나는 느끼지 못했다.

9주짜리 작은 기적을 초음파 영상으로 마주하던 순간, 이상하게도 아이를 낳게 될 거라는 확신이 들었다. 또한 아이에게 안전과 사랑 그리고 좋은 가정환경을 제공하기 위해서라면 무엇이든 할 수 있다고 느꼈다. 마치 새로운 삶을 향해 시동을 거는 것 같았다. 그와 같은 새로운 자극 덕분에 얼마나 많은 힘을 얻게 될지 당시에는 미처 몰랐다.

이제 다시 용 사냥으로 돌아가자. 우리처럼 예민한 부류의 사람들은 영악하고 부정직하게 사람을 조종하고, 자기중심적이며, 이해심이 부족한 사람들을 어떠하든 멀리해야 한다. 그들이 없는 삶이 훨씬 더 건강하기 때문이다. 물론 그런 사람들은 자신들이 그러하다는 사실을 자각하지 못한다. 따라서 우리가 피해야 할 그런 사람들과 그들의 성격에 대해 논쟁을 벌이는 것은 아무 소용이 없다. 마치 비둘기와 체스를 두는 것이나 마찬가지다. 당신이 얼마나 진지하게 체스에 임하건 상관없이, 비둘기들은 체스 말을 쪼아 넘어뜨리고, 체스판 위에 똥을 싸대며, 마치 자신들이 이긴 양 으스대며 돌아다닐 게 뻔하기 때문이다.

"미나, 다 같이 파티를 계획하면 어떨까?" 손윗동서인 케르스틴이 거만함과 상냥함이 뒤섞인 시선으로 나를 바라보며 물었다. 나는 그 눈빛이 견딜 수 없을 만큼 싫었다. 케르스틴의 말에 정원 테이블에 앉아 있던 모든 눈이 나를 향했고, 나는 불편한 심기를 드러내지 않기 위해 바짝 긴장했다. 그러거나 말거나 루이자는 모래밭에서 놀면서 모래 케이크를 만들어 내 무릎 위에 올려놓았다.

"엄마, 다 만들었어요. 이제 엄마가 구이크를 케워야 해요. 세 살배기 루이자는 작고 깜찍한 손을 옷에 쓱쓱 문질러 닦으며, 기대에 찬 눈으로 나를 바라보면서 자랑스레 말했다.

"아하, 이제 엄마가 케이크를 구워야 하는구나." 나는 루이자 말을 확인하면서 하트 모양의 케이크를 받아들었다. 루이자의 금발 머리는 목뒤에서 고불고불 말려 사랑스럽게 살랑거리고 있었다. 나는 곱슬곱슬한 루이자 머리카락을 풀고 싶은 충동을 느꼈다.

"빌헬미나!" 케르스틴이 날카롭게 나를 불렀고, 내 마음이 딸을 향해 불타오르는 강렬한 순간을 방해했다.

그 와중에 케르스틴의 두 아들인 요나탄과 안스가르는 고함을 질러대며 정원 안을 미친 듯이 뛰어다니고 있었다. 공 하나가 울타리 기둥을 맞추고, 모래밭 안으로 튕겨 들어갔다. 루이자는 주저하면서 공을 주워 그들에게 굴려 주었다.

"형님, 제가 이미 목록을 적어드렸잖아요. 그 목록에는 제가 구울 케이크에 대해 모두 적혀 있고, 또 초대장을 작성하는 일도 제가 맡는다고 되어 있어요." 나는 그녀에게 목록 내용을 다시 확인시켰다.

난 케르스틴이 말 많은 아만다 고모에게 나에 관해 어떻게 이야기했을지 잘 알고 있었다. 내가 빵 굽는 데 서툴고 요리를 잘하지 못한다는 사실은 이제 딱히 비밀도 아니었다. 남편 하네스는 기회가 될 때마다 남들에게 그런 이야기를 하곤 했다. 남편 형수인 케르스틴이 눈썹을 치켜뜨며 나를 돌아봤다.

"그건 그리 도움이 되지 않아." 그녀가 말하기 시작했다. "자네가 뒤로 물러서서 대화를 피한다면, 우린 아무것도 할 수가 없어."

솔직히 말해서 나는 그녀 말에 동의할 수 없었다. 내가 목록을 작성한 것은 대단한 일이라고 생각했기 때문이다. 나는 사진사라는 직업에다 집안일과 아이 돌보기 그리고 아내의 의무 등 여러 가지 부가적인 일들을 떠맡고 있다. 그럼에도 나는 파티를 위해 케이크 여덟 개를 구우려 했다. 그리고 수백 장의 초대장을 디자인하고 인쇄하여 모두에게 보내려 했다. 그다지 좋아하지 않는 시아버지의 60세 생일파티를 위해서 말이다. 물론 시아버지도 날 썩 좋아하진 않았다.

케르스틴은 파티 준비에서 주도권을 행사하기 시작했다. 평소라면 누군가가 전체적인 방향을 제시한다는 점에서 매우 반겼을 일이다. 하지만 나와 케르스틴은 그다지 사이가 좋지 않았고, 나는 내가 준비한 목록을 이용해 그녀에게 일격을 가하고 싶었다.

케르스틴과 캄프 가족의 몇몇 구성원들은 나와 하네스의 깜짝 결혼을 말도 안 되는 뻔뻔함의 극치로 받아들였다. 그러나 나는 남편 하네스와 형수인 그녀 사이의 키스를 매우 부적절하게 받아들였다. 물론, 그것은 하네스가 나를 만나기 전의 이야기였다. 누워서 침 뱉기라고, 자기도 유리 온실에 앉아 있으면서 함부로 돌을 던져서는 안 되는 법이다. 그렇지만 나는 그녀에게서 늘 그런 느낌을 받았다. 그녀가 그저 조약돌을 던졌을 뿐일지라도 말이다.

나와 하네스가 비밀리에 결혼식을 치르자, 케르스틴은 한동안 의도적으로 나를 무시했다. 그러다가 이야기라도 나누자며 나를 자기 집으로 초대했다. 나중에 깨달은 사실이지만, 그건 나와 잘 지내려는 게 아니었다. 그녀는 자신이 나의 속셈을 꿰뚫고 있다는 사실을 알리고 싶었던 것이다. 나는 루이자를 돌봐줄 보호자가 필요했고, 하네스가 바로 그런 내 의도에 속아 넘어갔다는 것이 그녀의 믿음이었다. 아쉽게도 나는 그날 레이저 칼을 집에 두었고, 그래서 그녀의 뻔뻔함을 그저 케이크와 커피와 더불어 꿀꺽 삼켜야만 했다.

"내 생각에, 누가 무엇을 할지는 다같이 정하는 것이 좋을 것 같아." 케르스틴이 내 생각 속에다 말하는 것이 들려왔다.

"빌헬미나, 이리 와서 내 옆에 앉아요." 하네스 여동생인 시누이 미르야가 끼어들어 말하며 친근하게 자기 옆에 있는 빈자리를 가리켜 보였다. 그녀는 가정의 평화를 사랑했고, 나는 그녀의 제안을 받아들였다.

"루이자, 엄마를 위해서 이 케이크를 마저 구울래? 다 완성되면, 네가 부린 마법을 보러 갈게. 알았지?" 나는 루이자에게 부탁했다.

루이자는 눈살을 찌푸리면서 걱정스런 눈빛으로 남자아이들 쪽을 돌아봤다. 오늘만 해도 요나탄은 벌써 두 번이나 루이자를 거칠게 밀쳤다. 좀 더 나이 많은 여자 사촌들은 줄곧 자기들끼리 그네를 타고 있었고, 그 아이들은 짓궂은 남자 사촌들에게서 루이자를 지켜줄 것 같지 않았다.

"엄마가 지켜보고 있을게." 나는 꽃무늬 치마를 입은 딸아이에게 약속했다. "여기 테라스에만 앉아 있을 거야. 절대 멀리 안 가고 말이야." 나는 루이자를 안심시키며, 딸아이의 장밋빛 볼에 입을 맞췄다.

"멀리 가면 안 돼." 딸아이는 거리를 가늠하며 거듭해서 말했다.

4미터, 세 발자국 그리고 작은 커브. 드디어 받아들였다.

"좋아요, 엄마. 구이크는 내가 계속해서 케울 게요!" 루이자가 말하면서, 어린이용 물뿌리개로 모래에 물을 살짝 부었다.

"응! 너는 케이크 공장에서 일하는 제이스터 마빵사야." 나는 루이자를 격려하며 윙크를 건넸다. 루이자가 나와 말 바꾸기 놀이를 하며 장난기 가득한 미소를 지을 때면, 나는 더할 나위 없이 행복했다.

나는 이내 어른들의 자리에 합석했고, 떨지 못하도록 두 발을 의자 다리에 걸어 고정했다. 나는 다시 작아지는 자신을 느꼈다.

"그러면 저는 무엇을 할까요?" 나는 될 수 있는 한 부드럽게 물었다. 동시에 식탁보 가장자리에 난 구멍 하나를 발견하고는 그 안에다 새끼손가락을 집어넣었다. 구멍에는 나를 끌어당기는 어떤 마법이 깃들어 있었다. 구멍과 관련된 특이한 현상은 정말 많다. 우주 전체를 집어삼키는 블랙홀, 전혀 새로운 관점을 부여하는 벽에 뚫린 구멍, 양말에 난 구멍 그리고 머리에 난 구멍.

말이 나온 김에, 머리에 난 구멍을 이야기해 보자. 탁월할 만큼 활동적인 충동을 지닌 내 남동생은 네 개의 구멍을 동시에 갖고 있었다. 이웃집 개 고질라 때문에 말이다. 세 살배기 헨리는 걸핏하면 시커멓고 커다란 잡종견 앞을 왔다 갔다 하면서 개의 사냥 본능을 일깨우곤 했다. 그런 짐승이 난데없이 동생의 목 뒤에 올라타 버렸으니, 정말 끔찍하고도 충격적이었다. 그날 이후로 나는 하얀색 개만 좋아하게 되었다. 푸른 눈이라면 더할 나위 없었다.

"케이크를 두 가지 이상 준비할 수는 없을까?" 케르스틴이 나를 과거로부터 끄집어내고는, 지나칠 정도로 허세를 부리며 눈을 깜빡였다. 그녀는 자주 그러곤 했다. 그럴 때면 그녀의 떨리는 눈꺼풀은 마치 마비 증상에 시달리는 것처럼 보였다. 한 가지 더, 그녀의 눈알이 뒤틀리며 부릅떠진다면 부족할 게 없을 터였다.

"죄송하지만, 무슨 이야기인지 알아듣질 못했어요." 나는 이야기 맥락을 놓치고 말았다.

우리는 막 개에 관해 이야기하고 있지 않았나?

"그러니까 애플파이 네 개와 버터케이크 네 개라?" 케르스틴은 내가 만든 리스트를 소리 내어 읽고는, 테이블 한가운데 커피포트와 크림 사이에 내려놓았다.

"네, 죄송해요. 제가 케이크는 잘 만들지 못해서." 나는 그녀에게 상기시켰다.

"그렇다면 케이크는 잘하는 다른 사람에게 맡기고, 동서는 샐러드를 만들면 어때?" 케르스틴 말에 나는 어깨를 으쓱해 보였다.

"저는 아무래도 상관없어요. 그럼 저는 누들 샐러드 여덟 접시를 준비하면 되나요?" 나는 우스갯소리를 하며 환히 웃었다. 하지만 케르스틴은 아무 표정 변화 없이 나를 빤히 쳐다보기만 했다.

"너는 애플파이 두 개와 버터케이크 두 개를 만들렴. 거기에다 큼지막한 누들 샐러드 하나를 추가로 준비하면, 데코레이션 케이크는 내가 맡으마. 어떠냐, 괜찮지?" 아만다 고모가 제안했고, 나는 안도의 한숨을 내쉬었다.

"그럼요, 좋고 말고요. 그렇게 할게요." 나는 루이자를 흘끗 바라보며 대답했다. 루이자의 케이크 공장은 평화로웠다.

"그럼 이제는 초대장에 대해서 이야기해 볼까?" 케르스틴이 티크나무 의자에서 몸을 곧게 펴면서 또다시 화두를 던졌다. "생각해 봤는데, 60개의 장미로 둘러싸인 60세 생일……." 그녀는 말하기 시작했고, 당황한 나는 헛기침을 했다.

"제가 이미 초대장 디자인을 끝냈어요." 나는 말하면서, 책상 위에 놓여 있던 케이크 목록을 뒤집었다. 그 뒷면에는 내가 디자인한 초대장이 인쇄되어 있었고. '케이크 위의 초는 이제 그만'이라는 헤드라인이 굵은 글씨로 비스듬하게 쓰여 있었다.

"아, 그래? 멋지네." 케르스틴이 말했다. 그녀가 말하는 '멋진'이란 '형편없는'이라는 표현의 사촌이 분명했다.

"흠, 꽤 재미있네." 70대 중반의 히피 스타일인 우르줄라 고모가 말했다. "진심이야. 빌헬미나, 대단해!"

나는 가슴이 따뜻해짐을 느꼈다. "감사합니다." 나는 당황해 속삭이며, 몹시 놀란 케르스틴의 시선을 무시했다.

한편 저쪽에서는 요나탄이 다시 모래밭으로 들어가 루이자가 쓰던 삽을 뺏어가는 게 보였다.

"안 돼! 안 된다고!" 루이자는 소릴 질렀고, 네 살배기 꼬마악당은 그녀가 삽을 놔주지 않자 삽을 잡고 있던 루이자 손을 정말로 깨물었다. 나는 즉시 자리를 박차고 일어났고, 루이자가 잔뜩 흥분해 비명을 지르면서 잡고 있던 삽을 놓고 모래밭 밖으로 뛰쳐나오는 모습을 지켜봤다. 그래도 케르스틴은 꼼짝도 하지 않았다. 항상 그랬듯 말이다. 오늘만 해도 그녀의 귀하신 아드님께서 백 번도 넘게 루이자를 울렸는데도 말이다.

"요나탄, 루이자를 괴롭히지 말렴. 예쁜 아들, 알았지?" 케르스틴은 루이자 울음소리 너머로 아들에게 노래하듯 흥얼거렸다.

"네. 안 할게요, 엄마." 요나탄은 곧바로 대답했고, 빼앗아 들고 있던 삽을 잔디 위에 아무렇게나 던져놓았다. 심술궂은 꼬마악당은 자신의 빨간색 트랙터를 몰면서 그 자리에서 빠져나갔다.

"잘했어, 사랑해!" 케르스틴은 그를 향해 소리치고는 손 키스를 날려 보냈다. 아! 테러리스트가 이래서 생겨나는구나! 내 가슴속에서는 분노가 부글부글 끓어올랐다. 루이자는 내 품속으로 뛰어들었고, 나는 루이자를 꼭 안아 주었다.

"아파!" 루이자는 엉엉 울면서 자기 손을 보여 주었다. 손에는 꼬마악당의 이빨 자국이 선명하게 남아 있었다.

"이런, 이런!" 나는 입속말로 중얼거리며, 어린아이를 살해하면 얼마나 오래 감옥에 갇힐지 궁금해졌다. 멀리 어디선가 경찰차 아니면 소방차 한 대가 삐뽀삐뽀 일그러진 사이렌을 울리며 지나가고 있었다.

"어디 엄마가 한번 보자." 나는 루이자 손가락을 잡으며 말했다. 루이자는 더 큰 소리로 고통을 호소하면서 빌어먹을 작은 정원이 떠나가라 비명을 질러댔다. 루이자도 한번 고함을 지르기 시작하면, 제대로 지르는 아이였다.

"루이자, 너도 들리지?" 나는 루이자 투정에도 불구하고 귀에다 대고 속삭였다. "한번 잘 들어봐." 나는 손가락 하나를 들며 반복해서 말했다. 그제야 루이자는 나에게 주의를 기울였고, 흐느낌은 점점 잦아들었다.

"너도 들리니?" 나는 아주 진지하게 물으며 귀를 쫑긋 세웠다.

"아, 아니." 그녀는 어물어물 말을 더듬으며, 콧물을 닦았다.

"누군가가 울고 있어. 정말 안 들려?" 나는 주위를 둘러보며 물었다. 그러면서 내 품에 있는 루이자를 꼭 안고 쓰다듬어 주었다.

"아뇨, 엄마. 아무 소리도 들리지 않아요." 루이자는 솔직하게 말했고, 나는 근심스런 표정을 지어 보였다.

"네 말이 맞아. 울음소리가 멈췄어." 나는 대답했고, 퍼렇게 멍이 든 루이자 손에 입을 맞췄다.

"아니에요! 저기!" 루이자는 나무 위를 바라보며 말했다. "지들이 새저귀고 있어요." 루이자가 말했고, 나는 미소 지었다.

"맞아. 새들이 지저귀는구나." 나는 루이자 말을 확인해 주었다.

루이자 상처는 나를 무척이나 아프게 했다. 나는 딸아이를 일으켜 세우고, 작은 플라스틱 삽을 손에 다시 쥐여 주었다.

"루이자, 부탁이 하나 있는데 들어줄래?" 루이자는 진지하게 고개를 끄덕였다. "만약 요나탄이 또 무언가 뺏으려고 하면, 이 삽으로 콱 내리쳐 버려. 알았지?" 나는 기대감에 찬 눈으로 말했다. 루이자는 작은 플라스틱 삽을 시험 삼아 휘둘렀다.

"이걸로?" 루이자가 미심쩍은 듯 물었다.

"응!" 정원의 등불이 내 머리 뒤쪽을 밝게 비쳤다.

"때려 줘?" 루이자는 못내 의심스러운 얼굴로 나를 바라보았다.

"바로 그거야!" 나는 대답했다.

루이자는 웃으며 고개를 끄덕였다. 나는 루이자를 계속 모래밭에서 놀게 했다.

나는 다시 어른들의 테이블로 돌아왔다. 하지만 내 신경은 호시탐탐 기회를 엿보며 모래밭 주위를 어슬렁거리는 요나탄과 안스가르에게 온통 쏠려 있었다. 나는 두 아이 중 어느 하나가 공으로 루이자 머리를 맞추기만을 기다리고 있었다. 그때가 되면 아마도 내가 직접 삽을 들어야 할 것이다. 어쩌면 그 아이들을 묻을 제법 큰 구멍을 파기 위해 곡괭이도 하나 필요할지 모른다.

"동서가 자리를 비운 사이, 바에서 각자 일할 시간을 정했어." 마치 내가 약간 모자란 사람이기나 한 듯 케르스틴이 설명했다.

"좀 기다리시지 그랬어요?" 내가 물었다.

"내 생각엔 동서가 우리보단 모래밭에 더 관심이 있는 것 같아서 그랬어. 우리는 여유가 있으니까. 근데 걱정하지 마. 동서는 밤

12시부터 두 시간만 일하면 돼." 그녀가 내게 설명했다.

"그건 안 되겠네요. 그때쯤이면 벌써 저는 집에 가 있을 테니까요." 나는 지지 않고 대답했다.

"제가 이미 말했지요?" 케르스틴은 다른 사람들을 의미심장하게 돌아보았다. "동서에게 그 정도로 부담을 줘서는 안 된다고 알려드렸는데, 이분들이 믿지를 못하시더라고." 그녀가 가증스런 목소리로 이야기했다.

"고마워요, 정말 친절하시기도 하네요." 나는 루이자 쪽을 돌아봤다. 루이자는 삽을 휘두르고 있었다. 요나탄은 플라스틱 트랙터로 케이크 위를 뭉개고 지나가면서, 루이자를 모래밭 밖으로 밀어내려 하고 있었다.

루이자는 삽 머리로 요나탄 머리를 냅다 후려쳤다. 요나탄은 당황스러워하며 루이자를 바라봤다. 요나탄이 물러설 기미를 보이지 않자, 루이자는 딱따구리처럼 요나탄을 마구 때렸고, 마침내 요나탄이 울부짖기 시작했다. 나는 내심 환호하며 기뻐했다. 그런데 너무 티가 났나 보다. 몇몇 사람들이 나를 보고는 고개를 절레절레 흔들었으니 말이다. 요나탄은 도망쳤고, 엄마 치마폭으로 뛰어들었다.

나는 루이자에게 슬쩍 엄지손가락을 치켜들어 보였고, 루이자는 다시 즐겁게 모래 케이크를 만들기 시작했다.

"그러면 본론으로 돌아와서, 동서는 바에서 하는 일을 도와줄 생각이 없다는 거네?" 케르스틴이 확인하듯 내게 물었다. 그녀는 자신의 말썽꾸러기 아들 머리를 쓰다듬으며, 커피 테이블에 있는 비스킷을 먹였다. "그러면 모두가 아쉬워하겠는걸."

뇌 그녀는 너를 비난하고 있어.

나 그래도 나는 절대 굴복하지 않을 거야.

뇌 정말로? 가족의 평화를 위해서라도, 그냥 네가 한 걸음 물러서면 되잖아.

나 3년 동안 무엇을 위해서 치료를 받았는데? 안 돼. 절대로!

뇌 둘이 사이좋게 지내면 하네스가 무척 좋아할 텐데…….

나 해가 서쪽에서 뜨면 몰라도 그건 절대로 안 될 말이야.

"그럼 그 시간에는 내가 더 일하마." 우르줄라 고모가 어깨를 으쓱하며 말했다.

"그건 안 돼. 파티에도 와야 하잖아." 이름도 기억나지 않는 백발 여인이 반대의견을 말했다.

"괜찮아. 그건 아무 문제 없어." 우르줄라 고모가 내게 눈짓을 해 보이며 대꾸했다.

"너무 무리하시는 거 아닐까요? 무릎에 물도 찼는데 그렇게 오래 서 계시는 건 아무래도……." 케르스틴이 자기 생각을 말했다. "조금 더 공평하고 합리적인 해결책을 찾아야겠어요." 그녀가 은근슬쩍 나를 흘겨보며 한마디 덧붙였다.

나 너도 지금 나랑 같은 생각이지?

뇌 응. 그런데 어떻게 저 여자를 한밤중에 차에 태우지? 그리고 더 중요한 건, 다리에 부은 콘크리트가 굳을 때까지 어떻게 저 여자를 움직이지 못하게 만드냐고? 그래야 호수에 가라앉힐 수 있을 텐데.

나 아니, 그거 말고. 우리 가족 안에 비밀이 새어나가는 구멍이 있는 것 같아. 케르스틴은 분명 내 증상과 문제를 알고 있어. 그녀가 내 비밀을 까발리려는 게 이번이 처음이 아니거든.

"그러니까 지금 제가 반사회적이고 이기적이라는 건가요?" 나는 약간 시큰둥한 목소리로 물었다.

"하느님 맙소사! 그게 대체 무슨 소리야? 내 말은 그런 뜻이 아니잖아." 케르스틴이 변명했다.

"하느님하고 형님의 가시 돋은 말과는 아무 상관이 없죠." 나는 가슴 위로 팔짱을 끼며 말했다. 나는 살며시 몸을 떨면서도 흥분을 감추기 위해 애를 썼다.

"가시 돋은 말이라고?" 그녀가 흘러내린 앞머리를 이마에서 쓸어 올리며 무슨 소리인지 모르겠다는 듯 되물었다.

"분명히 저를 공격하기 위해서 한 얘기잖아요." 내가 대답했다.

"어린애처럼 굴지 마." 그녀가 커피를 홀짝거리며 대답했다. 나는 정말이지 폭발하기 일보직전이었다.

내가 아는 한, 세 가지 선택지가 있었다. 첫째, 테이블 위로 뛰어올라 그녀의 비싼 오일릴리 접시들을 깨부순다. 둘째, 그녀가 악의 넘치고 질투심 많은 바보 멍청이라는 내 생각을 밝힌다. 셋째, 루이자가 뚱뚱한 요나탄을 상대로 거둔 승리만으로 만족하며 당당하게 물러난다.

"애처럼 구는 게 아니에요." 나는 주변을 둘러봤다. "이런! 가봐야겠어요, 지금 막 그네가 비었네요." 나는 흥겨운 목소리로 루이자를 부르며 달려갔고, 루이자를 업어서 얼른 그네로 데려갔다. 큰 여자아이들이 그네를 비워두는 일은 거의 없으니 찾아온 기회를 붙잡아야만 했다. 모든 일에는 우선순위가 있는 법이니까.

나는 종종 케르스틴 같은 사람들과 맞서 싸워야만 했다. 자신들이 누군가를 위해 해 준 게 많다며 거들먹거리는 사람들 말이다. 그들은 자기가 빌려준 단돈 10원까지도 기록해 두지만, 정작 본인 앞으로 영수증이 날아올 때면 화를 내는 사람들이다. 누군가에게 임신한 아기를 지우라고 눈물로 협박하는 사람들. 피에 젖어 몸부림치는 모습을 구경하는 것을 즐기고 자신들이 역경 속의 진정한 구원자인 듯 보이길 원하기에, 드러난 칼에 누군가를 돌진하게끔 만드는 사람들. 이미 한 말을 사람들이 기억하지 못할 것이라 여기며 남의 말을 왜곡하는 사람들.

많은 사람이 부정적인 영향을 미친다. 어떤 사람은 구역질 나게 만들고, 어떤 사람은 두통을 유발한다. 그렇다고 해서 모두에게 그저 간단히 작별을 고할 수는 없는 노릇이다. 수학 선생님을 아무렇지도 않게 창문 밖으로 밀쳐 버릴 수는 없다. 법을 어기기 때문이다. 가족 구성원 또한 선택하거나 바꾸기가 매우 힘들다. 그러므로 경계선을 잘 유지하면서 보호막을 구축해야 한다.

가끔은 작은 플라스틱 삽 하나가 도움이 되기도 한다.

차라리
유별나게 살자

사람들은 늘 내게 말했다. "커서 어른이 되면 이해하게 될 거야." 믿어 줘서 감사하지만, 안타깝게도 나쁜 소식이 있다. 어른이 된 지금도 나는 이웃 사람들이 어떻게 생각하는지가 왜 그리 중요한지 모르겠다. 만약 그들이 정말 타인에게 크나큰 관심이 있다면, 그냥 무슨 일이냐고 대놓고 물어봐도 되지 않을까?

마찬가지로 일찍 일어나는 새가 망할 놈의 벌레와 대체 무슨 관계가 있는지 나는 전혀 알고 싶지 않다. 벌레는 항상 어디에나 있다. 비가 오는 날이면 더더욱 그러하다. 기회와 가능성도 마찬가지다. 분명 닭이 우는 이른 아침에만 존재하지는 않을 것이다.

또한 나는 왜 '오늘 일'을 내일로 미루지 말아야 하는지도 도무지 이해할 수가 없다. 내일 하는 게 더 적합하다면 말이다. 엉덩이를 찰싹 때리는 일이 아무에게도 해가 되지 않는다는 것도 역시 마찬가지다. 그렇게 생각하는 사람이라면 언젠가 내 손이 미끄러졌을 때 루이자 표정을 봤어야만 한다. 아이 관점에서 그와 같은 충격은 아이의 근본까지 뿌리째 흔들어 놓을 수 있다.

오랜 기간 상담치료를 받은 후, 나는 차라리 유별나게 살기로 결심했다. 관례나 관습이 어떠하든 상관없이 말이다. 내가 한 가지 배운 게 있다면, 그건 바로 다르게 생각하고 다르게 행동하고 다르게 꿈꾸는 것이 아무런 문제가 되지 않는다는 사실이다. ADD 혹은 ADHD를 앓고 있는 상당수는 자기 안에 어떤 잠재력이 깃들어 꿈틀대는지 알지 못한다. 그러나 일단 그들을 억누르는 주변 사람들의 기대치와 그로 인해 유발되는 스트레스에서 자유로워지면, 자신의 귀중한 자산인 강점과 자신의 약점을 구분하는 건 어렵지 않다. 다음 사례에서 보듯이 말이다.

나는 이제껏 시간 감각이란 게 없었고, 그래서 시간은 언제나 내게서 달아나버린다. 이는 분명 나의 확실한 단점 가운데 하나다. 하지만 한 가지 일에만 집중하느라 주변의 다른 것이 보이지 않아서 시간을 자꾸만 잊어버리는 것이라면, 확실한 장점이 될 수도 있다. 왜냐하면 한 가지 과제에 완벽하게 몰입할 때 가끔은 최고의 작품이 탄생했기 때문이다.

그러다가 나는 내 일상의 리듬을 좌지우지하는 딸아이로 인해 시간을 잊어버리는 상황에서 벗어났다. 다행히도 딸아이는 하루의 시간에 관해 신뢰할 만한 감각이 있었다. 언제 일어나야 할지, 언제 먹거나 마셔야 할지, 언제 다시 잠을 자야 할지 알고 있었다. 딸아이가 없었다면, 나는 그 모든 것을 까맣게 잊어먹곤 했을 것이다.

루이자가 세 살 때 일이다. 루이자는 보륵홀츠하우젠의 크리스마스 시장에서 돌연 작은 두 발을 바닥에 딱 붙이고 그 자리에 멈춰 섰다. 그 바람에 나와 딸아이를 하나로 묶어 연결한 목도리가 내 허리띠를 휙 잡아당겼다. 보통 갑자기 멈춰 서서 허리띠가 홱 잡아당겨지는 일은 넘쳐 흐르는 과도한 자극 속에 빠진 내가 하는 행동이다. 나는 얼른 고개를 돌려 루이자를 바라보았다.

"집에 갈래요, 엄마." 루이자가 칭얼거렸다. 나는 해의 위치를 따져보며, 점심시간이 지난 건 아닌지 가늠해 봤다. 그러나 도저히 알 수가 없었다. 며칠 동안 우리 집에 놀러와 머물기로 한 내 친구 니나는 아이가 없는 커리어 우먼이고, 그녀의 생활리듬은 나와 무척이나 달랐다.

"지금 몇 시야?" 나는 얼른 니나에게 물었다. 그녀는 시장 노점 앞에 서 있는 잘생긴 남자를 모자챙 아래로 훔쳐보고 있었다.

"1시 반. 왜?" 목도리 한쪽 끝에 달린 루이자를 끌어당기는 내게 그녀가 되물었다. 루이자는 지나가던 유모차에 밀려 비틀거리며, 얼굴을 잔뜩 찡그렸다. 유모차를 밀던 여자는 나와 루이자를 묶어

놓은 목도리를 보며 고개를 갸우뚱거린 뒤, 나를 묘한 눈빛으로 바라보았다.

“미나, 요즘 엄마는 아이를 그렇게 묶어 놓니?” 니나가 웃으며 물었다. 지나가는 행인들의 깔보는 듯한 눈빛을 니나는 모른 척할 수가 없었다.

“그 이야기는 나중에 뒤죽박죽 혼란 속에서 아이를 잃어버리게 되거든 다시 하자.” 나는 대답하며 루이자 팔을 잡았다. 물론 그런 일이 아직은 나에게 일어나지 않았다. 하지만 언제 어디서든 나의 이목을 잡아끌 만한 수없이 많은 자극이 넘쳐나는 상황에서는 그럴 위험이 너무 컸다.

루이자 뺨은 매서운 추위로 인해 이미 발갛게 얼어 있었다.

“엄마, 저 배고파요.” 루이자는 칭얼댔고, 내 팔에 매달려 허우적거렸다. 그 바람에 나도 하마터면 몸의 균형을 잃을 뻔했다. 문득 그 날의 기억이 떠올랐다. 루이자를 품에 안은 채 아파트 돌계단 아래로 떨어졌던 기억 말이다. 최악의 불편한 기억이었다. 나는 루이자가 무사한 것이 가장 중요했다. 그래서 나는 떨어지면서 몸을 아래쪽으로 돌렸다. 루이자는 내 위로 부드럽게 착지했고, 나는 엉덩이뼈가 부러졌다.

“니나 이모가 소시지를 사 줄 거야.” 나는 순간적으로 든 생각을 말하고 니나에게 짓궂게 윙크를 했다. “엄마는 돈을 집에 놓고 왔거든.” 나의 설명에 루이자의 분홍빛 뺨은 기쁨으로 빛났다.

"정말?" 루이자가 물으며, 니나를 향해 팔을 벌렸다. 니나는 당당하게 지갑을 꺼냈다. 나는 루이자를 놓아줬고, 루이자는 잽싸게 니나 다리를 껴안았다. 마치 니나가 마음이 변해 달아날까 봐 걱정되는 듯.

"신용카드도 받으려나? 현금을 아까 액세서리 가판대에서 다 써 버렸거든." 지갑 속에 신용카드밖에 없다는 사실을 깨달은 니나가 당황한 눈으로 나를 바라보았다.

집에 갈 때까지 기다려야 한다는 사실을 루이자에게 어떻게 설명해야 할지 막막했다. 어린아이들은 배가 고플 때 특히 불만을 터뜨리는 경향이 있다. 단 30분도 기다릴 수 없다. 그래서 다른 엄마들은 언제나 비상상황을 대비하여 비스킷이라도 갖고 다닌다. 그러나 나는 그런 다른 엄마가 아니다.

루이자는 크고 둥근 푸른 눈으로 마치 요정을 바라보듯 니나를 올려다보았다.

"정말 미안하구나, 루이자. 이모는 지금 현금이 없어." 니나는 세 살배기 어린아이에게 솔직히 털어놨다.

"그러면 돈을 가져와요." 루이자는 니나 다리를 조금 더 세게 붙잡으며, 너무나 당연하게 이야기했다.

"그러기에는 은행이 너무 멀어" 나는 그렇게 대답했다. 루이자는 새끼 원숭이처럼 울부짖기 시작했다. 루이자는 자기가 원하는 것을 얻지 못하게 되면 그러곤 했다.

"나한테 좋은 생각이 있어. 목도리로 묶어 놓은 네 조그만 원숭이에게 음악에 맞춰 춤을 추게 하는 거야, 우리는 모자를 들고 돌아다니고. 그렇게 하면 루이자가 먹을 소시지 살 돈은 충분히 벌 수 있지 않을까?" 니나가 제안했고, 루이자 울음소리는 한층 더 크고 날카로워졌다.

"나쁘지 않은 생각인데." 내가 대답했다. 내 손가락은 주머니에서 루이자의 카주(피리같이 생긴 간단한 악기)를 찾아냈다. "여기 악기도 있어!" 나는 기뻐서 소리쳤고, 니나는 그런 나를 묘한 눈으로 쳐다봤다.

"너 진심 아니지? 설마?" 니나가 히죽 웃으며 내게 물었다.

"이 사람아, 돈이 없다면 벌어야지." 나는 말하고, 윙윙거리는 작은 팽이의 어깨를 잡고 넓은 공간이 있는 골목길까지 데려갔다.

"엄마가 카주를 연주하면 너는 춤을 추는 거야." 나는 루이자에게 계획을 말해 주었다. "니나 이모는 예쁜 파란 모자를 들고 돌아다니고. 그러면 사람들은 모자에다 소시지를 살 수 있는 동전을 던져 넣을 거야."

루이자는 몹시 흥분했다. 몇 달 전부터 루이자는 어린이 발레 교실에 다니고 있었다. 솔직히 말해, 발레를 선보이는 루이자 모습은 너무나 매혹적이었다. 루이자의 아라베스크는 정말이지 최고였고, 눈사람처럼 보이는 두꺼운 겨울 코트 속에서도 루이자의 피루엣은 돋보였다.

바로 얼마 전, 루이자의 발레 교실 학생들은 게리 웨버 스타디움에서 공연까지 벌였다. 아주 어린 꼬마들이 환상적인 옷을 입고 무대에 올라 저마다 발레 솜씨를 뽐냈다. 루이자가 속한 그룹의 아이들은 공기의 본질을 표현하는 춤을 추었다. 그룹에서 가장 어린 내 딸 루이자는 안무를 따라하기보다는 무대에 서서 사람들에게 손 흔들기를 좋아했다. 아무튼 발레 스커트 아래로 기저귀가 불거져 나온 루이자가 무대 위를 깡총깡총 뛰어다니던 모습은 그때까지 본 중 가장 사랑스럽고 귀여웠다.

힘들게 일한 대가로 1유로 80센트를 구해, 루이자가 소시지를 사 먹기까지는 그리 오래 걸리지 않았다. 나는 용기와 육체적 활동이 곁들여진 창의적이고 합법적인 현금 조달이라는 아주 괜찮은 교훈을 얻게 되었다.

차에 도착하자, 나는 루이자 기저귀가 가득 찬 것을 발견했다.

"젠장." 나는 한마디 툭 내뱉었다.

"크게 얘기해도 돼." 니나는 우리의 프리마 발레리나에게서 새어 나와 작은 피아트 자동차 안을 가득 메운 고약한 냄새를 감지하고서 내게 말했다.

내가 루이자를 차 뒷좌석에 눕히고 바지를 내리자, 루이자는 손가락을 입에 갖다 대며 말했다. "젠장 같은 말은 쓰면 안 돼." 아이답지 않은 경고였다.

"이렇게 멍청할 수가! 어떡하지? 엄마가 기저귀 챙겨오는 걸 깜빡했네." 나는 중얼거리며 마음속으로 머리를 마구 때렸다. 어떻게 그걸 그새 또 까먹을 수가 있을까? 그게 바로 나의 단점이다. 구멍 뚫린 기억력 말이다.

"어쩔 수 없지 뭐. 집에 가자마자 새 기저귀로 갈아주는 수밖에." 니나가 뒷좌석 우리 쪽을 돌아보며 이야기했다. 오래된 차에서는 끼익 소리가 났다.

"안 돼. 루이자는 피부가 약해서 쉽게 염증이 생긴단 말이야." 나는 그렇게 대답하며, 루이자 청바지를 조금 내려 눈 앞에 펼쳐진 난감한 상황을 확인했다. "이제야 겨우 피부염을 잡았다 싶었는데……." 나는 죄책감에 중얼거렸다. 루이자가 불편함을 하소연하지 않는 한, 나는 기저귀가 똥오줌을 무한정 받아들이지 못한다는 사실을 깜빡하곤 했다.

내가 묵직한 기저귀를 빼내는 동안, 니나는 손으로 입을 가렸다. 다행히 주차장에는 쓰레기통이 있었다. 나는 빠르게 달려갔다 왔다. 루이자는 발가벗은 엉덩이를 드러내고 있었고, 나는 얼른 팬티를 다시 입혀 주었다. 그러고는 내 양털 모자에 구멍을 두 개 뚫어서 기저귀 대용으로 채워 주었다. 이 정도라면 아주 잠깐은 막아줄 수 있을 것이다. 니나는 그런 나를 경이로운 눈으로 바라보았다.

"그거 정말 기발한 아이디어다!" 니나가 말했다. "그리고 멍청하기도 하고. 그 모자는 스테파넬이야." 그녀는 당혹스럽다는 듯 입술을 오므렸다.

“나도 알아.” 나는 루이자를 아기 시트에 앉히며 한숨을 내쉬었다. 또한 그 모자가 얼마나 비싼 모자인지 생각하지 않으려고 노력했다.

“자, 어서 집에 가자.” 나는 재촉하면서 차에 시동을 걸었다. 집에 도착하자 우리는 다림질하지 않은 빨래가 가득 담긴 바구니 사이를 지나 거실로 들어갔다. 그러고는 난로 옆에 앉아 몸을 녹이며 차를 마셨다.

“그래, 요즘은 어찌 지내?” 이번 주 할 일을 적어 거실 책상에 붙여 놓은 포스트잇을 정리하며 내가 물었다. 일단 지금까지는 예정된 일정 모두를 마감시간 내에 문제없이 진행했다. 다만 하나 남은 일은 내일 있을 친구 딸 소피아의 세례식이었다.

“잘 지내고 있어.” 니나는 간단하게 대답했다. 쉽지 않았지만, 나는 집중해 귀를 기울였다. 그 사이 루이자가 발가벗은 채 여기저기 돌아다니며 노래를 흥얼대고 있었기 때문이다. 물론, 음정 박자 모두 엉터리였다.

“어서 말해 봐!” 내가 재촉했다. “모리츠랑은 어떻게 되가고 있어? 끝났어?” 나는 이미 끝낸 일들이 적힌 메모지 몇 장을 구겨서 버렸다.

니나가 초조한 듯 앞머리를 쓸어 넘겼다. “어쩌면 네 조언이 필요할지도 모르겠다.” 그녀가 말을 하며 과일차를 한 모금 들이켰다. "너는 촉각이 아주 예민하니까. 너도 나랑 모리츠가 부쩍 멀어진 것 같다고 생각하니? 그러면, 우리가 헤어져야 한다고 생각해?" 그녀가 갑자기 질문을 쏟아냈다. 하필이면 내게 말이다. 그것은 더글라스 화장품 가게에 가서 말에 박을 편자를 사려는 짓이나 마찬가지였다.

"흐음." 내 입에서는 나도 모르게 헛기침이 새어 나왔다.

"미리암 결혼식 때 너도 우리 두 사람을 생생하게 지켜봤잖아." 니나가 기억을 상기시켰다.

"모리츠는 매일 보지만 나는 그렇지 못하니, 내 옆자리에 앉겠다며 네가 좌석 이름표를 바꿔 버린 그 결혼식 말이야?"

"그래, 맞아."

루이자가 복도 저편으로 사라졌다가, 비스킷을 들고 다시 돌아왔다.

"우리 아가, 조금 있다 저녁 먹어야 해." 나는 루이자에게 잔소리했다.

"먼저 목욕부터 해야 해요." 루이자가 대답했고, 나는 잠시 생각하다 이내 고개를 끄덕였다.

"너희 둘이 싸운 거야?" 나는 니나에게 물었다.

"아니, 왜?" 니나는 깜짝 놀라 되물었다. 물론 아닐 것이다. 니나는 누구하고든 절대로 싸우는 법이 없었다.

"그럼 대체 뭐가 문제야?" 나는 다시 물었다. 나는 '예민한 촉각'

이 나에게 장점인지 단점인지 궁금해졌다.

그때 현관 초인종이 울렸다.

"여하튼 우리 모두에겐 저마다 사정이 있잖아. 나는 그저 나와 모리츠 사이에 사랑이 식은 건 아닌지 궁금할 뿐이야." 니나가 의기소침한 목소리로 말했다.

"사랑에도 새 숨을 불어넣을 수 있어." 나는 낙관적으로 말했다. 루이자가 우리에게로 달려왔고, 나는 조금 전 초인종이 울린 사실을 까맣게 잊고 있었다.

"분명 문 앞에 아이들이 서서, 사탕 주기를 기다리고 있을 거예요." 루이자가 걱정스럽게 말했다. "어서 이리 와서 엎닥에 바드려요." 루이자가 재촉하면서, 마룻바닥 위에 배를 깔고 엎드렸다.

엎드린 루이자가 자기 발을 잡아당기자 니나가 눈을 휘둥그레 뜨며 물었다. "뭐라고?"

"얼른 바닥에 납작 엎드리라고요." 루이자가 다시 속삭였고, 니나는 영문도 모른 채 바닥에 엎드렸다.

"그런데 왜 바닥에 엎드려?" 덩달아 따라 하는 나를 쳐다보며 니나가 물었다.

"핼러윈에 찾아온 아이들에게 줄 사탕 사는 걸 깜빡했거든. 그래서 불을 끄고 숨어 있어야 해."

"쉿!" 루이자가 속삭이며 킬킬거렸다.

"아하! 그러니까 이렇게 해서 문제를 해결하시겠다?" 니나가 소곤댔다.

"항상 이러는 건 아니야, 가끔 그러는 거지."

2분 정도 지난 후 우리는 다시 의자에 앉아, 애정관계에 관한 이야기를 계속할 수 있었다. 그러다 루이자가 꽤나 오랫동안 보이지 않는다는 생각이 퍼뜩 떠올랐다. 집안은 이상하리만큼 조용했다. 무서울 만큼 고요했다. 오로지 집 반대편에서 문이 삐거덕대는 소리만이 들려왔다.

나는 무슨 영문인지 살펴보기 위해 자리에서 일어서면서 시계를 힐끗 봤다. 평소 목욕물을 받는 시간보다 한 시간쯤 늦었다. 하지만 손님이 찾아왔으니, 평소와 조금 달라도 큰 문제는 아니었다. 아닌가? 나는 어깨를 으쓱하며, 예외가 아무 문제도 아니라는 생각을 스스로에게 설득시키려 했다. 한편 독립심 강한 내 딸아이는 자신만의 방식으로 이미 문제를 해결하고 있었다.

"루이자!" 방으로 들어서던 나는 깜짝 놀라 소리쳤다. "이게 대체 무슨 짓이야?"

"수영장을 만들었어. 근데 왜?" 루이자는 천진한 얼굴로 내게 되물었다. 발가벗은 엉덩이를 드러내고, 수센티미터 정도 물이 찬 바닥 위로 미끄러져 엎어지면서 물장구를 쳤다. 그 바람에 내게 물이 튀자, 루이자는 더욱 신이 나 괴성을 질러댔다.

"이러면 안 되지." 나는 당황해 말했다. "나가!", "이제 그만해!", "비켜!" 같은 단어들이 내 머릿속을 질주했다. 이게 어떤 상황인지 서서히 인식되는 동안, 내 아랫입술은 바르르 떨렸다. 바비 인형은 인어공주가 되어 내 발 앞에서 파도에 이리저리 흔들리고 있고, 레고 보트 한 척은 파도에 휩쓸려 흠뻑 젖은 내 양말에 부딪히며 좌초했다.

“정말 대단하네!” 내 뒤에서 니나 목소리가 들렸다. “내 생각엔 네 딸도 너만큼이나 상상력이 기발한 것 같아.” 니나는 꽤나 감명받은 듯했다.

“전기에는 아무 문제도 없으려나?” 루이자 방 전기 콘센트 바로 밑까지 물이 차 있는 것을 보고 나는 혼잣말하듯 물었다. 나는 미끌거리는 딸아이를 잽싸게 들어올려 복도로 폴짝 뛰어나오면서 니나에게 소리쳤다.

“전원 스위치를 차단해야 해!” 나는 숨넘어가는 소리로 외쳤다. 우리가 두꺼비집을 향해 서둘러 달려가는 사이, 루이자는 배꼽이 빠져라 웃어댔다. 삽시간에 우리는 어둠 속에 갇혔다.

“너 제대로 생각하고 한 거 맞지?” 니나가 물었다.

침착, 침착! 나는 자신에게 타일렀다. 폭발하는 건 나중에도 할 수 있으니까.

“이렇게 깜깜한데 어떻게 방에서 물을 빼려고 그래?” 니나는 계속 물어댔고, 나는 눈에 눈물이 맺히는 것을 느꼈다.

“그건 내가 알아서 할게.” 나는 씩씩하게 대답했다. “그러니 잠시만 기다려.”

나는 루이자를 니나 팔에 안겨 주고, 둘을 침실로 데려다 놓았다. 그러고는 독서용 램프를 머리에 썼다. 장담컨대, 이건 정말 멋진 발명품이었다. 배터리로 작동하고, 동굴 탐험가의 램프를 연상시키며, 한번 착용하면 웬만해서는 잘 떨어지지 않을 만큼 단단하다. 특히나 자꾸만 어딘가에 머리를 부딪치는 사람에게는 더욱 적합할 것이다.

나는 즉시 루이자 방 창문을 열고는, 들어서 옮길 수 있는 것을 모두 집어서 창밖으로 던졌다. 그리고 쓰레받기로 물을 퍼서 양동이로 옮기고, 걸레질해서 남은 물기를 닦아 없앴다. 이윽고 전원 스위치를 다시 올려도 되겠다는 생각이 들 무렵, 나는 완전히 녹초가 되었다. 심장은 마구 고동쳤고, 온몸은 땀에 젖었다. 그것도 아주 흠뻑.

다음 날 아침, 루이자가 내 침대로 기어들면서 평소보다 한 시간 일찍 나를 깨웠다.

"엄마, 눈이 왔어요!" 루이자는 그렇게 소리치며, 침대 위를 폴짝폴짝 뛰어다녔다. "내 물건이 전부 눈에 덮여 버렸어요."

"눈에 덮였다고?" 나는 피곤에 찌들어 물었다. 어젯밤의 재앙에다가 포도주까지 들이부어선 결코 안 되었다. 그렇지만 니나는 골치 아픈 연애문제로 무척이나 힘들어했고, 그런 그녀를 혼자 마시게 할 수는 없었다.

"온 세상이 하얗게 변했어요!" 루이자는 지끈거리는 내 머리에 다 대고 말했다.

엎친 데 덮친 격으로 눈까지? 그렇다면 창문 밖으로 내던진 물건들을 치우는 일은 한층 더 힘들어질 것이 분명했다. 나는 한숨을 내쉬었다. "아가야, 너도 많이 피곤하지?" 그렇게 물으며, 나는 이불을 끌어당겼다. 그러고는 루이자에게 이리 오라고 눈짓을 했다. "오늘은 토요일이야. 그러니까 마음껏 늦잠을 자도 돼."

"꼭 그래야 하는 건 아니잖아요?" 루이자가 내 몸 위에 털썩 주저앉으며 말했다. 아얏!

"하지만, 오늘만큼은 늦잠을 자야 해." 나는 진지하게 대답했다.

"왜요?"

왜인지는 나도 몰랐다. 아마 너무너무 피곤했기 때문일 것이다.

"숨을 들이쉬었으면 다시 내쉬어야 하기 때문이야. 잠이 들었으면 푹 자야 하고. 적어도 주말에는 말이야." 나는 논리적으로 알아듣게끔 설명했다.

내 말을 완전히 이해하지 못하고 의아한 눈빛으로 나를 쳐다보던 루이자가 침대에서 기어 내려가며 말했다. "그런데 '의무'한테서 전화가 왔어요." 루이자는 며칠 전 출장을 떠나며 의무라서 어쩔 수 없이 가야 한다고 말한 아빠 하네스 말투를 그대로 흉내 내 말했다. 그리고 루이자는 내 이불을 잡아당겼다.

"그럼 의무한테 나중에 다시 연락한다고 전해 줘." 나는 투정 부리듯 대꾸했다.

"그럼 니나 이모를 깨울래요." 루이자가 허리에 두 손을 짚은 채 말했다. 루이자 티셔츠에 그려진 세서미 스트리트의 엘모가 나를 도발하듯 바라보고 있었다. 엘모는 마치 '죽고 나면 실컷 잘 수 있잖아.'라고 말하는 것 같았다.

"잠깐만!" 나는 얼른 말했다. "차라리 엄마가 일어날게."

꼭두새벽부터 단잠을 깨우는 어린이라면 니나가 잡아먹을지도 모르는 일이었다. 내가 아는 한, 니나가 가장 싫어하는 것은 곤히 자는 그녀를 깨우는 것이다. 더군다나 루이자처럼 해머로 내려치듯 강력하고 무식한 방법으로 깨운다면 더더욱…….

얼마 후, 우리는 커피와 토스트를 준비해 놓고 니나가 일어나길 기다렸다. 그러면서 나는 피아노를 쳤고, 루이자는 피아노 반주에 맞춰 노래를 불렀다. 이건 우리가 주말마다 치르는 의식이었다.

"언제부터 피아노를 쳤어?" 니나가 욕실에서 나오며 놀란 눈으로 물었다.

"제법 됐어." 나는 화음을 바꾸며 대답했다.

"너는 악보를 보지 못했잖아?" 니나가 고개를 갸우뚱하며 믿지 못하겠다는 듯 물었다.

"악보가 왜 필요한데?" 나는 느긋하니 대답했다. 루이자가 내 옆에 앉아 〈고양이 춤〉을 함께 연주하기 시작했다. 그 곡은 네 살이면 누구나 쉽게 연주할 수 있는 것이었다.

“나는 이 노래부터 배우기 시작했어.” 나는 이렇게 평범하고 간단한 곡을 연주할 수 있다는 사실만으로 약간은 우쭐해 하면서 니나에게 설명했다.

“어디서 배웠는데?” 니나가 다시 물었고, 루이자는 그런 그녀를 이해할 수 없다는 듯 바라보았다.

“따로 배운 적은 없어. 그냥 들은 대로 치는 거야.”

“대단한데!” 니나가 부엌으로 커피를 가지러 가면서 말했다. “너한테는 생각지도 못한 재능이 숨어 있었구나. 진즉에 알았더라면…….” 니나가 뭔가 잠시 생각하다 말했다. “그랬다면 어쩌면 지금쯤 모차르트 같은 대단한 음악가가 되었을지도 모를 텐데.”

“그럼, 그럼.” 나는 웃으며 말했다. 사실 내 피아노 솜씨는 형편없었다. 손가락이 무엇을 해야 할지 생각하는 사이, 연주는 엉망진창이 되었기 때문이다.

니나 이야기를 들으며, 나는 이 또한 내 결함을 채워 줄 몇 안 되는 재능이라고 생각했다. 나중에야 알게 되었지만, 누구나 듣기만 하고 똑같이 연주할 수는 없기 때문이다. 복화술처럼 말이다.

아침을 먹은 후, 우리는 단단히 옷을 챙겨 입고 밖으로 나갔다. 날씨는 지독하게 추웠다. 내쉰 숨이 얼굴 앞에서 그대로 얼어붙을 정도였다. 루이자는 장난감들을 분류해 박스에 담는 일을 열심히 도왔다. 나는 장난감들을 단단한 정도에 따라 모은 뒤 해동시킬 생각이었다.

“나는 차고에 가서 기니피그 먹이를 주고 올게.” 특별히 동물들을 위해 맞춰놓은 휴대폰 알람이 울리자, 나는 상추와 당근을 집어 들며 이야기했다.

“알았어, 걱정 말고 다녀와. 루이자와 나는 둘이서도 잘할 수 있어. 그렇지?” 니나는 혀로 콧물을 핥고 있는 루이자에게 물었다.

“예!” 루이자는 대답하며, 얼어붙은 책 두 권을 집어 들었다.

“혹시 눈 밑에 파묻힌 인형을 찾아줄 산악구조견이 필요하려나?” 니나가 물으며, 내가 준 장갑을 손에 꼈다.

“그게 뭔데요?” 루이자가 궁금해했다.

“무너져 내린 눈에 파묻혀 사라진 사람들을 찾아주는 개야.” 니나가 설명했다.

“산악구조견.” 루이자가 알았다는 듯 고개를 끄덕이면서, 아기 인형 하나를 낚아 올렸다. 인형 옷은 딱딱하게 얼어붙었지만, 루이자는 환하게 웃고 있었다. 루이자가 자신에게 찾아온 재해를 기분 좋게 받아들여서 다행이라고 생각했다.

“엄마, 이것 좀 봐요! 이상해요.” 루이자가 말했다.

“그래, 그렇구나.” 나는 마지못해 대답했다. 장난감 중에 얼마나 많은 것을 버려야 할지 알 수 없었다.

니나가 윙크를 날리며 말했다. “엄마는 이제 동물들 먹이를 주러 가야 해. 그리고 혹시 차고 안에 우리를 도와줄 산악구조견 세인트버나드가 있는지도 찾아볼 거야.”

"이모는 바보! 차고에는 버나드와 비앙카밖에 없어요. 그리고 홉스랑요. 세인트버나드는 없다고요." 루이자가 답답하단 듯 말했다.

"개네 개 아니었어?" 니나가 물었고, 루이자는 한숨을 내쉬었다. 끔찍하리만큼 무식한 사람들에게 무엇을 자세히 설명해야 할 때면 루이자는 늘 그런 표정을 짓곤 했다.

"아뇨. 버나드와 비앙카는 기니피그, 홉스는 토끼예요." 루이자 설명이 시작되었고, 나는 차고로 발걸음을 옮겼다.

어! 이게 뭐지? 오늘은 내가 환대받는 주인공이 아닌가? 평소에는 차고에 들어서자마자 시끄럽게 울어대는 찍찍 소리가 나를 맞이하곤 했다. 그런데 오늘은 너무나 조용했다.

"안녕, 버나드!" 나는 아이처럼 흥얼거리며 우리 문을 열었다. "잘들 잤어?" 비앙카는 우리 구석 밀짚 더미 아래 앉아 있었고, 나를 보고도 그저 잠깐 몸을 뒤척였다. "오늘은 왠지 몸이 아주 가벼워 보이네. 너희도 나만큼이나 잠을 설친 거야?" 나는 농담을 던지며, 당근을 우리 안으로 밀어 넣었다. 바로 옆 우리에 있는 토끼 홉스는 정신없이 왔다 갔다 하며, 화라도 난 듯 뒷다리로 바닥을 쿵쿵 굴러댔다. 홉스는 무엇이든 가장 먼저 먹기를 원했다.

"버나드, 여기 좀 봐. 당근이야." 나는 그렇게 유혹하며 버나드의 통통한 엉덩이를 당근으로 쿡 찔렀다. 밖에서는 니나와 루이자가 웃는 소리가 들려왔다.

"니나 이모, 이거 보세요! 아이스케이크예요!" 루이자가 신이 나서 소리쳤다.

"핥지 마! 더러워!" 니나는 하지 못하도록 주의를 주었다.

"버나드?" 나는 조심스럽게 속삭이며 기니피그의 작은 발을 만졌다. 얼음장처럼 차가웠다. "젠장!" 나는 소리를 지르며 뒤로 주춤주춤 물러섰다. "버나드도 아이스케이크가 되었어!" 내 입에서는 나도 모르게 울먹이는 소리가 새어 나왔다. 밀짚 아래서 비앙카는 슬피 울고 있었다. 나는 버나드를 조심스레 들어 올렸고, 가슴이 찡해졌다. 가련한 버나드의 몸은 이미 딱딱하게 굳어 있었다. 내 비명소리에 놀란 니나가 어느 틈에 차고 문 앞에 나타났다. 아마도 비명소리가 생각보다 훨씬 컸던 모양이다.

"무슨 일이야?" 니나가 숨넘어가는 소리로 물었다.

"오, 세상에! 얼른 나가서, 루이자가 여기에 못 들어오게 해!" 내가 울부짖었다. 니나는 잽싸게 상황을 파악했고, 제때 루이자를 붙잡을 수 있었다. 나는 저만큼 뒤편에서 루이자 모자가 다가오는 것을 보았다. "찍찍." 루이자가 기니피그들을 흉내 냈다. "찍찍, 당근이야."

나에게 메모: 기니피그는 영하 10도 아래에선 버텨내지를 못한다. 기니피그는 토끼와 달리 털이 그렇게 많지 않다.

나는 따뜻한 곳으로 데려가기 위해 떨리는 손으로 비앙카를 잡으려 했다. 그러다 그만 버나드를 바닥에 떨어뜨리고 말았다. 나는 버나드 몸뚱이가 얼음처럼 산산조각으로 부서질 거라 생각했다. 하지만 그렇지 않았다.

“이리 와. 내가 네 몸을 따뜻하게 녹여 줄게.” 나는 이제 과부가 된 작고 불쌍한 비앙카에게 속삭였다. 비앙카는 슬픈 눈을 깜빡였고, 나는 비앙카를 집 안으로 데리고 가며 울기 시작했다.

“엄마, 왜 그래요?” 루이자가 내 뒤를 따라오며 물었다. “엄마, 우는 거예요?”

“아니.” 나는 애써 울음을 참으며 대답했다.

“엄마, 슬퍼서 그래요?”

‘응, 엄마가 버나드를 죽게 만들었어.’ 나는 그렇게 말하고 싶었지만 꾹 참았다.

“아가, 잠시만 기다리렴.” 니나가 말하며 루이자 손을 잡았다.

“싫어요, 엄마랑 함께 갈 거야.” 루이자가 니나 손을 뿌리치며 말했다. 나는 내 앞에 선 어린 딸아이를 내려다보았다. 모자는 눈을 거의 가릴 만큼 삐딱하게 눌러 썼고, 두 볼은 추위에 빨갛게 얼어 있었다.

“팔에 있는 그게 뭐예요?” 루이자가 물었다.

“비앙카를 데리고 얼른 들어가자. 차고 안이 너무 춥거든.” 나는 떨리는 목소리로 대답했다.

“그러면 버나드는요?” 유감스럽게도 루이자가 당연한 질문을 던졌다. 딸아이의 기다란 속눈썹이 파르르 떨고 있었다.

“음…….”

"차라리 루이자에게도 말해 줘." 니나가 뒤쪽의 테라스 문을 닫으며 차분하게 제안했다. 우리 셋은 한동안 거실 한가운데에 우두커니 서 있었다. 루이자가 소리 나게 코를 훌쩍거렸다.

"엄마?"

빌어먹을! 내 머릿속은 텅 비었고, 내 눈은 팔에 안긴 불쌍한 비앙카만 바라보고 있었다.

"그러니까, 아가야. 네게 말해 줄 것이 있어." 나는 부엌으로 향하며 말을 꺼냈다. 니나는 곧바로 뜨거운 물을 물병에 옮겨 담았다. "안타깝게도, 버나드가 죽었어." 나는 눈물을 머금으며 고백했다. 세상에, 어린 딸아이에게 이 얼마나 끔찍한 시련인가…… 물론 버나드에게도 말이다. 작고 갈색인 기니피그 버나드는 루이자가 아끼는 애완동물 중 하나였다.

"오…… 이런!" 루이자가 놀라 파란 눈을 부릅뜨며 말했다. 나는 비앙카를 팔로 안은 채 중심을 잡고 서서는, 언제라도 울음을 터뜨리며 내 품으로 뛰어들 루이자를 대비하고 있었다.

"불쌍한 버나드." 루이자가 장갑 낀 손으로 입을 가리며 말했다.

"너무 슬퍼하지 마. 버나드는 정말로 행복하게 살다 갔으니까." 나는 스노우 부츠를 신고 정신없이 왔다 갔다 하는 루이자에게 위로의 말을 건넸다. 그리고 무엇을 어떻게 해야 할지 몰라 부엌문의 문틀에 기대어 서 있었다.

"짧지만 그래도 굵은 삶이었어." 니나가 한마디 거들었다.

"그건 도움이 안 되잖아." 나는 작은 목소리로 니나에게 말했다.

"오, 엄마. 너무 끔찍해요!" 루이자가 말하며 내게 달려들어, 비앙카 머리를 쓰다듬었다. "나도 한번 봐도 돼요?"

"버나드 말이니?"

"네."

"하하하." 부엌에서 웃음소리가 들려왔다. "호기심이 슬픔보다 더 강한가 보네."

"그래도 되나요?" 루이자가 다시 물으며, 내 외투 소매를 잡아당겼다.

"그렇지만…… 죽으면 그다지 예뻐 보이지 않는단다." 나는 마지못해 대답했다. 같은 이유로 나는 사랑하는 할머니가 돌아가신 뒤 할머니 얼굴을 보지 못했다. 나는 당시 열한 살에 불과했고, 엄마 아빠는 어린 나를 위해 그렇게 결정했다. 그건 내가 매우 민감했기 때문이다. 돌이켜보면, 나는 할머니와 마지막 인사를 나누기를 원했던 것 같다. 그랬더라면, 아마도 할머니를 여읜 슬픔에 젖어 있던 시간을 몇 년 정도 줄일 수 있었을지도 모른다. 하지만 그러지 못했고, 나는 열네 살이 될 때까지 검은 옷을 입고 다녔다.

루이자가 덤덤하게 말했다. "그건 상관없어요."

"먼저 비앙카부터 따뜻하게 해 줘야 해." 나는 말하며, 마분지 상자와 뜨거운 물병으로 비앙카에게 보금자리를 만들어 주었다. 그런 다음 루이자와 차고로 갔다. 그곳엔 몸이 딱딱하게 굳은 버나드가 바닥에 누워 있었다. 루이자는 버나드 앞에 쪼그려 앉았다.

"만지지는 마, 알았지?" 내가 말했다.

"왜요?"

"왜냐하면……." 죽은 동물에게 왜 손대면 안 되는지 마땅한 이유가 떠오르지 않았다. 그건 그저 내가 정원에서 죽은 동물을 발견할 때마다 부모님이 하던 말일 뿐이다. 우리 집 정원에서는 이웃집 고양이 덕분에 죽은 동물 시체가 간간이 보이곤 했다. 그것을 볼 때마다 내게는 '프토마인'이라는 단어가 떠올랐다. 프토마인이란 동물성 단백질이 썩을 때 생기는 유독성 물질, 즉 시체의 독을 일컫는 말이다.

"잘못하면 병이 옮을 수도 있거든." 나는 마침내 입을 열었다.

"아주 위험한 병이요?"

"가끔은."

루이자는 신기한 듯 발로 버나드를 슬쩍 건드렸다.

"테디베어처럼 꽁꽁 얼어 있어요." 루이자가 확인한 걸 말했다.

"맞아." 나는 우울한 목소리로 대꾸했다.

"레자전인지?" 루이자가 물었다.

"전자레인지?" 나는 당황한 목소리로 물었고, 루이자는 고개를 끄덕였다.

"아가야, 그건 안 돼." 루이자 제안에 나는 얼굴에서 핏기가 싹

가시는 것 같은 기분이 들었다.

꽤 오랜 설득 끝에 루이자는 생각을 바꿨다. 우리는 힘을 합쳐 루이자 방을 정리했고, 정리가 끝날 때쯤 비앙카도 기운을 차렸다. 다행이었다. 왜냐하면 루이자가 또 다른 상실의 아픔도 아무렇지 않게 떨쳐버릴 수 있을지 몰랐기 때문이다. 만약 그렇지 못하면, 죽음과 죽음의 극복에 관해 쏟아질 질문을 내가 어떻게 감당해 낼 수 있겠는가.

일을 해치운 뒤 우리는 친구 딸아이의 세례식에 참석하기 위해 외출준비를 했다. 다행히 니나 덕분에 늦지 않게 세례식장에 도착할 수 있었다.

"네가 우리 부모님의 은혼식 때 사진 촬영을 맡아 주면 정말 좋겠다." 자갈을 깔아놓은 교회 주차장에 차를 대는 사이, 니나가 내게 말했다.

"진심이야? 그러니까 내가 지난번 아주 중요한 약속에서 어땠는지 너도 잘 알고 있잖아." 나는 성찬식 사진이 담긴 메모리카드를 잃어버리는 바람에 벌어진 엄청난 소동을 니나에게 상기시켰다.

"아냐, 너라면 잘 해낼 거야." 니나가 고운 트위드 드레스 위로 재킷을 고쳐 입으며 말했다. "솔직히 누구도 너만큼 순간과 감정을 잘 잡아내진 못해." 니나는 바로 옆에 앉은 루이자의 안전벨트를 풀어주며 나의 사진 작업에 대한 찬사를 늘어놨다. 이는 나의 부족함을 채우는 또 하나의 소중한 자원이다.

"그런데 왜 아무도 안 보이지?" 나는 혼잣말처럼 물으며, 나란히 주차된 수많은 차를 세어 보았다. "우리가 너무 늦었나?"

"사람들은 벌써 교회 안에 들어가 있을 거야. 여기 밖은 너무 춥거든." 니나가 루이자와 차에서 내리면서 말했다. 나는 꽃다발을 집어 들고 두 사람을 쫓아갔다.

"잘 생각해 봐. 나는 네가 맡아주면 정말 좋겠어." 니나는 교회 문을 밀고 들어가면서도 계속해서 이야기했다.

"그래, 내 생각에도 할 수 있을 것 같아." 나는 자신 있게 대답하고, 앞으로 달려나가려는 루이자 손을 얼른 붙잡았다. 그리고 갑작스레 멈춰선 니나와 부딪쳤다.

"왜 그래?" 내가 물었다.

"안에서 결혼식을 하고 있는데?" 니나가 맥없이 대답했고, 나는 그런 그녀를 옆으로 살짝 밀치며 교회 안으로 들어갔다.

"소피아, 소피아! 우리가 왔어!" 루이자가 다짜고짜 소리를 지르며 발을 동동 굴렀다. 몇몇 하객들이 우리 쪽을 돌아보았다. 아는 얼굴은 하나도 보이지 않았다.

"젠장!"

"세례식 장소가 장크트 페터스 교회 아니었어?" 니나가 물어보면서 슬그머니 뒤로 물러섰다. 앞에서는 목사가 결혼하는 커플을 축복하기 시작했다.

"나……나……나는 장크트 페트리 교회라고 생각했는데." 나는 더듬거리며, 맨 뒷줄의 긴 나무의자 위로 기어오르는 루이자 손을 잽싸게 잡아챘다.

우리는 뒤에서 악마가 쫓아오기라도 하듯 급히 교회를 나왔다. 그러고는 장크트 페터스 교회를 향해 쏜살같이 날아갔다. 도대체 망할 놈의 교회들은 왜 이렇게 비슷한 이름일까? 뭔가 좀 독창적이고 색다른 이름이면 안 될까? 예를 들면, 장크트 님머를라인 교회라든가, 혹은 페트리 하일 성당이라든가. 그랬다면 나도 헷갈리지 않고 분명히 기억했을 텐데.

내 머릿속은 온갖 잡다한 생각으로 가득 차 있었다. 우리는 아직 버나드의 장례조차 치러 주지 못했다. 대신에, 버나드를 냉동고 안에 넣어두었다. 땅이 너무 단단하게 얼어서 삽질할 수 없었고, 달리 어쩔 방도가 없었기 때문이다. 그 와중에 남편이 여러 번 나에게 전화를 건 이유가 몹시 궁금해졌다. 집에 도착해서, 그의 점심 옆에 누워 있는 버나드에 대해 물어 보려던 것일까? 아니면, 집 안에서는 동물을 키우지 않기로 약속했는데도 버젓이 부엌에 들어와 있는 비앙카 때문일까? 어쨌거나 나는 지금 당장은 전화를 걸지 않기로 결심했다.

마침내 우리는 장크트 페터스 교회에 도착했고, 다른 손님들 사이에 앉았다. 손님 대부분은 내가 잘 모르는 젊은 부모들이었다.

"엄마, 하느님은 어디 있어요?" 조금 뒤 루이자가 긴 의자에 앉아 두 다리를 흔들어대며 내게 물었다.

"하늘에 계시지." 나는 성가집을 넘기며 설명했다. 글자들이 시야에서 희미하게 사라져가고 있었다. 글자들을 나란히 늘어세우기에 나는 지나치게 자극 받은 상태였다.

"하느님이 여기 없다고요?" 루이자가 놀라 다시 물으며 나를 쳐다보았다.

"응, 여기 안 계셔."

"그렇다면 나도 여기 안 있을래요." 루이자가 말하고는 의자에서 폴짝 뛰어내렸다.

"여기 있어야 해!" 나는 루이자 팔을 붙잡으며 속삭였다.

"엄마, 가게 놔 줘요." 루이자는 너무 큰 목소리로 저항했다.

"루이자, 우리는 소피아가 세례를 받을 때까지 여기서 기다려야 해. 그건 너도 잘 알고 있잖아?" 나는 제자리에서 고무공처럼 콩콩 뛰는 루이자에게 상기시켜 주었다.

"그렇지만 엄마, 하느님이 안 계시면 나도 여기에 있기 싫어요!" 루이자는 높고 가느다란 목소리로 시끄럽게 소리 질렀고, 목사는 리듬을 잃고 말을 더듬고 횡설수설하기 시작했다.

"쉿!" 우리 뒤쪽에 앉아 있던 여인이 조용히 하라는 손짓을 했다.

"하느님은 없어요." 루이자는 계속해서 소리 질렀고, 나는 그 자리에 있는 사람들이 딸아이를 반기독교주의자로 오해할까 진심으로 걱정되었다. 아니면 다시 세상의 종말을 일으킬 네 명의 기사(요한계시록의 네 기사로 역병 • 전쟁 • 기아 • 죽음을 상징함)의 출현을 알리는 사자 중 하나로 생각하거나 말이다.

"루이자, 지금은 조용히 있어야 해." 내가 짜증 섞인 목소리로 말했다.

"왜요?" 루이자는 투덜댔다.

글쎄다. 따지고 보면, 루이자 말이 맞을 수도 있었다.

"지혜가 네 가슴속에 자리할 것이고, 지식은 네 영혼에 의해 기꺼이 받아들여질 것이며, 사려 깊은 분별력이 너와 함께하고, 통찰력이 너를 보온해, 아니 에헴, 너를 보호해 줄 것이다." 목사가 설교하며 우리 쪽을 흘겨보았다. 나는 긴 나무의자에 앉아 한껏 움츠러들 수밖에 없었다. 교회 안이 웅성거리기 시작했다. 웅성거림은 교회 전체에 울려 퍼졌다가, 이내 우리에게로 돌아왔다.

루이자는 숨을 깊게 들이마시고 이제 막 소리를 지를 참이었다. 나는 루이자를 재빨리 내 무릎 위에 끌어 앉혔다.

"우리 놀이 하나 하자. 만약 네가 이기면 이따가 아이스크림 사 줄게. 알았지?" 내가 제안했다. 니나는 그런 나를 미심쩍은 눈으로 쳐다봤고, 루이자는 이제 울어야 할지 말지를 망설이는지 숨을 멈추었다. "목사님이 '하나님'이라고 말할 때마다, 너는 작게 휘파람을 한 번 부는 거야. 목사님이 '아멘'을 말하면, 나는 그때마다 손가락을 한 번 튕기고. 더 많이 하는 사람이 이기는 거다." 나는 어처구니없는 제안을 했다.

내가 무슨 말을 할 수 있겠는가? 루이자가 이겼다.

●

AD(H)D의 장점과 약점에 대해서는 p.428 「슈퍼히어로의 능력 발견하기」를 참고하자.

잠시 멈춰서 숨을 돌려도 좋다

하루의 난이도를 설정할 수 있다면 얼마나 좋을까? 그럴 수만 있다면 오늘은 엔텐하우젠(디즈니 만화에 나오는 도널드 덕과 미키 마우스 등의 캐릭터들이 살고 있는 가상의 작은 마을)이나 호그와트를 선택할 것이다. 웨스테로스(미국의 작가 조지 R.R. 마틴의 판타지 소설 《얼음과 불의 노래》 시리즈에 등장하는 가공의 대륙)는 내일로 미뤄 두고 말이다.

"미나! 냉동고 문이 왜 열려 있는 거야?" 누군가가 계단 위에다 대고 소리를 질렀다. 나는 즉시 벌떡 일어나 침대 위에 앉았다. 얼굴이 불덩이처럼 화끈거렸다. 그 통증은 내가 거의 매일 시달리는 강력한 긴장성 두통과는 확실히 달랐다.

"이런 젠장!" 다시 좀 더 크게 투덜거리는 소리가 들려왔다.

"금방 갈게요!" 나는 아래층을 향해 소리치며, 이번 사건의 범인이 누구일지 얼른 생각해 보았다. 내가 또다시 실수를 저질렀나? 아마도 그럴 가능성이 농후했다. 아니면 루이자가 친구들과 뇌동고 있는 곳에 갔나? 그럴 가능성도 충분해 보였다.

"모든 게 물에 잠겼어! 누구든 와서 좀 도와줘." 하네스가 다급한 목소리로 소리쳤다. "너희는 도대체 언제까지 잘 거야!" 하네스가 약이 올라 한마디 덧붙였다. 알람시계가 울려댔다. 8시 30분이었다. '의무'가 부르고 있다. 아니, 울부짖고 있다. 나는 조심스럽게 침대에서 빠져나와, 비틀거리며 화장실로 가서 얼굴을 물에 담갔다. 눈앞에서는 별이 아른거렸다.

"내가 바보지. 멍청한 바보라고." 하네스는 고래고래 소리를 질러댔다. "나는 조깅 하러 간다." 그 말을 남기고 그는 억수같이 비가 쏟아지는 데도 집을 나갔다. 나는 그에게 뭐라도 노여움을 풀어 주는 말을 하고 싶었다. 하지만 그러지를 못했다. 거울에 비친 내 모습에서 눈을 뗄 수 없었기 때문이다. 창백한 내 얼굴은 내게 무엇인가 말하려 했다. 벌써 몇 년 전부터. 그렇지만 나는 소리 없는 내 입술이 속삭이는 말에 귀 기울일 준비가 되어 있지 않았다.

난리가 난 식료품 저장실을 어느 정도 정리한 뒤, 나는 두통약을 먹고 가장 좋아하는 거실 안락의자에 잠시 몸을 맡겼다. 쏟아지던 비는 멈췄고, 새들은 오늘이 세상 마지막 날이기나 한 듯 마구 지저귀고 있었다. 내게서 수평선 위의 한 줄기 빛과 같은 한 가닥 희망 따위는 찾아볼 수 없었다. 내 삶을 들여다볼 수 있는 창유리가 잔뜩 더러워졌기 때문이다. 나는 잠시 눈을 붙이려던 쪽잠이 점점 길어져, 오늘이 며칠인지 물어볼 지경까지 되리라고는 조금도 생각하지 못했다.

"이거 너무하는 거 아냐?" 하네스가 따지듯이 묻는 소리가 들렸다. 뒤이어 내 얼굴에 무엇이 와 닿는 게 느껴졌다.

"왜?" 나는 흠칫 놀라 몸을 움츠리며, 주위를 두리번거렸다. 나는 얼굴에 닿은 미지의 비행물체가 소파 쿠션이라는 것을 알아챘다. 보송보송하고, 밝은 청색이며 커피 얼룩이 있는. 커피 얼룩은 지웠던가? 엄마가 뭐라고 했지? 소금? 아니야, 소금은 레드와인 얼룩을 지울 때 필요한 거지, 커피 얼룩과는 상관없어. 나는 상처에 소금 뿌리기에 관해 생각했다.

"뭐가 너무해?" 내가 되묻자 하네스가 투덜댔다.

"최소한 커피쯤은 끓여 놓았어야 하는 거 아냐?" 나는 미안한 마음에 아랫입술을 잘근 깨물었다.

"몸이 좋지 않았어." 나는 말을 하며, 엉거주춤 일어나 앉았다.

"당신한테는 늘 이유가 있지." 하네스는 냉랭하게 대꾸하며 부엌으로 들어갔다. 나의 시선은 서랍 밖으로 삐져나온 프라이팬에 고정되었다. 내가 저 프라이팬으로 하네스 머리를 내리치면, 그도 나의 고통을 공감할 수 있으려나?

"미안!" 나는 평화를 되찾기 위해서 어찌해야 할지 생각하면서 말했다. 하네스에게 모든 책임을 떠넘기고 싶은 충동을 동시에 느끼면서 말이다. 불쾌한 날씨에 대한 책임, 특이한 누구와 결혼하기로 한 결정에 대한 책임, 또 우리가 아이를 가질 수 없는 책임을 그에게 모두 다 떠넘기고 싶었다. 그것은 단지 내게 자궁이 없기 때문인데도 말이다. 나의 자궁은 루이자가 태어난 후 즉시 제거되었다. 자궁경부암이라는 진단이 내려졌기 때문이다.

잠옷 입은 루이자가 계단을 내려오다, 묵직한 기운을 감지하고는 휙 돌아서서 계단을 올라갔다. 똑똑한 아이다.

"침대에서 일어나기만 하면 당신은 오늘의 목표를 달성한 거야? 제발 뭘 좀 계획하고 살 수는 없어?" 하네스가 커피 가루를 찾으며 비꼬듯 쏘아붙였다. 그의 눈에는 경멸의 기운이 가득했고, 그 사실이 나를 더욱 아프게 했다. 결혼생활이 시작되고 얼마 지나지 않아, 하네스는 내 기대와 달리 나의 결함을 충분히 이해하지 못하고 있다는 사실이 밝혀졌다. 그는 그런 사실을 티 내지 않으려고 애썼지만, 순간순간 속마음은 틈새 사이로 드러났다.

우리의 결혼생활은 이제 저주받은 7년차로, 가파른 내리막길을 미끄러지고 있었다. 자신에 대한 나의 감정이 무뎌지고 있다는 사실이 하네스를 더욱 지치게 했다.

"솔직하기도 하네. 고마워." 나는 으르렁거렸다. 그와 마찬가지로 이빨을 드러내고 말이다.

"당연하지." 그가 대답하며 커피 메이커를 작동시켰다. 찻잔이 달그락거리는 소리가 들렸고, 나는 그의 심기가 잔뜩 뒤틀려 있다는 사실을 눈치챌 수 있었다.

내 안에서는 자신에 대한 분노, 실패한 결혼에 대한 분노 그리고 지난 몇 개월간 나를 힘들게 한 모든 것에 대한 분노가 끓어올랐다. 분노는 거대한 물결이 되어 나를 덮쳤고, 나는 폭발했다.

비가 억수같이 쏟아지던 그 날, 내 입에서 어떤 말들이 쏟아져 나왔는지는 굳이 말하지 않으련다. 어쨌거나 나는 소위 '교육받은' 여자니까.

어찌 되었든 바로 그 순간 우리의 결혼은 종말을 고했다. 그리고 그날 저녁, 나와 하네스는 갈라섰다. 그 사실이 나를 더 놀라고 힘들게 만들었던 것 같다. 땅바닥이 갈라지면서 무너져 내리고, 흉측한 주둥이는 내 앞에서 입을 쩍 벌렸다. 나는 뾰족뾰족한 이빨처럼 바위가 늘어서 있는 심연을 내려다보았다.

익숙함과 안정감은 우리 ADD 환자들에게 무엇보다도 중요하다. 만약 당신 남편이 영원히 사라지면, 당신은 그 상황을 어떻게 해결할 것인가? 물론 절망할 수 있겠지만 새로운 멜로디를 연주할 용기를 내지 못한다면 싸우는 법은 왜 배우겠는가?

그렇게 해서 며칠 뒤 나는 이삿짐 사이를 오고 가고 있었다. 손가락마다 제각각 다른 색 실이 묶여 있었다. 실 하나하나마다 해야 할 일이 있었다. 약지의 초록색 실은 이삿짐 트럭 주문하기, 엄지의 붉은 실은 작은 아파트의 임대계약서에 사인하기, 검지의 푸른 실은 온갖 서류 해치우기였다. 여덟 살짜리 딸아이에게 근로소

득이나 임대소득이 전혀 없다는 사실을 의료보험회사에 증명해야 할 때면, 비로소 독일에 살고 있다는 사실을 실감하게 된다. 노란색 실은 아빠에게 도움 청하기.

그런 혼돈의 왕국에서 놀랍게도 나는 아주 매력적인 농부에게 반하고 말았다. 농부와의 만남은 어느 화창한 일요일 내가 길 한가운데서 길 잃은 소를 발견하고, 소 주인에게 그 사실을 알려야겠다고 생각하면서 시작되었다. 내가 춤추던 지뢰밭을 한층 더 위험하게 만든 것은, 그가 나보다 여덟 살이나 어리다는 사실이었다. 경험에 비춰볼 때 서른 살 미만인 사람들은 날씨만큼이나 변덕스럽다.

"유리그릇 쌀 신문지 좀 있어?" 이사를 돕던 니나가 물었다.

"바깥 창고에 가면 있어." 나는 점심때 먹고 남은 누들이 든 냄비를 불 위에 올리며 대답했다.

"알았어. 내가 가져 올게." 니나가 내게 말한 뒤, 루이자에게 당부했다. "루이자, 네 옷가지는 전부 파란색 주머니에 넣어 두렴, 알았지?"

루이자는 계단 위로 사라졌고, 나는 식기세척기를 돌린 뒤 테이프를 찾아 나섰다. 이삿짐 상자들은 이동 중에 닫혀 있어야 했다. 하지만 그 중 몇 개는 용량초과 상태였다.

"자, 이제 마지막으로 힘내자!" 다락방에 있는 마지막 상자들을 마무리하는 나를 향해 니나가 기운을 북돋웠다.

"말해 봐, 이거 진심이야?" 니나가 갑자기 물었다. 나는 계단 아래를 내려다보았다.

"뭐가?"

"이걸 아직도 갖고 있어?" 니나는 내 침대에 자리 잡은 아주 오래된 테디베어 인형을 보며 말했다.

"그게 어때서? 밤에 잠잘 때 옆에 있는 테디베어 인형이 얼마나 도움이 되는지 너는 아마 모를 거야. 테디베어는 네가 세상모르고 잠자는 한밤중에 괴물들과 맞서 싸우고 있거든. 어쩌면 테디베어가 네 영혼을 이미 여러 번 구했을지도 모른다고."

니나가 이마를 탁 치더니, 깔깔대며 웃었다.

"나는 네가 왜 웃는지 모르겠어. 루이자는 그런 게 수도 없이 많다고." 나는 히죽거리며 스스로를 변호했다.

그 말에 니나는 대꾸했다. "루이자는 아직은 어린아이니까. 더구나 루이자의 보드라운 천 인형은 눈이 멀지도 않았고, 너덜너덜해지지도 않았어. 그리고…… 그런데 이게 대체 무슨 냄새지?" 니나가 테디베어를 손가락 끝으로 살짝 집어 들고는 잔뜩 인상을 찌푸리며 물었다.

"오래된 침 냄새 아닐까?" 나는 대수롭지 않게 말하며, 다락방 입구에 앉았다.

"으이그!" 니나가 코를 씰룩거리며 외쳤다.

"그런데 있잖아, 이번에는, 딜레마에 빠진 내가 어찌해야 할지

네 의견을 말해 주지 않을래?" 내가 요구했다.

"네가 앓고 있는 새로운 사랑의 열병 말이야?"

"그렇지." 나는 박스 하나를 들고 좁은 계단으로 내려가려 했다.

"일단 그와 사귀어 봐. 그리고 그가 너를 위한 남자가 아니라는 사실을 확인하면 돼." 나의 오랜 친구는 자기 생각을 스스럼없이 밝히기 시작했다. 그러면서 내 테디베어 인형을 도로 침대 위로 집어 던졌다. "내 말은, 나도 알고 너도 알고 세상 사람들 모두가 알듯이 트랙터를 모는 농부들은 자기 주변에 버릇없는 공주 따위를 두려 하지 않아. 차라리 일벌을 곁에 두면 됐지 말이야. 그리고 너는 왠지…… 너무 여려."

나는 방금 니나가 한 말이 나를 모욕하는 건지 아닌지 헷갈렸다. 그때, 요란하게 울리는 삑삑 소리가 집안의 정적을 깼다.

"이게 무슨 소리지? 설마 화재경보기가 울리나?" 니나가 깜짝 놀라 소리치며 바짝 긴장해 주위를 둘러보았다.

"글쎄, 집이 후방 주차를 하려다 생긴 경보음은 아닐 텐데 말야." 나는 허둥대며 한마디 뱉어내다 계단을 헛디디고 말았다. 들고 있던 상자가 앞으로 훅 기울어지면서 나를 끌어당겼다. 내 목구멍에서는 비명이 터져 나왔다. 니나는 그저 어쩔 줄 모르고 바라만 보고 있었다. 나는 쿵! 소리를 내며 마룻바닥 위로 나뒹굴었다. 허파에서 모든 공기가 빠져나가는 게 느껴졌다.

"이런 세상에!" 니나가 비명을 질렀다.

"엄마, 불이 났어요!" 루이자도 소리 질렀다.

"망할 놈의 소화기는 어디 있는 거야?" 니나의 외침이 들렸다.

"엄마, 피 나요." 루이자 얼굴이 내 앞에 불쑥 나타났다. 나는 힘겹게 숨을 쉬려고 시도하며 눈을 깜빡였다.

"별거 아니야." 나는 더듬더듬 말하며, 풍뎅이처럼 몸을 뒤집어 바로 누웠다. 눈앞에서는 별이 반짝였다.

"미나! 정신 차려." 니나가 내 어깨를 흔들며 명령했다.

"소화기는…… 냉장고 옆에." 나는 중얼거리며 생각했다. 여기서 내가 생을 달리한다면 니나가 루이자를 맡아 키워 줄까? 전에도 우리는 그런 이야기를 나눈 적이 있었다. 이제 곧 두 살이 되는 니나 딸이 태어났을 무렵이었다. 내 시선은 손가락마다 묶여 있는 실들에 고정되었다. 나는 뭔가 빠뜨렸을 거야. 분명히.

다행히도, 사람은 갈비뼈가 부러졌다고 죽지는 않았다. 그리고 작은 불도 금방 꺼졌다. 그러나 냄비는 못 쓰게 되었다. 정말이지, 주방 조리대를 벗어나기 전에는 반드시 스토브 전원을 확인해야 한다는 문신을 내 몸 어딘가에 새겨 넣어야 할 것 같다.

그 일 말고는 별문제 없이 이사가 진행되었고, 나는 니나의 조언에 따라 내가 반한 상대와 사귀고, 결국 그가 나에게 적합한 사람이 아니었음을 알게 되었다. 아! 이것은 애초의 계획이었고, 실제는 계획과 전혀 다르게 흘러갔다. 나는 나의 젊은 농부에게 홀

딱 반해 버리고 말았다. 그 누가 이것을 내가 행복으로 들어가는 문이라 생각했을까?

세 번째 만남 전날 밤, 나는 조그마한 내 침실에 누워 천장을 바라보고 있었다. 내 옆에는 루이자가 다음날에 대한 기대감에 부풀어 행복하게 잠들어 있었다. 여름방학이고, 할머니와 조류공원에 놀러 가기로 약속되어 있었다. 그 말은 곧 나에게 하루종일 자유시간이 주어진다는 의미이기도 했다. 사실, 난 첫눈에 반한 상대에게 잘 보이기 위해서라도 어서 빨리 잠이 들고 싶었다. 내 나이가 되면, 수면부족이 바로 얼굴에 드러나는 걸 피할 수가 없기 때문이다. 그런 얼굴을 보이기는 정말 싫었다.

뇌 신사 숙녀 여러분!

나 안 돼! 제발 나 좀 자게 내버려 둬!

뇌 마카레나를 소개합니다!

중독성 넘치는 이 노래는 꿈속에서도 나를 괴롭혔다. 안 그래도 기괴한 꿈을 더욱 기괴하게 만들며 말이다. 나는 새로운 사랑을 만나는 날의 상쾌한 아침을 더없이 끔찍하게 시작했다.

차를 몰고 농가를 찾아가는 길에, 나는 마치 잘못된 사랑에 빠진 십대가 된 듯한 느낌이 들었다. 희망 없는 만남. 최악의 경우엔 위험해질 수도 있는 그런 사랑 말이다. 사실 나는 두려웠다. 내가 궁지에 몰리고, 큰 피해가 뒤따르는 불시착을 겪으며, 설레는 감정을 제때 추스르지 못하게 될까 봐 두려웠다.

ADHD로 인한 과잉행동으로 어려움을 겪는 정신 나간 내 친구 다프네라면, 아마 먼저 새로운 상대의 입술에 입을 맞춘 다음, 부끄럼쟁이 남자가 어떻게 반응하는지를 살폈을 것이다.

그러나 유감스럽게도 나는 그렇게 터프한 타입이 아니다.

나의 농부는 내가 농사 사진 몇 장을 찍자고 그를 만난 게 아니라는 사실을 전혀 눈치채지 못했다. 그건 그를 만나기 위한 핑계였을 뿐, 나는 남자로서 그에게 관심이 있었는데도 말이다.

그와 함께 소와 밀짚 사이를 돌아다니고, 사진의 절반을 초조함으로 인한 손 떨림으로 망쳐 버린 후, 나는 점점 더 불안해졌다.

뇌 차라리 그에게 말해 버려.

나 아니, 말 안 하는 게 나을 거야. 그는 나보다 여덟 살이나 어리단 말이야.

뇌 그 말은 왠지 상대방을 깔보는 것처럼 들리는데?

나 그래? 내 말은 단지 내가 많이 늙었고, 또 나한테는 아이도 있다는 의미야.

뇌 늙었다고? 뭐가 늙었다는 건데? 30대에게는 20대와는 다른 매력이 있어. 여자는 좋은 와인처럼 숙성될 필요가 있다고. 여자들은 30세가 지나서야 비로소 남자와 섹스에 눈을 뜨게 된다는 말을 책에서 읽은 적 있어.

나 어쩌면 그에게는 여자친구가 있을지도 몰라.

뇌 맞아. 그렇지만 말하고 나면 최소한 그 사실만큼은 알게 되잖아. 게다가 여자친구란 신중해야 할 이유는 될지 몰라도 장애물은 될 수 없다고. 그러니까 어서 말해 버려.

나 그러다가 그가 날 퇴짜 놓으면 나는 웃음거리가 될 거야.

뇌 거절 당하는 거라면 누구 못지않게 경험이 많잖아?

나 너는 진짜 못된 뇌야.

우리는 목장을 산책하다가 급작스레 쏟아지는 비를 피하러 내 차 안으로 들어갔다. 나는 결심했다. 솔직히 말하면, 용기란 세상에서 가장 미끄러워 언제든 다시 빠져나가기 쉬운 것이다.

"내가 당신에게 정말로 원하는 게 무엇인지 궁금했을 거예요, 그렇지요?" 나는 말을 꺼낸 뒤 운전대를 만지작거렸다. "농사를 주제로 한 사진?" 그는 천진한 얼굴로 웃으며 대답했다.

좋아, 이번에는 다르게.

"그게 우리 데이트의 이유가 아니라면, 무엇이 진짜 이유일까요?" 내가 조심스럽게 물어봤다.

"데이트?" 나는 그가 혼잣말하듯 되묻는 것을 들었다.

이런! 쉽지 않겠어. 장황한 이야기, 빙빙 돌려 말하기…….

나는 그에게 파격적인 제안을 말하기 시작했다. "난 네가 좋아.

지금부터 내가 말하는 두 가지 가능성 중에 하나를 선택해 줘. 하나는 네가 애인이 있거나, 나한테 관심이 없어서 나와 사귀고 싶지 않은 경우야. 다른 하나는 우리가 서로 알아가면서 상대방에게 중요한 존재가 될 수 있을지 확인하는 거지."

그는 삐질삐질 땀을 흘리기 시작했다. 그가 앉은 쪽 유리창은 하트 모양을 그려도 될 만큼 뿌옇게 흐려져 있었다. 잘 되어 가고 있었다. 어쨌거나 그는 나에 대해 분명 육체적인 반응을 보이고 있었다.

"생각을 좀 해 봐야겠어요."

이크! 정통으로 한 방 얻어맞은 것 같았다. 그렇지만 숙고할 수 있는 충분한 시간을 갖는 것은 사실 최선의 반응이었다. 이는 좀머 부인의 조언 중 하나가 아니었던가. '좀처럼 확신이 서지 않는 일에 대해 답해야 할 때는, 일단 시간을 갖고 생각해 보겠다고 말하라.' 좀머 부인의 말이 내 머릿속에 울려 퍼졌다. 내가 반한 상대가 그와 동일한 모토로 행동하는 것은 과연 청신호였을까?

그나저나 많은 ADD 환자들이 그들 앞에 있는 모든 것에 대해 일단은 부정적으로 반응한다는 사실을 알고 있는가? 농부인 요나스도 어린 시절 ADD 진단을 받은 흔적이 엿보였다. 아주 경미하게. 축복받은 사람, 그는 나를 다시 만날지 결정하느라 꼬박 일주일을 고민했다. 상당히 긴 시간이었다. 그동안 나는 거의 미쳐가고 있었다. 그 어느 때보다도 말이다.

요나스와의 만남 이후 한 주가 지나기 전, 나는 ADHD 동료인 다프네 그리고 루이자와 함께 고속도로를 달리면서 지난 며칠을 돌아보았다. 나는 혼란으로 가득 찼던 이사에 대해 생각했다. 나는 가구를 잘못 조립했고, 옷장 문짝은 어찌 된 일인지 거꾸로 달려 있었다.

또한 하네스와의 충격적인 이별과 나의 감정적인 과부하에 대해서도 생각했다. 모든 것을 긍정적으로 받아들이기로 마음먹었지만 내 머릿속은 슬픔과 걱정에 지배당했다. 나의 모토는 의주관낙이었다.

뇌 어휴, 우리가 그 안전한 둥지를 떠났다니 믿을 수 없어.

나 나도 그래. 그래도 이렇게 하는 게 훨씬 나아.

뇌 우리를 사랑한 사람에게 상처를 준 사실이 정말 슬퍼.

나 그렇지만 앞으로 나아갈 곳을 봐야지.

뇌 그는 매우 교활했어. 그렇지 않니?

나 그래, 네 말이 맞아.

뇌 교활하다는 건 누군가를 사막으로 내몰면서 소풍을 간다고 마냥 즐거워하게 만드는 거 아닐까?

나 오, 세상에! 네 말은 하네스가 우리를 속여 헷갈리게 만들고 있다는 거야?

뇌 그럴 수도 있지. 하지만 다른 누구를 함정에 빠뜨리려고 계획하는 사람은 자기 스스로 함정에 빠질 수도 있어.

나 오늘은 아무래도 집을 비우지 말아야겠다. 부동산 중개인이 집을 보러 올지도 모르니까.

그러나 나는 친구들의 핸드볼 시합을 보기 위해 어쩔 수 없이 포르타 베스트팔리카로 가야 했다. 그래서 다프네의 파사트 자동차를 타고 A30 고속도로 위를 달리고 있었다.

뇌 게다가, 하네스는 네가 벌써 다른 누군가를 만날 생각에 빠져 있다는 걸 알고도 전혀 화가 난 것 같지 않았어.

나 그럼 그가 뭘 어떻게 해야 하는데?

뇌 그는 네가 모르는 뭔가를 알고 있는지도 몰라.

나 대체 무슨 말이 하고 싶어?

뇌 새로 만날 사람과는 절대로 잘되지 않을 거고, 그래서 네가 자연스레 자신에게로 돌아올 거란 사실을 알고 있다는 말이지.

나 말도 안 돼!

"왜 요나스가 다시 만나자고 안 하는지 이해할 수 없어." 나는 봉지에서 비스킷을 꺼내면서 슬픈 목소리로 중얼거렸다.

"그냥 그 사람에게 물어보면 어때?" 다프네가 트럭 뒤로 차를 거칠게 우겨 넣으며 말했다. 다프네는 그녀의 ADHD 증상 중의 하나인 수다 떨기 신공을 선보이고 있고, 나는 말할 기회가 생겨 반갑기 그지없었다. 사실 우리가 이렇게 잘 지내는 것은 정말이지 기적이었다. 과잉행동에서 비롯된 다프네의 유쾌함은 몽상에 빠진 나의 행동과는 완전 반대였고, 가끔은 나를 미치기 직전까지 몰아넣었다. 그럼에도 우리는 세상을 같은 모습으로 보고 있기 때문에 서로를 너무나 잘 이해할 수 있었다. 적어도 대략적으로는 말이다. 과잉행동이 있든 없든, 나와 다프네 뇌에서 일어나는 문제는 본질적으로 똑같다.

"그러니까 그게 무엇이든 요나스는 자기 의견을 밝혀야 하거든." 요나스와 관련해서 나의 입장은 분명했다.

"맞아, 그 사람이 너한테 문자 메시지는 보내지? 그렇지?"

"응."

"그리고 너한테 페이스북에 가입했는지도 물어봤고?" 다프네는 끈덕지게 물고 늘어졌다. 그러면서 앞차에 아주 바짝 붙었다.

"그랬어, 요나스는 그저 안전거리를 유지하며 나를 만나려는 거야. 그렇게 생각하지 않아?" 나는 의구심을 드러내며 비스킷 하나를 또다시 입에 밀어 넣었다. 다프네가 손가락으로 핸들을 두드리는 소리가 더욱 커졌다.

"그렇다면 그에게 확 말해 버려. 너는 오직 라이브로만 만날 수 있다고 말이야. 어쨌든 그런 종류의 만남이나 대화는 사실 너무 과대평가 되어 있어. 멍청하기 짝이 없는 SNS 말이야. 세상이 도

대체 어떻게 돌아가는지 모르겠어. 개나 소나 모두 그저 손에 휴대폰을 들고 있으니. 굳이 내 생각을 말하면, 사회가 붕괴되고 있다고나 할까……."

그래, 이제 또 한참 걸리겠군. 또다시 다프네 말문이 터졌으니 말이야. 그녀가 문명의 몰락에 대해 열변을 토해내는 동안, 내 생각들은 뒤범벅되어 혼란상태에 빠졌다. 간간이 고개를 끄덕이거나 끙! 하고 앓는 소리를 내며 나는 그녀 생각에 동의를 표했다. 그러면서 그녀가 내게 질문을 던지지 않기만을 바랐다.

나는 어떻게 이리 쉽게 한눈에 반하는 사랑에 빠졌을까? 요나스는 누가 보더라도 잘생긴 편이었다. 다만 아쉬운 게 있다면, 그는 나보다 키가 약간 작았다. 나는 통상적으로 키가 작은 남자들에게는 성적인 매력을 느끼지 못했다. 하지만 그런 것쯤은 무시하려 했다. 그의 수줍어하는 태도가 오히려 매력적으로 다가왔을까? 좀 더 본질적인 질문을 던지자면, 누가 누구를 먼저 끌어당겼을까? 그리고 나는 내 상처를 부끄러워해야 할까? 모든 것을 치유해 주는 시간을 파는 약국은 대체 어디에 있을까?

"미나?" 다프네가 내 이름을 부르며 나를 쿡 찔렀다. "네가 여기 비스킷 다 먹어치웠어?"

"그랬나 봐." 입 주변에 붙은 과자 부스러기를 털어내며 대답했다. 최근 들어, 스트레스 때문에 허기를 자주 느꼈다. 친애하는 다프네와 여행하는 것 또한 내게는 스트레스 자체였다.

"조심 좀 해. 그새 살이 또 많이 쪘잖아." 그녀가 얄밉게 아픈 곳을 찔렀다.

"그렇지 않아, 평수가 약간 넓어졌을 뿐이야." 내가 대꾸했다.

"농담 아냐. 우리 먹을 걸 남기지 않은 건 어쨌거나 잘한 일이 아니야." 내 친구는 으르렁대며, 진화 과정에서의 사회적 능력에 대하여 일장 연설을 늘어놓았다.

'네덜란드에 오신 것을 환영합니다'라고 쓰인 표지판을 보자, 나는 입 안에 남아 있던 과자 부스러기에 사레가 들렸다.

"젠장." 나는 꺽꺽거리며 창밖을 가리켰다. 루이자가 닌텐도 게임기에서 고개를 들어 잠시 나를 쳐다보았다. 그러나 내가 숨이 넘어가지 않은 사실을 확인하고는, 이내 하던 게임을 계속했다.

"바로 그거야. 모든 것은 점점 나빠진다고. 만일 우리가 보노보 원숭이의 후손이라면, 이 세상 모든 게 다 그렇게 야만스럽지는 않았을텐데……." 다프네가 계속해서 말하는 게 들려왔다.

보노보? 보노보라면 침팬지와 가까운 친척뻘쯤 되며, 모든 사회적 갈등과 긴장을 섹스로 해결한다는 종족이 아니던가. 대단하군! 그와 같은 전략이 블랙프라이데이 세일 때 행사상품이 산처럼 쌓여 있는 판매대 앞에 모여든 군중에게 적용되는 경우 어떤 결과를 초래할지 생각하면서 나는 잠시 끔찍한 상상에 빠졌다. 별안간 우리 머리 위로 먹구름이 몰려왔다. 그 광경은 내게 집 앞 참나무에 벼락이 떨어졌던 지난여름을 상기시켰다. 그 바람에 나는 무엇이 본질인지 거의 잊어먹고 있었다.

“우리는 지금 네덜란드에 왔어!” 나는 소리 지르며, 네덜란드풍의 이름이 적혀 있는 도로표지판을 가리켰다.

“이런 젠장!” 다프네가 욕을 해 대며 급브레이크를 밟으려 했다. 고속도로 위에서, 아무 대책도 없이.

“차를 돌리면 안 돼! 그러다간 역주행을 하게 된다고. 그냥 다음번 출구에서 빠져나가서 왔던 길을 되돌아가자.” 내가 제안했다.

“제기랄!” 다프네가 흥분해서 주먹 쥔 손으로 운전대를 마구 내리쳤다. “그러면 우리는 절대 시간에 맞춰 도착하지 못해. 도착하면 모든 게 끝나 있을 거라고.”

“그건 그렇겠다.” 나는 입을 삐죽거렸다. 다행히도, 이제 나는 일이 심각하게 틀어졌을 때도 곧바로 과민반응을 보이진 않는다.

다프네가 손목시계를 힐끗 쳐다보며 말했다. “우리는 오랜 시간 고속도로를 달려왔어. 적어도 누군가는 이미 목적지를 지나쳤다는 사실을 알아챘어야 하는 거 아닐까? 포르타라면 이미 도착하고도 남았을 시간인데 말이야.” 다프네는 불안한 듯 엉덩이를 앞뒤로 흔들어대기 시작했고, 한참 동안 멈추지 않았다. 나는 입술을 지그시 깨물며, 숨을 깊이 들이마셨다. 그랬다. 온갖 쓸데없는 수다와 끊임없이 이어지는 무의미한 생각들 속에서도…….

“이것 참, 클럽에 오신 것을 환영합니다!” 나는 그저 그렇게 말했다.

"이런 젠장!" 다프네가 나직이 투덜댔다.

"젠장이라는 말 쓰기 없기요." 루이자가 한마디 했다.

"그냥 이대로 계속 가면 어떨까?" 내가 제안했다. "그로닝겐이 여기서 멀지 않거든." 내가 마지막으로 거기 간 것은 아주 오래전이었다.

"너 지금 제정신이야?" 다프네가 어이없다는 듯 되물었다. 난 그제야 그녀가 스웨터를 거꾸로 입고 있다는 사실을 발견하곤 그저 웃을 수밖에 없었다.

"다프네, 그거 유도심문이니?" 내 물음에 다프네가 말했다.

"어쨌거나 우리에겐 꽤 익숙한 일이지. 안 그래? 너하고 나를 더하면 완전 망가짐이거든. 다른 사람들이 알면 아마 우릴 잡아먹으려 할 거야."

"그 사람들 모두 이미 우리를 알고 있잖아. 그러니 우리가 나타나지 않아도 다들 그러려니 생각할 거야." 나는 그렇게 말하며, 부동산 중개인과의 약속도 염두에 뒀어야 했다고 생각했다.

"우리 같은 사람이랑 어울리는 건 결코 쉬운 일이 아니야. 그렇지?" 다프네는 장차 무슨 일이 닥칠지 짐작도 못 하는 현재의 남자친구에 대해 생각하고 있는 게 분명했다.

나는 어깨를 으쓱했다.

"내 말은, 우리는 정말이지 주의가 산만하다는 거야. 한 시간 반 가까이 잘못된 길로 달려가면서도 눈치채지 못했잖아." 그녀가 말했다.

"우리 엄마는 가끔 아무것도 눈치를 못 채요." 루이자가 환하게 웃으며 끼어들었다.

"퍽이나 고맙구나, 아가야." 내가 루이자를 돌아보며 말했다.

"아빠는 엄마 뇌에 구멍이 너무 많이 나 있다고 했어요." 루이자가 소리 내어 웃으며 말했다. 여기서 아빠는 하네스를 말하는 게 틀림없다. 루이자는 친아버지를 알지 못했다. 정말 터무니없는 말이지만, 나는 루이자 웃음에 전염되어 덩달아 웃고 말았다.

"상관없어." 이번에는 다프네가 끼어들었다. "아주 많은 유명 인사들 역시 텅 빈 구멍을 갖고 있는 거 아니? 그들 모두 ADD나 ADHD를 앓고 있어. 그럼에도 유명 인사가 되었지." 다프네는 미니버스를 추월하자마자 바로 앞으로 끼어들면서 한마디 덧붙였다. "그러니까, 네 엄마에게도 아직은 희망이 있어." 미니버스가 분개하여 경적을 울려댔다.

"야!" 내가 소리쳐 경고했다.

"응? 누구?" 루이자가 닌텐도를 옆으로 내려놓으며 물었다.

"예를 들면, 인터넷에서 그러더라. 윌 스미스도 ADHD를 진단받았다고 말이야." 다프네가 계속해서 이야기했다.

"정말로?"

"응, 우리 같은 사람이 수천 명은 될 거라는데?" 다프네 수다는 끝없이 이어졌다. 그녀는 마치 '우리'가 지구를 비밀리에 정복하기 위해 숨어 지내는 외계인이라도 되는 양 말하고 있었다.

"리브 타일러, 메간 폭스, 올슨 자매, 엠마 왓슨, 에밀리아 클라크……."

"와!" 루이자는 놀라 벌어진 입을 다물지 못했다.

"그거 다 진짜야?" 나는 다프네 말을 가로막으며 물었다. 다프네가 눈썹을 치켜올렸다.

"다 내가 읽은 거야. 그러니까 틀림없는 사실이라고." 다프네는 확신에 찬 얼굴로 대답했다.

"혹시 말괄량이 삐삐도 ADHD였을까?" 나는 농담 삼아 한마디 던졌다. 그러자 다프네가 대답했다.

"아마도 분명 그럴 거야. 삐삐는 모든 것을 제대로 해냈거든. 삐삐야말로 나의 우상이자 롤모델이야. 2 곱하기 3은 4이고, 호호누가 나한테 배울래? 나는 자살할 거야, 내가 원하는 대로." 다프네가 신이 나 노래 불렀고, 루이자는 그 모습을 보며 소리 내어 웃었다.

"'사람들에게는 그냥 앉아서 가만히 바라보기만 할 시간도 필요해'라는 말 아직 기억하니?" 내가 다프네에게 물었다. 그러자 환한 미소가 그녀 얼굴에 떠올랐다.

"나는 아스트리드 린드그렌을 좋아해. 정말 똑똑한 여성이지." 다프네가 말을 마친 뒤 흥겹게 흥얼거리고, 나는 다시 창밖을 내다봤다. 나무들이 휙휙 우리 곁을 스쳐가고 있었다. 가을색이 밝은 오렌지색으로 흐릿해져 가고 있었다.

잠시 후, 내가 말을 꺼냈다. "이제는 빙글빙글 떠도는 생각에 집중해야겠어."

"그건 나도 알고 있어." 다프네가 말했다. "막 걸음마를 시작한 아기 때부터 모차르트 머릿속에는 멜로디가 빙글빙글 떠돌았고, 모차르트는 글 쓰는 것보다 먼저 작곡을 하게 되었대. 아인슈타인도 그런 사고법과 다시 집중하기 방법을 이용해서 상대성이론을 발견했고."

"아하! 그럼 나도 아인슈타인과 동급이네." 나는 괜스레 익살을 떨었다.

"그런 능력을 바탕으로 고도의 성찰 속에서 글을 쓰는 유명한 작가들도 있어. 예를 들면 헤르만 헤세가 있지." 다프네는 설명했고, 나는 책상 위에 올려둔 미완성 원고를 떠올렸다. 물론 헤르만 헤세의 글과 비교할 바는 아니었지만, 지금까지는 꽤 괜찮게 진행되고 있었다.

우리는 한참을 ADHD와 관계가 있거나 없는 인물에 대해 이야기했다. 또 사람들에게서 나타날 수 있는 다른 결함이나 심리적 장애에 대해서도 이야기를 나눴다. 다프네는 언젠가 한번 아무런 이유 없이 정말로 불행하다고 느낀 적이 있었다. 그녀는 가만히 앉아서, 그런 느낌이 사라질 때까지 불행에 대해 깊이 생각했다. 편타성 외상(교통사고가 일어날 때 갑작스런 가속이나 감속으로 발생하는 힘이 우리 몸에 작용하여 목에 있는 근육이나 힘줄 또는 인대에 손상을 일으키는 것)이 생길 만큼 빠르게 변화하는 이 세상에서, 때때로 잠시 멈춰 서서 숨을 돌리는 것은 어쩌면 당연한 일이다.

불행은 그저 일어난다. 실패나 비극은 세상 어느 곳에나 존재하며, 사고는 누구에게나 찾아온다. 어느 집에서나 '아!'라는 탄식이 들린다고 할머니는 말씀하시곤 했다. 사람은 계획하고, 운명은 배꼽을 잡고 웃는다.

전체 인구의 약 40퍼센트는 사는 동안 적어도 한 번 심리적인 질환으로 고통받는다. 그러나 그와 같은 고통을 겪는 사람들을 기다리는 것은 오로지 주변 사람들의 몰이해뿐이다. 고통스러워하는 그들을 이해하는 것은 그리 어렵지 않다. 그러나 사람들은 우울해지지 않기 위해 세상의 모든 슬픔에 대해 눈이 멀고 귀가 먹었다.

불분명한 일상의 목표를 달성하기 위한 과정은 모두에게 똑같은 노력을 요구하지 않는다. 그렇다면 서로 다른 성취능력에 대해 사람들은 왜 그리도 편협할까? 일정한 궤도를 따라 언제나 매끄럽게 흘러가는 삶이 너무나 당연하다고 믿기 때문일까? 마치 언제나 만족하고 행복한 삶이 당연하고, 절대 비틀거리거나 넘어져서는 안 되는 것처럼 말이다. 그리고 만약 넘어지더라도 아주 빠르게 다시 일어나야만 하는 것처럼.

내 생각에 그런 사람들은 그러라고 내버려 둬야 한다. 늘 조롱

하듯 비죽거리는 미소를 지은 채, 신들린 상태로 흠 없는 완벽한 삶을 살아가게끔 말이다. 아니면, 매일매일 행복한 삶은 분명 어딘가 문제가 있다고 그들에게 말해 주어야 한다. 그러면 그제서야 그들도 자신들이 서랍 속에 있으며, 그 안에 갇힌 느낌이 얼마나 갑갑한지 깨닫게 될 것이다.

그로닝겐에 도착하자, 짙게 깔린 구름 사이로 햇빛이 빠끔 머리를 내밀었다.

"신기하다! 우리가 운전을 해서 좋은 날씨를 찾아왔어." 다프네가 차에서 내리며 말했다.

"우리 쇼핑하러 가요?" 루이자가 즐거워하며 물었다.

"아마도 조금은." 나는 삑삑 울려대는 전화기를 찾아 주머니를 뒤적거리며 약속했다. "됐어! 이제 드디어 시작이야!" 나는 기쁨에 겨워 재잘거렸다. "요나스가 드디어 나와 만나고 싶대!"

그 순간, 나는 소름 돋을 만큼 행복했다. 물론 그럴 만한 이유가 있었다. 나의 강한 직관은 이제 모든 것이 잘 될 거라고 속삭이고 있고, 나의 줄들은 새로운 노래를 연주하기 시작했다. 그리고 그 노래는 나와 오랜 시간 함께할 것이다.

타인의 관심을
독점하고 싶진 않아

ADD 진단검사를 받던 날, 나는 남동생 헨리와 함께 병원을 찾았다. 40대 중반의 환자 한 사람이 끊임없이 다리를 떨고 손가락을 튕기며 대기실에 앉아 있던 모습을 나는 아직도 생생하게 기억한다. 그 남자는 어른이 되어서도 중증의 ADHD에 시달리고 있음이 분명했다. 그의 모습은 내 인내심의 한계를 테스트하고 있었다. 나는 안절부절못하는 그의 모습에서 시선을 돌릴 수도 없고, 그가 내는 시끄러운 소리에 귀를 막을 수도 없었기 때문이다. 그런 내 옆에는 헨리가 마치 태산 같은 모습으로 앉아 있었다. 헨리는 주변 상황과 벽시계에서 들려오는 째깍째깍 소리에도 아랑곳하지 않은 채, 태연히 잡지를 읽고 있었다.

그게 어떻게 가능할까? 내가 이런저런 검사를 받는 동안에도 헨리는 우리의 공통 증상인 주의력결핍장애를 거의 드러내지 않았다. 내게는 없는 무엇이 그를 돕는 걸까? 나는 왜 오늘 다른 환자들과 함께 여기 클리닉에 앉아 있을까? 한때는 언제 어디서나 나의 보호와 통역이 필요했던 남동생이 거꾸로 내 손을 잡아주고 있다니. 곁에 앉은 헨리를 바라보며 나는 그저 의아하기만 했다.

"예전 일 기억나니?" 어느 순간, 내가 그에게 물었다.

"무슨 소리야?"

"네가 ADHD를 앓던 어린아이 때 일 말이야."

그는 삐거덕거리는 의자에서 몸을 쭉 펴고 앉으면서 이마를 찌푸렸다. 나는 그를 올려다보았다. 헨리의 눈은 여전히 바다처럼 푸른색이었다.

"머릿속이 부글거려?" 그가 물었고, 나는 웃어야 할지 모욕감에 화를 내야 할지 갈피를 잡지 못했다.

"아니, 내가 무슨 말을 하는지 너도 잘 알잖아." 나는 기어들어가는 목소리로 말했다.

"아! 누나가 아직도 앓고 있는 그거 말이야? 나는 ADHD와는 전혀 관계가 없었어. 나는 단지 아주 활달한 어린아이였을 뿐이라고." 그가 천연덕스럽게 대답했다.

나는 웃으며 말했다. "그런가? 아니야, 지금도 너는 여전해. 별난 짓 하는 것도 마찬가지고 말이지."

그가 히죽 웃으며 말했다. "아니, 내겐 아무 문제도 없어. 나는 나 자신과 신 그리고 세상과도 아주 잘 지내고 있거든." 그는 자신

있게 말하며 내 손을 꼭 잡았다.

“그래, 맞아. 하지만 네 주변 사람들은 그렇지 못해.” 그렇게 대답하던 나는 갑자기 목이 메었다. “그러니까 내 앞에서 신 얘기는 하지 마. 늙은 짠돌이 영감탱이가 내게도 좀 더 괜찮은 장치를 주어 세상에 내보냈으면 얼마나 좋았을까?”

“신이 누나를 만들 땐 말이야, ‘그냥 이대로 놔둬도 괜찮아. 어차피 보험회사가 알아서 처리할 테니까.’라고 생각했을 거야.”

나는 헨리 팔뚝을 꼬집으며 말했다. “우리 둘 중 하나는 스스로 생각하는 것보다 더 멍청한 게 분명해.”

“그럴 수도 있겠지. 그렇지만 나는 누나가 진짜 요정이라는 사실을 알아볼 수 있을 만큼은 똑똑해.” 헨리가 갑자기 진지한 어조로 말을 하며 내게 바짝 몸을 기댔다.

오! 요정이라고? 나는 잠시 감동해 얼굴이 빨갛게 달아오르는 걸 느꼈다. 그때, 헨리 입가가 씰룩거렸다.

“마음에도 없는 소리 하지 마.” 내가 말했다.

“헤헤.” 헨리는 싱겁게 웃으며 대답했다. “솔직히 말하면 누나는 끔찍한 요정이지. 그래도 나는 누나가 좋아.”

얼마 후, 헨리에게 기쁜 날이 찾아왔다. 오늘은 헨리의 결혼식, 나는 한껏 들떠 있다. 어쨌거나, 헨리 결혼식은 작고 꽉 막힌 지역사회에서 열리는 첫 번째 동성 결혼식이다. 나는 길모퉁이를 돌면 달걀을 던져대는 시위대가 나타나, 하얀색 마차를 끄는 흰색 말들을 놀라게 하진 않을까 생각하고 있다. 그들이 떼를 지어 마을을 들쑤시고 돌아다니면 무슨 일이 벌어질지 예측하기 힘들다.

마침내 헨리와 그의 새신랑 마누엘이 동화에나 나올 법한 마차에서 내려 결혼식장으로 춤추듯 걸어가는 모습을 보며, 나는 무척 기뻐한다. 괜히 춤추듯 걸어간다고 말하는 게 아니다. 누구도 흰색 양복을 차려입은 마누엘만큼 우아하게 레드카펫 위를 미끄러져 갈 수는 없을 것 같다. 그에 비해 헨리는 조금 창백해 보인다. 나는 신사복 전문 매장에서 남동생에게 비싼 턱시도를 입으라고 설득하며 벌였던 말싸움을 떠올린다.

"제 생각에 500유로는 정말이지 너무 비싼 것 같아요." 헨리는 매장 직원에게 퉁명스럽게 말했고, 직원은 슬그머니 자리를 떠서 잠시 돌아오지 않았다. "누나는 작년 결혼식 때 드레스 비용으로 250유로밖에 안 썼잖아." 그가 따지고 들었다.

"그렇기는 하지. 그런데 그건 드레스를 중국에서 만들어왔기 때문이야." 나는 헨리에게 당시 상황을 상기시켰다. "워낙 먼 곳에서 만들도록 주문하다 보니 옷을 받기까지는 상당히 긴 시간이 걸렸어. 그러려면 너도 좀 더 일찍 왔어야 했다고." 나는 긴장해서 엄지손톱을 물어뜯었다. 헨리는 땀을 흘리기 시작했다. 좋은 징조는 아니었다. 헨리는 머리꼭지가 열리면 더 이상 참지 못하고, 성난 황소처럼 도망칠 수도 있기 때문이다. 그렇게 되면 그 대가는 500유로보다 훨씬 더 비싸질 게 분명했다.

"어쨌든 나도 경제적으로 여유가 있었으면, 드레스에 좀 더 돈을 썼을 거야." 나는 한마디 덧붙이며, 헨리에게 가는 세로줄무늬 정장을 하나 보여 주었다.

"아니면 내 턱시도를 입고 가는 건 어떠니? 아직 새것이거든." 아버지가 신경전을 벌이는 와중에 제안했다.

"네가 고른 옷은 반드시 양복 재단사 손을 거쳐야 한다는 걸 염두에 둬야 해." 레기나가 진지하게 경고했다.

"재단사요? 왜요?" 남동생은 무슨 소리냐는 표정으로 되물으며, 거울 앞에 서서 몸에 대 보던 옷을 내려놓았다.

"그거야 그 옷이 100퍼센트 네 몸에 맞진 않을 거니까. 바짓단도 조금 줄여야 하고, 또……."

헨리가 레기나 말을 가로막으며 말했다. "말도 안 돼요. 그러면 돈이 더 들어가잖아요!" 그는 들고 있던 옷을 조금은 격하게 도로 행거에 걸었다. 그 바람에 행거 전체가 넘어질 듯 흔들거렸다.

"결혼이라는 것 자체가 돈이 든다는 걸 생각해야지!" 이제는 너무나 커진 그의 등을 토닥이며, 내가 타일렀다.

"그건 나도 알아." 내 말에 수긍하던 헨리가 팔에 걸고 있던 셔츠를 바닥에 떨어뜨렸다. "젠장!" 그는 투덜거리며 셔츠를 집어 올리기 위해 몸을 숙이다 행거에 머리를 부딪쳤다. 행거 전체가 다시 한번 요동쳤다. “오늘은 왠지 길에서 벗어나 길옆에 서 있는 것만 같아.” 그가 뒤통수를 긁적이며 말했다.

“그래서? 길옆에 있는 느낌이 어떤데?” 나는 물었다.

“좋아, 여기 있는 것도 아주 좋은데!” 헨리가 팔꿈치로 나를 툭 치며 대답했다. 나는 무의식중에 주춤주춤 뒤로 물러섰다. 그러다가 나 또한 마네킹에 부딪쳤다.

결국, 헨리는 소탈하고 값싼 턱시도를 선택했다. 그 옷은 가격과는 상관없이 헨리와 꽤 잘 어울렸다.

이제 헨리는 레스토랑 안으로 들어가고 우리도 따라 움직인다. 물결처럼 흘러가는 하객들을 따라 테이블로 향하며, 나는 시누이 결혼식 축하연에서 손님 맞는 일을 돕던 기억을 억누르려고 애를 쓴다.

당시만 해도 요나스와 사귄 지 고작 몇 주밖에 되지 않았을 때였고, 나는 낯선 이들 앞에 설 생각에 무척이나 겁을 먹었다. 물론 도와달라는 부탁을 받았을 당시에, 거절할 수도 있었다. 그렇지만 나는 요나스 가족에게 좋은 인상을 심어주고 싶었고, 공손한 모습도 보여주고 싶었다. 그렇지만 그리로 가는 도중에 나는 부담감에 울음을 터뜨리고 말았다.

모든 것을 떠나서, 나는 그 날 나 자신을 설명하는 법을 배웠다. 그래서 요나스는 나의 작은 붕괴에 적절하게 대처하는 기회를 가질 수 있었다. 내 생각에, 그는 처음에는 눈앞의 상황을 전혀 이해하지 못했다. 처음 얼마 동안 그는 과호흡증에 빠지지 않으려고 애쓰는 나를 그저 멀뚱멀뚱 바라보고만 있었다. 그러나 잠시 후, 그는 과하지 않으면서도 매력적일 만큼 자연스러운 그만의 방식으로 내가 장애물을 넘도록 도와주었다. 그리고 우리는 손을 맞잡고 결혼식 피로연이 열리는 장소로 갔다. 바로 지금처럼.

"사고뭉치야, 천천히 가!" 요나스가 웃으며 내게 슬그머니 주의를 준다. 나는 요나스가 히피풍이라고 즐겨 부르는 너풀너풀한 옷소매가 달린 드레스의 옷매무새를 남들 모르게 가다듬는다. 지금 입고 있는 드레스는 제법 긴 편이라, 옷자락을 밟지 않으려면 무척 조심해야 한다.

조금 떨어진 곳에서, 헨리가 자리 배치도가 그려진 캔버스를 올려놓은 이젤을 넘어뜨리면서 갑자기 작은 소란이 일어난다. 아빠는 달려가, 서둘러 모든 것을 원상태로 되돌려 놓는다. 피해를 최소화하는 데 있어서만큼은 아빠는 탁월한 재주가 있다.

"엄마도 봤어요?" 루이자가 활짝 웃으며, 방금 일어난 작은 사고를 휴대폰에 담는다. "헨리 삼촌은 아무래도 결혼식이 마음에 들지 않나 봐요. 그렇지 않아요?" 루이자가 헨리 얼굴을 힐끔 쳐다보며 말한다. 엄마는 지금 앉을 곳을 찾고 있다. 나와 루이자도 엄마 뒤를 유유히 쫓아간다.

"왜 그렇게 생각하는데?" 나는 루이자에게 물으며, 헨리 표정을 확인하기 위해 고개를 돌린다. 그러다가 하마터면 엄마와 부딪칠 뻔하면서 나는 멈춰 선다.

"삼촌이 얼굴을 찡그리고 있는 게 무척이나 힘들어하는 것처럼 보이거든요." 루이자가 손가락으로 헨리를 가리키며 말한다.

"아가, 사람한테 대고 그렇게 손가락질하면 안 돼. 삼촌은 단지 지금 흥분해서 그렇게 보이는 거야." 내 말에 루이자는 의미심장한 얼굴로 말했다. "삼촌은 결혼식을 올리는 동안에도 울었어요."

"그건 너무 행복해서 우는 거야." 나는 설명하고 우리는 테이블을 찾아 자리에 앉는다. 결혼식이 진행되는 동안, 여자 목사가 신은 괴상한 신발을 보면서 누구나 다 나처럼 낄낄대지는 않는다.

모두가 축하의 말을 하고, 몇몇 축구광 친구들은 삼가 조의를 표한다. 마지막 손님까지 모두 자리를 찾아 앉는다.

"야호! 아이스크림 봄베도 있어요!" 루이자가 기뻐하며 소리친다. 그러고는 요나스 옆구리를 쿡 찌르며 말한다. "특별히 아빠를 위한 방울양배추도 있고요." 루이자가 요나스를 골린다.

"웩!" 요나스는 얼굴을 찌푸리며 헛구역질을 한다.

"아빠는 방울양배추-기피증이야. 모든 것을 다 먹는데, 방울양배추만 안 먹어." 내가 루이자 말에 맞장구치자 엄마가 내게 묻는다. "그러면 너처럼 간을 안 먹는 사람은 뭐라고 부르는데?"

"간-기피증?" 나는 얼른 대답한다.

"에이, 썰렁해요." 루이자가 말을 하다 말고, 갑자기 문 쪽으로 잽싸게 돌아앉는다. "저기 좀 봐요! 이제 정말 시작이에요!"

신랑 신부가 AC/DC의 〈지옥으로 가는 고속도로〉에 맞춰 춤을 추기 시작한다. 사람들은 모두 자리에서 일어나, 리듬에 맞춰 박수를 친다. 이 둔탁한 음악의 물결이 얼마나 강렬하게 나를 잡아 당기는지 나는 몸으로 느낄 수 있다. 그리고 그 느낌은 두 차례에 걸친 나의 웨딩 댄스를 상기시킨다. 특히나 두 번째 결혼식 때, 헨리는 내 드레스 자락을 밟아 망가뜨렸다. 말도 안 된다고? 나나 헨리라면 충분히 가능한 일이다.

헨리가 내가 있는 쪽을 바라본다. 나는 그에게 손을 흔들어 준다. 그의 두 눈은 환하게 빛나고, 두 뺨은 발갛게 달아올라 있다. 엄마는 연신 사진을 찍어대며 울고 있다.

"두 사람 다 너무 보기 좋아요. 그렇지 않아요?" 옆자리에 앉은 헨리의 직장동료 리자가 내게 묻는다. 그녀는 A1 고속도로에서 교통체증에 갇혀 있는 남편이 오기만을 기다리고 있다.

"맞아요. 정말 그래요." 나는 대답하며, 테이블 아래 놓아둔 핸드백에서 손수건을 꺼내기 위해 의자를 뒤로 조금 뺀다. 감동을 받아 가슴이 뭉클해지면 금세 눈물이 난다. 그런데 지금은 계속해서 훌쩍거리는 엄마와의 연대감 때문에 눈물이 흐른 것 같다.

"올리버가 얼른 왔으면 좋겠어요. 잘못하다간 맛난 음식을 못 먹을 거 같으니 말이에요." 내가 눈가에 맺힌 눈물을 훔치는 동안 리자가 계속해서 말을 건넨다. 그녀는 나를 만난 이후로 내내 웃는 얼굴이다. 나라면 안면근육에 쥐가 나도 벌써 났을 텐데.

"티라미수도 나올 텐데, 그걸 못 먹으면 정말 속상하겠어요." 나는 자랑스럽게 대꾸한다. 티라미수는 나의 요청으로 추가된 메뉴였다.

"세상에! 정말로요?" 그녀가 대답하고, 그게 단지 형식적인 반응에 불과한 걸 나는 너무 늦게야 알아챘다.

"그럼요. 여기에 확실히 적혀 있어요." 나는 진지하게 설명하며 메뉴판을 집어 든다. 하지만 그녀는 이미 다른 곳으로 시선을 돌렸고, 옆에 있는 엄마와 이야기를 나누기 시작한다. 모두 테이블에 다시 앉기 시작하고, 의자를 뒤쪽으로 밀어 놓은 사실을 잊고 있던 나는 그만 바닥에 볼썽사납게 주저앉고 만다.

"미나, 거기서 뭐 해?" 요나스가 벌떡 일어나 나를 일으켜 준다. 역시 신사답다. 거듭 말하지만, 단지 외모만 그런 게 아니다.

"상당히 멋있어 보이는데." 그가 말한다. "당신의 방향전환 말이야. 아주 우아해."

"정말 못됐어!" 나는 나직이 속삭이고, 불편한 심기로 주변을 둘러보면서 정말이지 너무 긴 드레스와 너풀거리는 소매를 정돈한다. 나는 어째서 이런 옷을 골랐을까? 물론, 꽤 멋져 보이기는 한다. 나의 고불거리는 머릿결이나 상투적이지 않은 스타일과도 딱 맞아떨어진다. 하지만 실용적이지 않다.

"기껏 칭찬했는데 욕을 먹는 거야?" 요나스가 화난 척 따진다.

나는 대답 대신 윙크를 한다.

"엄마, 스냅챗에 방금 사진을 올렸더니 벌써 누가 '좋아요'를 눌렀어요." 루이자가 천연덕스럽게 말을 하고, 나의 오른쪽 눈꺼풀은 신경질적으로 경련한다. 진즉에 루이자가 그 앱을 쓰는 걸 금지해야 했는데! 그렇지만 어차피 그 앱에 올라온 사진이나 동영상은 24시간 후면 저절로 지워지게 되어 있어. 그러니 영원히 인터넷에 남아 떠돌 일은 없다.

"이런 못된 녀석!" 나는 화가 난 척 루이자에게 눈을 부라린다.

"그렇지! '좋아요' 여섯 개." 딸아이는 활짝 웃으며 말한다.

"그럼 거의 안 본 거나 다름없네." 언뜻 보기에는 스냅챗이 뭔지도 모를 것 같은 옆자리 여자가 내게 말을 건넨다. 내 딸아이의 팔로워 수도 역시 모를 것 같은 사람이 말이다.

"그런 것 같아요?" 나는 웃으며 그렇게 묻고, 내 손목에 채워진 고무밴드를 잡아당긴다. 이 고무밴드는 단순히 별난 액세서리가 아니다. 이 밴드는 착착 소리를 내며 내 살을 자극해, 내가 불편함과 불안감을 억누르는 데 도움을 준다.

리자가 갑자기 누군가를 향해 손을 흔든다.

"아! 저기 남편이 왔어요. 올리버! 여기요!" 그녀는 기쁨에 차, 오가는 담소들 너머로 소리 높여 외친다.

끝없이 이어지던 게임과 연설 끝에 드디어 파티가 시작된다. 하객 모두 스테이지 가장자리에 서서 음악에 맞춰 박수를 친다. 헨리와 마누엘은 그날 저녁의 감동적인 파트를 시작하고 있다.

“이런! 불이 붙었잖아!” 내 옆에 있는 요나스가 갑자기 놀라 비명을 지르고, 나는 미간을 찌푸린다. 이 남자가 대체 무슨 말을 하는 거지? 나는 머리를 굴린다. 요나스가 테이블에서 콜라 잔을 들어 내 팔에 쏟아붓는다. 나는 깜짝 놀라 주춤주춤 물러선다. 주변에 있는 손님들도 내게 길을 터준다. 그제야 나는 내 소매 끝이 불에 타고 있는 것을 깨닫는다. 아마도 나풀거리는 소맷자락이 촛불에 닿으면서 불이 붙은 듯하다. 나는 정신 나간 사람처럼 발버둥치기 시작한다. 빌어먹을! 내 옷이 타고 있어!

올리버가 입고 있던 양복 윗도리를 벗어 침착하게 남은 불씨를 질식시킨다. 내 몸은 망부석처럼 얼어붙는다. “차라리 소방대에 남아 있을 걸 그랬나 봐요.” 올리버가 우스갯소리 하는 말을 들으며, 나는 침착함을 잃지 않으려 애를 쓴다. “소방서에서도 일했어요?” 나는 바보 같은 질문을 던진다. “물론이지요. 특히나 위험에 처한 미녀를 구해내는 게 제 전문이었습니다.” 그가 가벼운 농담을 하며 분위기를 풀어준다. 나는 후들거리는 다리로 바로 옆에 있는 의자에 주저앉는다.

“세상에! 자기야, 괜찮아? 어디 좀 봐. 다친 데는 없어?” 요나스가 물으며, 앉아 있는 내게로 몸을 숙인다. 우리를 구경하던 사람들이 신랑신부를 향해 돌아서고, 사람들의 원에 막혀 나는 춤추는 남동생을 볼 수가 없다. 아무도 나의 화재에는 관심을 기울이지 않는 것 같다. 요나스가 내 팔을 살펴본다. 불기운에 눌어붙은 털 몇 가닥 말고는 모든 게 다 멀쩡하다. 나는 벌써 그 털을 제거하기로 마음먹고 있던 터였다. 이제 팔뚝 털은 사라지고 없다. 적어도 한쪽 팔에서는 말이다.

"하마터면 헨리 춤에서 사람들의 관심을 뺏을 뻔했다. 그렇지?" 나는 키득거리며 요나스에게 속닥거린다. 이내 바로 긴장이 풀리면서, 나는 소리 내어 웃기 시작한다. 그것도 아주 큰 소리로. 요나스도 동의한다.

"당신이야말로 내가 가장 사랑하는 사고뭉치야." 그가 쾌활하게 웃으며 말한다.

"아무 문제도 없지요?" 올리버와 리자가 확인 차 묻는다. "네에, 마녀를 화형시킨 것뿐이에요." 나는 농담을 던지고, 요나스는 나를 일으켜 세운다. 나는 리자와 루이자 옆에 서고, 헨리 시선이 나의 시선과 마주친다. 디제이는 패럴 윌리엄스의 〈해피〉를 틀고, 나는 미소 짓는다. 그렇지! 드디어 내가 좋아하는 노래가 나왔어!

그날 저녁의 곤혹스러운 사건들에도 불구하고 나는 아주 평온했고, 그와 같은 사실이 신기하게만 느껴진다. 예를 들면 격한 공황발작처럼, 내게는 이미 지나가 버린 것들에 대해 나는 곰곰이 생각한다.

지금도 가끔은 세상에서 벗어나기 위해 하루종일 집에서 빈둥거린다. 극심한 슬픔에 압도당한 채, 이불 아래로 살짝 머리를 내

밀어 아무도 문을 열고 들어오는 사람이 없는지 확인하기도 한다. 나는 아직도 실패할까 봐 두렵고, 사람들과 함께 있는 것이 힘들며, 때때로 나를 난처한 상황에 빠뜨리는 과도한 자아를 신뢰하지 않는다. 그렇지만 예전에 비해 나는 훨씬 두툼한 털가죽을 걸치고 있고, 그래서 덜 민감하고 더 잘 참는다. 그리고 나의 장점을 찾아내, 사랑하는 사람들과 함께 나눈다.

나는 ADD를 갖고 산다. 어떤 사람들은 ADD를 무덤까지 가지고 가고, 어떤 사람들은 자발적이든 아니든 대중 앞에 드러낸다. 물론 무대에 오르는 것은 두렵다. 하지만 인생에서 실패하는 것보다는 주목받는 편이 당연히 더 좋다. 마침내 나는 나의 멜로디와 리듬을 찾아냈다. ADD와 함께하는 시끌벅적한 삶에서는 바로 자신의 가슴과 조화를 이루며 뛰는 비트가 바로 진짜 비트이다.

"그런 의미에서, 리듬이 중요해! 카오스 왕국의 왕과 왕비들이여, 너희는 무엇이든 될 수 있어!"

다 잘 될 거야!

세상에 오직 하나뿐인 소중한 존재이며 꿈꾸는 몽상가들 그리고 어려움을 겪고 있는 온 세상 AD(H)D 환자의 길동무들, 여러분이 이 글을 재미있게 읽고, AD(H)D의 실체를 조금이라도 이해할 수 있기를 간절히 바란다.

ADD라는 진단을 받았을 때, 나는 나의 문제가 무엇인지 이해하기 위해 곧바로 AD(H)D에 관한 전문서적을 가능한 한 많이 찾아 읽었다. 그러나 안타깝게도 AD(H)D에 관한 서적 대부분은 지나칠 정도로 전문적인 내용을 담고 있었다. 비전문가이며 어려운 내용의 텍스트를 오랫동안 집중해 읽는 데 어려움을 느끼는 나는 당연히 난관에 부딪쳤다. 뿐만 아니라 내게는 우울한 이야기 속에 담긴 아이러니와 위트를 이해할 수 있는 유머가 조금 부족하기도 했다.

그 결과, AD(H)D가 진지하게 받아들여야 할 주제이며, 동반증상 때문에 하나의 병으로 인정해야 한다는 사실은 깨달았지만, 언제부턴가 나는 책 내용을 더 이상 이해할 수 없었다. 그러나 괴로워하고 힘들어하는 사람들에게 때로는 쉽고 단순한 것도 필요하지 않겠는가?

카오스 왕국의 왕과 왕비들 만세! 우리 시대의 골칫거리들 만만세!

아직도 고개를 절레절레 저으며, 아무것도 이해하려 하지 않는 사람들에게 고한다. 우리들의 황홀한 매력을 즐겨라!

미나 타이헤르트

ADD에 대한 진솔한 기록

주의력결핍(과잉행동)장애, 즉 AD(H)D는 어린이와 청소년 시기에 나타나며, 어른이 되면서 자연스레 정상이 되는 질환으로 간주되는 경향이 있다. 그러나 이는 전적으로 잘못 알려진 오해다. 청소년이나 성인으로 성장하면서 문제 증상이 사라지는 사례도 있지만 적지 않은 수의 AD(H)D 환자들은 주변 사람들의 전폭적인 지원과 심리치료 및 약물치료에도 불구하고 평생에 걸쳐 장애와 맞서 싸우고 있다.

많은 이들이 어린 시절에 마주한 힘든 상황이나 교육의 문제에 대한 책임을 다른 곳으로 전가하기 위해 AD(H)D라는 낙인을 아주 쉽게 끌어들인다. 게다가 최근에는 AD(H)D라는 진단이 너무 쉽고 흔하게 내려진다는 의구심도 든다. 심지어 가장 기본적인 요건이라 할 심리학 전문의의 확진 없이 AD(H)D 진단이 내려지는 경우도 종종 있다.

물론 여기서 AD(H)D의 과잉진단 문제에 대해 왈가왈부하고 싶지는 않다. 중요한 것은 AD(H)D가 의심되는 환자의 보호자라면 가능한 한 빨리 전문의와 상담하고, 병의 증상과 진행 및 결과 그리고 그로 인한 불이익 등에 대해 정확하고 충분하게 살펴보는 자세가 필요하다는 것이다. 왜냐하면 어린아이의 주의산만이나 정신 사나운 행동이 모두 다 AD(H)D를 의미하지는 않기 때문이다. 어린아이는 단지 어린아이이기 때문에 주변 사람들을 몹시 힘들고 피곤하게 만든다. 하지만 그런 상황이 너무 오랫동안 지속되거나 정도가 지나치다면 반드시 소아과 의사나 아동 심리학자를 찾아가야 한다.

저자는 이 책에서 자신의 경험에서 비롯된 주의력결핍장애에 대한 진지한 통찰을 선보이고 있다. 유치원에서 현재에 이르기까지 그녀의 삶 전체에 폭넓은 영향을 미친 병의 증상을 스스럼없이 당당하게 묘사하고, ADD를 안고 살아가는 일상이 어떤 모습인지 놀랄 만큼 진지하고도 솔직하게 서술하고 있다. 또한 ADD 증상과 함께 나타나는 문제들과 이에 대한 대처법도 알려준다. 하지만 진부하고 전형적인 묘사 대신, ADD 환자라는 낙인의 암울하고 진지한 측면을 생생하게 조명한다.

이 책에서는 AD(H)D를 안고 사는 사람들의 다양한 모습을 볼 수 있다. 제정신이 아닌, 희한한, 신경 쓰이게 하는, 감정적인, 열정적인 그렇지만 지극히 평범한 사람들. 결함도 있고 장점도 있는 사람들. 이들은 바로 나와 당신과 같은 사람들이다.

2016년 8월 브레멘에서

심리학 박사 프라우케 포르스터

— 감사의 말 —

사랑하는 사람들에게

내가 나의 길을 찾지 못했다면 이 책은 세상의 빛을 볼 수 없었을 것이다. 나의 운명은 내가 가장 사랑하는 사람들과 밀접하게 연관되어 있다. 이 자리를 빌려 내가 다시 날 수 있도록 아낌없이 도움을 준 사람들에게 감사의 마음을 보낸다.

언제나 나를 믿어 주고, 혼란한 상황에서도 격려를 아끼지 않은 사랑하는 나의 매니저 안야 쾨젤링에게도 진심으로 감사의 말을 전한다. 모든 것을 매번 되풀이해서 설명해야 하는 상황은 결코 쉽지 않았을 것이다.

나의 삶에 관한 이야기를 마음껏 펼칠 기회를 준 에덴 북스 출판사에도 감사의 인사를 전한다. 책이라는 아기에게는 탄생을 도와준 산파가 있기 마련이다. 내게는 출산의 고통을 덜어 준 유능한 편집자와 함께하는 아주 커다란 행운이 주어졌다. 프리데리케!

고마워요! 더불어 세상에 태어난 아기 책에게는 늘 함께하며 돌봐 주고, 병에 걸리지 않도록 예방주사를 놓아 주는 의사도 있어야만 한다. 스벤야 그리고 마리온! 고마워요!

모두 정말 감사합니다!

특별부록

AD(H)D 첫걸음

*

AD(H)D는 어린이와 청소년에게서 흔히 나타나는 문제 증상 중 하나이다. 판단 기준이 나라마다 다르므로, 얼마나 많은 어린이와 청소년이 AD(H)D를 앓고 있는지 정확히 알 수는 없다. 로버트 코흐 연구소에 따르면 독일에서는 어린이와 청소년의 약 5퍼센트가 AD(H)D로 진단받고, 그중 5퍼센트가 장애 증상을 보인다. 남자아이들은 과잉행동이 나타나지 않는 여자아이들에 비해 더 많이 AD(H)D 진단을 받는다.

AD(H)D 원인을 찾기 위한 연구는 지금까지 이렇다 할 성과를 내지 못하고 있다. 하지만 전문가들은 신경생물학적인 요인과 사회심리학적인 요인이 함께 작용하여 AD(H)D로 나타난다고 확신하고 있다.

많은 연구를 통해 AD(H)D 환자들은 뇌의 여러 부분에서 중요한 신경전달물질이 제대로 작용하지 않는다는 사실이 밝혀졌다. 노르아드레날린, 세로토닌, 도파민과 같은 신경전달물질이 충분하게 분비되지 않거나 너무 빨리 분해되는 것이다. 그로 인해 신경전달물질들이 지속적으로 제 기능을 발휘하지 못하면서 신경세포들 사이의 신호 전달이 정확하게 조절되지 못하게 된다. 그 결과 외부에서 유입되는 자극들이 정상적으로 처리되어 걸러지지 못한다.

문제가 되는 신경전달물질의 역할은 각각 다음과 같다. 노르아드레날린은 입력되는 감각정보들을 각각의 목적에 알맞게 주의력과 활동을 담당하는 영역으로 실어 나른다. 세로토닌은 뇌에서 자극 조절을 담당하고, 도파민은 주의력과 동기부여 그리고 집중력 조절에 있어 아주 중요한 역할을 담당한다. AD(H)D 환자들의 경우 노르아드레날린, 세로토닌, 도파민의 분비량이 매우 적다.

결국 뇌의 신진대사가 부적절하게 조절되면서 불필요한 감각정보를 걸러주는 필터가 제 기능을 발휘하지 못하고, 이로 인해 경증의 주의산만, 집중력 부족, 충동성과 같은 전형적인 증상과 자기통제능력 부족이 발생한다(대한소아청소년정신의학회에서 운영하는 웹사이트(www. adhd.or.kr)를 참고하면 소아청소년 AD(H)D 및 성인 AD(H)D와 관련된 정보를 얻을 수 있음).

...

일상생활에서 겪는 문제와 해결책

나의 문제들

- 시간을 적절히 분배해 일상을 계획하는 것이 어렵다.
- 마감이 임박해서야 과제를 수행한다.
- 약속을 잊어버리기 일쑤다. 그럴 때는 솔직해지자. 그게 최선일 때가 많다.
- 내 몸에 붙어 있지 않는 것은 어디에 두었는지 잊어버린다. 단 하나, 내 딸 루이자는 아직 잃어버린 적이 없다. 그러나 휴대폰이나 열쇠 따위는 버터나 우유와 함께 냉장고 안에서 발견되곤 한다. 하지만 나는 결코 알츠하이머 환자가 아니다!

- 취미생활을 할 시간이 거의 없고, 과도한 부담으로 인해 거의 늘 지쳐 있는 상태이다.

이로써 우리는 AD(H)D 환자에게 중요한 주제 가운데 하나와 마주했다. 바로 '자기 스스로 계획하고, 통제하기!'

'스스로 계획하고 통제하기'를 돕는 방법

1. 할 일 목록 작성하기

나는 매일 저녁, 다음날 할 일 목록을 작성한다. 그러면 대강의 흐름을 파악하고, 과제들을 수행하기 위해 시간이 얼마나 필요한지 예상할 수 있다. 팁을 하나 더하면, 성가신 일일수록 앞쪽에 둔다. 나와 같은 사람들은 할 일 목록의 3분의 1 정도를 끝내면 종종 꾀를 부리기 때문이다.

만약 계획대로 할 일 목록을 해내지 못해도 너무 심하게 자책하지 않는다. 어차피 뜻대로 되지 않은 것이 적힌 '아무려면 어때 목록'도 있으니까. 그러니 늘 편안한 마음으로 차분히 생각할 수 있도록 스스로를 다스리자.

2. 방해요소를 차단하는 방법

- 집중해야 할 때는 '방해하지 마세요!' 팻말을 작업실 문 또는 집 현관문에다 걸어 둔다.
- 작업 중에 쓸데없이 부엌을 들락거리지 않게끔 미리 음료와 과일 등을 옆에 갖다 놓는다.

- 가능하다면 작업하는 동안에는 전화벨을 무음으로 전환한다. 물론 나는 그러지 못한다. 딸아이 전화는 언제든 받아야 하기 때문이다.
- 보통 나는 10분에서 15분 정도 완전히 집중할 수 있다. 그 정도 시간이 지나면 우연의 원칙에 의해 지배받는 카오스가 주도권을 잡게 되고, 나는 멍하니 허공만 바라보곤 한다. 그래서 나는 15분 간격으로 알람을 맞춰 놓는다. 알람이 삐익! 하고 울면, 나는 자신에게 '여전히 집중해서 잘하고 있지?'라고 묻는다. 그렇지 못한 경우에도 알람소리가 나를 일깨워 집중할 수 있게 한다. 이것은 가장 중요한 팁이다.
- 책상을 창문 앞에 놓지 않는다. 나는 떨어지는 나뭇잎이나 유리창에 부딪히는 빗방울이 얼마나 흥미진진한지 경험상 잘 알고 있다.

3. 물건은 정해진 곳에 놓아두기

내 방 안에는 분명 버뮤다 삼각지대도 없고, 열쇠나 지갑 또는 리모컨 따위를 감쪽같이 집어가는 귀신도 없다. 물건이 흔적도 없이 사라져 집안 전체를 샅샅이 뒤지게 된다면 이는 대부분 내 잘못 때문이다. 그래서 다음과 같은 원칙이 필요하다.

- 열쇠는 원칙적으로 열쇠함에 넣어 둔다.
- 지갑은 반드시 같은 서랍이나 핸드백 속에 넣는다.
- 텔레비전 리모컨은 텔레비전 앞 서랍에 보관한다. 절대, 그 밖의 다른 어떤 곳에도 놓아두면 안 된다. 절대로!
- 저녁에 모든 게 다 제자리에 있는지 확인해 보면 가장 좋다.
- AD(H)D 환자 중에는 물건의 사진을 그 물건이 들어 있는 서랍에 붙이는 사람도 있다.

4. 물건을 정리하는 요령

- 정리를 시작하는 시간을 정한다.
- 이미 말했듯, 물건마다 자기 자리를 정한다.
- 물건은 한 번에 하나만 손에 쥔다. 그러면 물건의 위치가 바뀌는 일을 방지할 수 있다.
- 온 집안을 헤집고 다니지 말고, 방을 하나씩 차례로 정리한다. 하지만 나는 물건이 눈에 띄는 대로 집안을 정신없이 헤집고 다니면서 정리를 하는 편이다.
- 다른 곳에 정신 팔지 않는다!
- 청소처럼 복잡한 일을 할 때는 친구나 다른 사람의 도움을 받는 게 좋다.

…

AD(H)D를 암시하는 행동

나를 보면 알 수 있듯, AD(H)D를 앓는 아이들은 뭔가 특별하다. AD(H)D라는 신경생물학적인 장애는 세 가지 전형적인 특징, 즉 주의산만과 충동성 그리고 과잉행동을 보인다. 하지만 과잉행동은 여자아이에게 거의 나타나지 않는다. 그래서 여자아이 대부분은 ADD(주의력결핍장애)라는 이름의 장애를 겪지만, ADD는 잘 드러나지 않아 간과되기 쉽다.

눈앞에 나타난 세상에 깜짝 놀라 다시 달걀 껍데기를 뒤집어쓰려는 병아리처럼, 나는 내게 밀어닥치는 모든 자극으로부터 나를 지켜내려고 오랫동안 애를 썼다. 그러나 나의 시도는 늘 처참하게 실패하고 말았다.

어린 시절 선생님과 의사 그리고 부모님이 ADD가 심각한 문제의 원인이라는 사실을 이해하고 있었다면, 그들은 나를 도울 수 있었을지도 모른다. 그래서 이 자리를 빌려, 나와 같은 아이들과 관계 맺고 있는 사람들 모두에게 한 말씀 드리고자 한다.

"눈을 크게 뜨고, 다른 아이들과 달리 쉽게 적응하지 못하는 특별한 아이들에게 관심을 가지세요. 그 아이들의 실체를 인정하고, 그들을 격려해 주세요. 그 아이들이 사회의 일원이 되어, 가치 있는 삶을 살 수 있도록 도와주세요."

다음과 같은 ADD 징후에 주의하라

- 대부분 아주 조용하고 얌전하며, 겁이 많고 의존적이다.
- 걸핏하면 울음을 터뜨리고, 자기만의 세계로 숨어든다.
- 때로는 무슨 말을 하는지 알아듣기 어려울 만큼 낮은 목소리로 불분명하게 말한다. 충격으로 인해 불안해하면서 아기처럼 말한 때를 제외하면, 나는 조금 달랐다.
- 그림 그리기나 만들기를 별로 좋아하지 않는다. 나는 늘 연필심을 부러뜨렸다. 그런 상황 때문에 나는 화가 나고, 절망감을 느꼈다.
- 지시받은 내용을 제대로 이해하지 못하거나 쉽사리 잊는다.
- 섬세한 동작을 할 때 서툴고, 자주 무언가에 걸려 넘어진다.
- 감정적인 상황이나 정보를 지나치게 잘 기억하며, 십 년이 지나도 싫었던 기억에 여전히 집착한다.
- 심각할 정도로 환상에 빠져 지낸다.
- 너무 쉽게 지나친 죄책감을 느끼곤 한다.

ADHD를 지닌 아이들은 내 남동생과 아주 흡사하다

- 그들 또한 환상 속에 빠져 산다.
- 불편했던 기억을 지나칠 만큼 잘 기억하면서 힘들어한다.
- 섬세한 근육운동에 서툴고, 쉽사리 화를 낸다.
- 때때로 불분명하게 말한다. 내 동생은 다섯 살이 되어서야 간단한 문장 이상을 말할 수 있게 되었다.
- 참을성이 부족하고, 공격적인 성향을 드러낸다.
- 많은 경우 매우 심한 불안감에 시달리며, 언제나 안절부절못하고 몸을 움직인다.
- 반항적으로 보일 만큼 고집이 세고, 다른 아이들과 어울리는 데 어려움을 느낀다.
- 아니면, 어릿광대가 되어 다른 사람들을 즐겁게 하려고 애쓴다.

…

AD(H)D 환자를 괴롭히는 왕따 괴물

십대는 한 사람을 지목해 험담하거나 모욕 주는 일에 집착하다가 안타깝게도 끔찍스러운 존재로 변하는 경우가 많다. 사실 흉보는 것 자체는 나무랄 일이 아니다. 가상의 적을 정해서 공격하면서 사람들은 소속감과 유대감을 강화한다. 아울러 그러는 가운데 공격성향을 해소하기도 한다. 심지어 심리학자들은 흉보기가 건강에 좋으며, 마음 편히 즐겁게 행해져도 좋다고 주장한다. 이와 같은 주장을 뒷받침하는 신문기사도 여럿 있다.

하지만 유감스럽게도 이러한 주장에서는 험담의 대상이 되는 희생자가 다른 이의 행동에 어떻게 대항할지는 전혀 언급하지 않는다. 험담은 사람들의 생각보다 더 빨리 변질되고 사악해진다. 그래서 희생자를 사회적으로 매장하기도 한다. '인격살인'이라는 말이 공연히 있는 게 아니다.

침팬지 무리에서 특정 구성원을 따돌리면 얼마 지나지 않아 왕따 당한 침팬지가 죽음에 이르게 된다는 글을 읽은 적이 있다. 스트레스, 공포 그리고 슬픔이 침팬지를 죽음으로 몰아넣는 것이다. 이와 같은 상황은 인간 집단에서도 다르지 않다.

자신의 삶을 모색하는 단계인 십대에게 자기에 대한 회의, 불확실성 그리고 자신이 왕따가 되는 상황은 견디기 힘들다. 이로 인한 비정상적인 호르몬 분비는 그들을 정서적으로 우울한 상태로 내몰고, 이런 위험천만한 상황을 극복하기란 결코 쉽지 않다.

심각한 왕따는 성인보다 청소년을 자살로 유도할 확률이 높다. 어떤 경우든 왕따 희생자는 도움을 청해야 한다. 학교에서는 선생님과 학교 운영진 그리고 부모님에게 도움을 청할 수 있다. 직장이라면 노동자 협의체에서 도움을 받을 수 있을 것이다. 만약 그와 같은 기구가 없다면, 친구, 친척 또는 주치의에게 도움을 청할 수 있다. 신뢰할 만한 사람과 함께 회사 책임자와 상담하는 것도 추천할 만한 방법이다.

힘든 상황에서 도움을 요청하는 것은 결코 약한 모습이 아니다. 또한 자신을 괴롭히는 사람들에게 그들이 하루종일 무슨 짓을 하고 있는지 깨우쳐 줄 필요도 있다. 감정이입은 누구에게나 태어날 때부터 주어지는 능력이 아니기 때문이다. 그러니 우리들 저마다가 얼마나 가치 있는 존재인지 절대 잊어서는 안 된다. 왕따에게 무릎을 꿇어서는 안 된다!

...

순간적인 충동조절장애를 위한 응급조치

어떤 상황에서든 화가 나서 자제력을 잃고 폭발하는 것은 절대로 최선이 아니다. 다음에서 충동조절장애로 인한 피해를 방지할 수 있는 도움말을 소개한다.

숨을 들이쉬고 열까지 세기

진부하게 들릴지 모르지만 효과는 만점이다. 마음속으로 '스톱!'을 외치고, 열까지 숫자를 센다. 그러면서 주먹 쥔 손을 옆구리에 대거나 재킷 주머니에 넣어서 에너지를 모으면 도움이 된다.

생각 가다듬기

먼저 생각한 다음 말을 한다. 다음과 같이 마법의 주문을 외는 것도 효과적이다. '경솔한 말은 은이요, 침묵은 금이다.'
비상시에는 잠시 그곳을 벗어나 본래 말하려고 한 것이 무엇인지 차분히 생각해 보면 좋다. 말다툼을 벌이는 상황에서는 흥분이나 분노 때문에 입에서 원하지 않은 말이 튀어나온다. 그러나 일단 내뱉은 말은 다시 주워 담을 수 없다.

긴장 해소에 도움이 되는 운동

갑작스레 화가 치밀 때면 '야콥슨의 점진적 근육이완법'과 같은 간단한 운동이 도움이 된다. 먼저 각각의 근육을 차례차례 팽팽하게 잡아당겨 긴장시킨다. 그리고 긴장상태를 몇 초 동안 유지하다가, 숨을 내쉬며 다시 풀어 준다. 이와 같은 동작을 몇 차례 반복하면, 나는 곧바로 기분이 편안해진다.

작지만 매우 쓸모 있는 고무밴드

나는 고무밴드를 액세서리처럼 손목에 차고 다닌다. 그러다 다급한 상황에 놓이게 되면 고무밴드를 잡아당겼다가 놓으면서 찰싹 소리를 낸다. 그러면 곧바로 이성의 세계로 돌아올 수 있다. 희한하다고? 그렇다! 나는 원래 희한하다.

말로써 저항하기

재치 있는 말로 응대하는 것도 도움이 된다. 나는 상황에 적절한 재미있고 뻔뻔한 문구나 격언을 적어 두고 되새기는 묘한 버릇이 있다. 가끔은 불안감을 멋진 문구로 따돌릴 수 있기 때문이다.

스포츠와 요가

운동장을 한 바퀴 달려 보라. 어느새 좌절감이 사라진 것을 느낄 수 있을 것이다. 나는 승마가 크게 도움이 되었다. 말과의 대화는 신기하리만큼 나를 진정시키고, 지쳐 쓰러질 만큼 체력을 소모하는 것 또한 엄청난 효과가 있다. 승마를 마친 뒤에는 세상이 완전히 다르게 보인다.

현대 요가는 신비로운 밀교 사상과 심리학 그리고 신체운동을 한데 모은 것이다. 스트레스를 해소하고 긴장을 완화해서 전반적인 평온감을 상승시킨다. 심지어 고혈압, 간질, 두통, 요통 등의 장애도 경감시킨다.

…

AD(H)D와 함께 따라오는 질환

우울증

심리학자들은 때로 우울증 원인은 인식하지 못한 채, 우울증 치료에만 초점을 맞추곤 한다. 하지만 우울증의 원인은 매우 다양하다. ADD가 원인인 우울증의 경우, 대부분은 너무 많은 요인과 동시에 싸움을 벌인 결과 나타나는 소모성 우울증, 즉 일시적인 슬픔이 문제가 된다.

우울증으로 인한 증상들은 ADD에서 나타나는 데이터 전송 결함과 상당히 유사하다. 다시 말해 뇌의 보상체계(기분을 좋게 만듦으로써 인간의 행동을 조절하는 뇌의 회로이자 구조. 배가 고프면 음식을 찾게 되고 음식을 먹으면 기분이 좋아지는 자연적인 과정도 뇌가 그때마다 도파민과 같은 호르몬을 분비해 보상을 하기 때문임)가 제 기능을 발휘하지 못하고, 깜빡 잠이 드는 것이다.

AD(H)D 환자들은 주변 환경이나 주변 사람들의 칭찬과 비평에 심하게 영향을 받는다. 그러나 노르아드레날린 부족으로 나타나는 우울증과 달리, AD(H)D 환자들은 정서적인 공감능력이 온전하게 잘 작동하며, 감정의 변화가 일어난다. 다만 혼자가 되면 다시 절망의 물결에 휩쓸리고 만다. 아마 마릴린 먼로가 적절한 사례일 것이다. 자살하기 직전까지 그녀는 자신을 추종하는 무리에 둘러싸여 환하게 빛나는 명랑한 성격의 소유자였다.

정서장애

충동조절장애라고도 불린다. 많은 AD(H)D 환자들이 치명적인 사고를 당하거나 스스로 목숨을 끊는다. 그건 우울증이 아니라 단지 즉흥적인 감정의 동요에 너무 격하게 반응한 결과이다. AD(H)D 환자들은 자살 위험이 상당히 높다.

불안장애

나의 경우, 불안장애란 타인의 배신이나 보잘것없는 자신에 대한 좌절 때문에 생긴 아름답지 못한 기억의 결과물이다. 불안장애는 발한이나 빈맥과 같은 증상으로 나타난다. 그 중 최악은 바로 갑작스러운 요실금 증상이다.

중독장애

일부 AD(H)D 환자들은 평생 특정 대상과 적당한 수준의 관계를 맺는 데 어려움을 겪는다. 그 결과 쇼핑중독, 도벽, 게임중독, 컴퓨터중독부터 불법약물의 남용에 이르기까지 다양한 상황이 일어난다.

흥미롭게도 니코틴과 같은 몇몇 물질은 도파민의 출납관리에 영향을 끼쳐, 어느 정도의 결핍을 보완할 수 있다. 나는 포도주와 니코틴 그리고 때에 따라서 마리화나나 해시시를 상당히 매력적이라고 생각한다. 물론 절대 추천하지는 않는다.

섭식장애

소녀들의 날씬해지려는 욕망 때문에 식욕부진이나 폭식증 또는 음식중독 등이 나타나곤 한다. 음식중독 대부분은 적당량이라는 기준치가 정확하지 않기 때문에 일어나지만, 수많은 실패를 떨쳐버리기 위한 수단으로 나타나기도 한다.

거식증은 나처럼 과잉행동을 보이지 않는 여성 ADD 환자에게 주로 나타난다. 나는 다른 사람들에서 인정받은 적이 없다고 믿었고, 그래서 나의 존재 가치를 확인하기 위한 방법을 모색했다.

ADD 환자의 경우 안타깝게도 자신을 심리적으로 안정시키려는 비상조치의 하나로, 체중 감량이나 배고픔을 완벽히 통제하면서 보상체계를 활성화한다. 즉 철저하게 굶는 데 성공하지 못한 다른 이들이나 자기 자신에게 우월감을 느끼면서, 성공으로 인한 행복감이 작동하는 것이다.

수면장애

일부 AD(H)D 환자들은 신경 스위치를 끄고 편히 휴식을 취하는 게 어렵다. 침대에 누운 지 한참이 지나도 여전히 초초하고 예민하며 긴장한 상태를 유지한다. 아니면 자다가 자꾸만 눈이 떠져서 온갖 잡생각을 하며 밤새도록 집안을 휘젓고 돌아다닌다. 그렇게 수많은 밤을 꼬박 새우니, 낮에는 기운을 회복하기 위해 툭하면 졸음에 빠진다. 그런 나를 보고 사람들이 '약 먹은 병아리'라고 부르는 것은 당연한 일이다.

스트레스장애

AD(H)D 환자들에게는 정신적인 스트레스가 원인인 신체적 질병이 빈번히 나타난다. 혹자는 정서적 탈진상태인 우울증이 신체적인 증상으로 바뀐 것이라고 말한다.

나는 스트레스로 인해 두통과 안면통증 그리고 압박감에 시달린다. 그 밖에도 신경질환, 섬유근육통, 고혈압, 탈진 그리고 알레르기 등의 증상도 일어날 수 있다.

경계성 성격장애

이는 내가 즐겨 다루는 테마로, 충동적인 유형의 경계성 성격장애는 AD(H)D와 매우 흡사하다. 경계성 성격장애 환자의 일부는 AD(H)D 환자로 분류하여 치료를 받는 게 효과적이라는 주장도 있다.

...

행동치료
— 마녀의 빗자루로 나는 법 배우기

행동치료는 심리학적인 관점에서 AD(H)D에 대처하는 방법으로, 많은 운동과 훈련을 통해 습득할 수 있다. 행동치료법의 기본전제는 주의산만, 무계획, 즉흥성 그리고 부적절한 사고방식 등 AD(H)D로 인한 주요 증상부터 먼저 치료하는 것이다. 치료 과정을 통해 스트레스 내성이 생기고, 자존감과 소통능력이 강화된다. 행동치료 과정에서 중요한 것은 다음과 같다.

- 장시간 주의력 집중하기
- 과제의 수행 계획을 수립하고 실천하기
- 스트레스를 감소시키는 사고방식과 행동방식 익히기
- 사회적 역량 강화
- 소통 전략 강화
- 자긍심 높이기 – 매우 중요!
- 도전과 혹사 구분하기

행동치료에는 아주 다양한 방식이 존재한다. 그중 하나가 심리치료다. 심리치료는 보통 일주일에 한 번 개별 또는 집단으로 행하는데, 환자의 행동을 분석하기 위해 구체적이고 명확한 방식으로 심층조사를 진행한다. 이 과정에서 문제가 되는 환자의 과거를 조명하고, 자아상을 다시 똑바로 세울 수 있도록 재평가한다.

변증법적 행동치료는 원래 경계성 성격장애 환자를 치료하기 위해 고안된 요법으로, 환자의 태도에 주목한다. 전형적인 충동성 증상은 스트레스 내성 강화 운동을 통해 대처할 수 있다. 이 과정에서는 정서적인 안정성이 필요하며, 주의력의 도움을 받아 자신의 기분상태를 스스로 통제할 수 있게 된다.

메타인지 치료법은 증상에 직접 접근하는 대신, AD(H)D 환자에게 자신이 어떻게 생각하는지에 대해 생각해 보도록 유도한다. 자기평가와 타인평가를 통해 자신의 경험과 행동에 대해 깊이 생각하고, 변화하는 기회를 가질 수 있다.

그밖에도 단순한 스트레스 대처법에서 바이오피드백(특수한 기기를 이용하여 심신반응을 측정하고, 측정된 정보를 소리나 광선이나 그래프의 형태로 환자에게 알려주면서 환자가 자신의 이완 또는 긴장상태를 스스로 조절하도록 훈련하는 방법)에 이르기까지 매우 다양한 치료법이 있다.

AD(H)D 환자의 치료에서 적합한 치료법을 선택하는 것만큼 주변 사람들의 도움 또한 중요한 역할을 한다. AD(H)D 환자는 주변 환경과 사랑하는 사람들의 반응에 크게 영향을 받기 때문이다.

주의력 운동은 쉽게 실행 가능한 대처법으로, 내가 마음을 가라앉혀 정신을 집중하는 데 큰 도움이 되었다. 다음은 일상생활에서 활용할 수 있는 주의력 운동이다.

1. 아침 운동

침대에 누워 맑은 정신상태를 점점 의식하면서 자신의 내면으로 몰입한다. 그러면서 곧 맞이하게 될 하루를 떠올리고 육체의 감각과 함께 떠오르는 생각과 기분을 인지한다. 몇 분이면 충분하다.

2. 일상의 과제 수행하기

샤워하고, 옷 입고, 로션을 바르고, 걷고, 앉고, 쇼핑목록을 적고, 요리하면서 자신이 하는 각각의 행동을 분명하게 의식한다. 모든 과제를 의도적으로 천천히 수행하면서 스트레스를 받지 않도록 한다.

3. 경험한 것을 내적으로 기록하기

특정 상황에서 느끼고 생각한 것을 자각한다. 흥분한 AD(H)D 환자는 때때로 자신의 느낌과 생각을 분명하게 알기 어렵다. 경험한 것을 스스로 느끼면 자신의 내면을 다시 분명하게 바라보는 데 도움이 된다.

4. 멈추기

일상에서 수시로 움직임을 멈추고, 지나간 순간을 인지하고 내면의 언어로 표현한다.

5. 주변 소음 이용하기

교회 종소리, 자동차 경적, 전차 소리, 개 짖는 소리, 휴대폰 벨소리 등 일상의 소음을 이용해 주의력을 일깨우고, 자기 자신을 '바로 여기'로 불러온다. 조바심에 서두르다 항로에서 벗어나 표류할 때면, 일상으로 돌아오도록 돕는 수단으로 활용한다.

6. 몸을 일상의 닻으로 활용하기

중간중간 자신의 몸을 자세히 살피면서 일상에서 벗어나지 않도록 주의한다. 추운가? 아니면 더운가? 긴장하고 있는가? 편하지 않은가? 얼마나 심한 정도인가? 이런 질문을 던지면서 자신의 몸을 살핀다. 그리고 일상에서 요가 스트레칭을 활용해 본다.

7. 호흡을 일상의 닻으로 활용하기

의식적으로 숨을 들이쉬고 내쉬면 자신과 몸을 하나로 연결하는 데 큰 도움이 된다.

8. 식사시간 즐기기

식사시간을 의도적으로 즐긴다. 이는 살을 빼는 데도 도움이 된다.

9. 하루를 마무리하며 성찰하기

잠이 들기 전, 주의력이 도움이 된 때와 언제 주의력이 필요할지를 곰곰이 생각해 본다.

…

약물치료
— 리탈린과 메디키넷, 각종 약물과 부작용

AD(H)D 환자를 힘들게 하는 급격한 감정 기복은 약을 복용하면 일정 시간 동안 조절이 가능하다. 그렇지만 묘하게도 AD(H)D 환자들은 정신 흥분제(각성제)에 대해 시큰둥한 반응을 보인다.

약의 도움을 받으면 사회단체에서 배우고 일하는 것이 한결 용이해지고, 주의력 또한 강화된다. 또한 AD(H)D와 함께하는 삶에서 발생하는 많은 간접적인 손해도 예방할 수 있다.

하지만 메틸페니데이트가 주성분인 치료제 리탈린과 메디키넷의 복용에는 부정적인 면도 있다. 자극을 거르고 분류하는 기능이 어느 순간 복용하기 전 수준으로 돌아가기 때문이다. 그럴 때마다 나는 매번 공중제비를 돌며 나락으로 떨어지는 것만 같았다. 아침에 일어나 안개를 환히 걷어내고 일상을 통제하면서 주어진 과제를 성공적으로 수행해도, 저녁이면 다시 총체적인 혼란이 나를 엄습했다. 그리고 갑작스런 멜랑콜리와 폭식증이 짝을 이루어 찾아왔다. 좋지 않았다. 몸매 관리에도…….

나는 약을 복용하면 불안이나 공격성까지 느끼던 다른 AD(H)D 환자들을 알고 있다. 메디키넷이나 리탈린 등은 약효가 나타나면 일단 강렬한 감정과 감각을 차단하기 때문이다. 하지만 얼마 후 약효가 떨어지면 강렬한 감정과 감각이 한데 뭉쳐 파도처럼 그들을 덮친다.

많은 AD(H)D 환자들이 항우울제를 복용한다. 유감스럽게도 항우울제는 AD(H)D 환자를 괴롭히는 부정적인 증상뿐만 아니라 그들의 창의성까지도 말살시켜 버린다. 예술가에게는 참으로 어처구니없는 일이다. 슬픔 억제제의 영향력 아래에서 소설 집필은 생각조차 할 수 없다.

어떤 경우에든 약물치료는 환자 상황에 맞춰 진행되어야 하고, 전문가의 심리치료와 병행되어야 한다. AD(H)D 진단을 받은 어린이와 청소년의 약 90퍼센트가 주의력 향상에 기적 같은 효능을 보이는 리탈린의 도움을 받고 있다. 그럼에도 불구하고 약물치료는 늘 주의를 기울이고 조심해야만 한다.

...

슈퍼히어로의 능력 발견하기

AD(H)D 환자의 결함

- 건망증
- 주의력 결핍
- 무질서
- 충동성
- 급격한 기분의 변화
- 내면의 불안
- 과잉행동

AD(H)D 환자의 재능

- 창의성
- 상상력
- 유연성
- 호기심
- 위험을 무릅쓰는 도전정신
- 기꺼이 도우려는 마음
- 예술적 감수성
- 성실성
- 샘솟는 아이디어
- 풍부한 감성

AD(H)D를 안고 사는 사람들은

때로 독특한 사고방식의 소유자이자 예술가다.

'생각하기'에 관해서라면 나는 이를 증명할 수 있다. 내가 세상을 바라보는 방식은 내게 새로운 관점을 제공하고, 나는 그 관점을 토대로 삼아 말을 이야기로 엮어내고, 감정을 이미지로 변화시킨다.

대부분 독특한 인지능력을 갖는다.

독특한 감각은 심신을 몹시 피곤하게 만들 수도 있다. 하지만 이 세상에 오직 하나뿐인 소중한 능력이기도 하다. 나는 모든 정보를 내 안으로 빨아들인다. 처음에는 그저 지엽적인 정보처럼 보이지만, 시간이 지나면서 근본적으로 중요한 정보임이 밝혀지기도 한다.

그들이 열광하는 일을 아주 열심히 수행한다.

글을 쓰고 그림을 그릴 때면 나는 정말로 놀라울 만큼 집중한다. 물론 완전히 탈진할 때까지 한 가지 일에만 몰두하는 것은 위험할 수 있다. 그렇지만 나는 혼자가 아니다.

직관적이다.

한번은 지하 주차장에서 신기한 경험을 한 적이 있었다. 나는 낑낑거리며 여행가방 두 개를 힘들게 계단 아래로 옮기고 있었다. 루이자는 내 뒤로 3미터가량 떨어져 있었는데, 불현듯 루이자가 떨어질지도 모른다는 생각이 뇌리를 스쳤다. 내가 루이자 쪽을 돌아보는 순간, 루이자는 발을 헛디뎠다. 나는 얼른 루이자를 붙잡았고, 그 아이가 계단 아래로 굴러 떨어지는 것을 막을 수 있었다.

내게는 그와 같은 '초자연적인' 일이 이미 여러 차례 일어났고, 나는 그저 감사하게 받아들이고 있다.

속마음을 숨김없이 털어놓는다.

여기에는 분명 장단점이 존재한다. 나는 좀처럼 거짓말을 할 수 없다. 언젠가 거짓말했다는 사실이 나도 모르게 입에서 툭 튀어나올 것이기 때문이다. 내 입에서는 머릿속 생각이 대부분 여과 없이 나온다. 어떤 사람들은 그런 나를 싫어하고, 어떤 사람들은 그런 나를 좋아한다.

말싸움을 즐기는 몽상적 박애주의자다.

나는 아니다. 절대 아니다! 나는 사람들 앞에 서는 게 여전히 너무너무 무섭다. 하지만 나는 박애주의적 성향이 많은 AD(H)D 환자들의 공통된 특성이라는 사실을 알게 되었다. 내 친구 다프네도 그 중 하나다.

대부분 매우 용감하다.

나는 부분적으로만 인정하고 싶다. 막상 내 증상 때문에 문제가 생기면 나는 여전히 겁 많은 토끼가 되기 때문이다. 하지만 그러면 또 어떤가?

괜찮아! 조금 벗어나도

혼돈의 세상에서 ADD 환자가 살아남는 법

1판 1쇄 인쇄일 2019년 11월 11일

1판 1쇄 발행일 2019년 11월 15일

지은이 미나 타이헤르트

옮긴이 김완균

펴낸이 이민화 이병익

펴낸곳 도서출판 7분의언덕

주소 서울 관악구 남현1길 23 동남빌딩 402호

전화 02-582-8809

팩스 02-6488-9699

등록 2016년 9월 6일(제2016-000060호)

이메일 reader@7minutes4hill.com

ISBN 979-11-964121-4-2 (03180)

이 도서의 국립중앙도서관 출판예정도서목록(CIP)은 서지정보유통지원시스템 홈페이지(http://seoji.nl.go.kr)와 국가자료종합목록 구축시스템(http://kolis-net.nl.go.kr)에서 이용하실 수 있습니다. (CIP제어번호 : CIP2019043197)